Schenk
Medienwirkungen

Medienwirkungen

Kommentierte Auswahlbibliographie
der anglo-amerikanischen Forschung

von

Michael Schenk

J.C.B. Mohr (Paul Siebeck) Tübingen 1987

CIP-Kurztitelaufnahme der Deutschen Bibliothek

Schenk, Michael:
Medienwirkungen: kommentierte Ausw.-Bibliogr. d. anglo-amerikan.
Forschung / von Michael Schenk. — Tübingen : Mohr, 1987.
  ISBN 3-16-345211-6
NE: HST

© J.C.B. Mohr (Paul Siebeck) Tübingen 1987.

Druck von Gulde-Druck GmbH in Tübingen. Einband von Großbuchbinderei Heinrich
Koch in Tübingen.

Printed in Germany.

Inhalt

Vorwort

Die Nutzung publizistischer Medien hat weltweit in den letzten 10−20 Jahren zugenommen. Auch in der Bundesrepublik befinden wir uns auf dem Wege zur **Medien- und Informationsgesellschaft.** Im Vergleich zu den USA, Japan und England vollzieht sich die Entwicklung der Medienangebote aufgrund politischer Auseinandersetzungen um die **Neuen Medien** zwar etwas langsamer, dennoch sind bereits heute wichtige technische Voraussetzungen gegeben, die eine verstärkte *Penetration* der Gesellschaft durch die Medien erwarten lassen.[1]

Von daher ist es unerläßlich, über **Wirkungen** der Massenmedien gesicherte Erkenntnisse zu gewinnen. Im anglo-amerikanischen Sprachraum werden − weit mehr als in der Bundesrepublik − seit Jahrzehnten Wirkungsstudien verschiedener Art durchgeführt. Die internationale Forschungslage ist aufgrund der Vielzahl der verschiedenen Arbeiten, die in den letzten 10 Jahren besonders prosperieren, kaum noch zu überschauen bzw. in einen systematischen Zusammenhang zu bringen. Dabei sind viele der dort durchgeführten Untersuchungen bereits im Umfeld neuer Medienstrukturen entstanden, so daß wir von einigen der gewonnenen Ergebnisse profitieren könnten. Die Studien und Ansätze im anglo-amerikanischen Raum haben häufig auch die Medienwirkungsforschung in der Bundesrepublik Deutschland stimuliert, zu neuen Ansätzen und Untersuchungen angeregt.

Daher empfiehlt es sich allemal, Einblicke in die im englischsprachigen Raum vorgelegten Arbeiten zu nehmen, um einen Überblick über die verschiedenen Ansätze, Richtungen, Entwicklungen, Forschungskonzeptionen und -befunde zu erhalten. Der vorliegende Literaturbericht möchte diesem Zwecke dienen; in ihm wird versucht, den gegenwärtigen Stand der *„anglo-amerikanischen Wirkungsforschung"* nachzuzeichnen.

Da die Deutsche Forschungsgemeinschaft soeben den Stand der *„Medienwirkungsforschung in der Bundesrepublik Deutschland"* festgehalten hat, ergeben sich eine Reihe sinnvoller Vergleiche hinsichtlich der erzielten Ergebnisse, verwendeten Untersuchungsanlagen usw.[2] Es dürfte auch deutlich werden, welche Wege bzw. Ansätze (in internationaler Hinsicht) zukünftig besonders erfolgversprechend sein können: wir befinden uns nämlich keineswegs „am Ende eines Holzweges", sondern es zeichnen sich deutlich „Ausblicke" ab −

---

[1] Vgl. **Schenk, M., Hensel, M.:** Publizistische Folgen technischer Entwicklungen: Das Mediensystem in der Informationsgesellschaft. In: **Langenbucher, W.** (Hrsg.): Wege zur Kommunikationsgeschichte. München 1987.

[2] Vgl. als Basis für die deutsche Forschung **DFG − Deutsche Forschungsgemeinschaft:** Medienwirkungsforschung in der Bundesrepublik Deutschland. 2 Bde. Weinheim 1986.

die *Trends* der Medienwirkungsforschung der nächsten Jahre werden aus dem vorliegenden Bericht bereits erkennbar.[3]

Daß nicht nur die deutsche, sondern auch die amerikanische Regierung besonderes Interesse am Gegenstand der Medienwirkungsforschung hat, zeigen im übrigen einschlägige Publikationen hier wie dort. Während die „Fortschritte der Medienwirkungsforschung" im Auftrag der Bundesregierung aus der Sicht deutscher und amerikanischer Kommunikationsforscher kürzlich beschrieben wurden, wartet die US-Regierung mit umfangreichem Forschungsmaterial auf, das aus einer Vielzahl von Studien besteht, die inzwischen größtenteils auch Anerkennung in den englischsprachigen Fachzeitschriften gefunden haben und in der vorliegenden Literaturexpertise daher partiell berücksichtigt sind.[4]

Eine lehrbuchartige Gesamtdarstellung der *„Medienwirkungsforschung"* ist zusätzlich im Verlag J.C.B. Mohr (Paul Siebeck) erschienen.[5] Sie ergänzt die vorliegende Literaturstudie, die nur durch eine Sachbeihilfe möglich war, die die *Deutsche Forschungsgemeinschaft* dem Verfasser gewährt hat. Herr Joachim Donnerstag und Frau Doris Strobl trugen als wissenschaftliche Hilfskräfte zum Gelingen der Expertise bei. Das Manuskript wurde von Frau Burri auf PC geschrieben.

---

[3] Siehe z. B. **Schulz, W.**: Ausblick am Ende des Holzweges. In: Publizistik. Vol. 27 (1982), S. 49–73, vgl. auch die Beiträge in **Bryant, J., Zillmann, D.** (eds): Perspectives on Media Effects. Hillsdale, London 1986.

[4] Vgl. **Mahle, W.** (Hrsg.): Fortschritte in der Medienwirkungsforschung. Berlin 1985; **Mahle, W.** (Hrsg.): Langfristige Medienwirkungen. Berlin 1987; **Pearl, D., Bouthilet, L., Lazar, J.** (eds): Television and Behavior: Ten Years of Scientific Progress and Implications for the Eighties. 2 Bde. Rockville 1982 (Publication of U.S. Department of Health and Human Services).

[5] **Schenk, M.**: Medienwirkungsforschung. Tübingen 1987.

I. Zusammenfassung der wichtigsten Ergebnisse

Die Bestandsaufnahme von neueren Untersuchungen und theoretischen Arbeiten in der anglo-amerikanischen Medienwirkungsforschung macht deutlich, daß die Wirkungsforschung in den 70er Jahren einen *Wandel* vollzogen hat.

Die **Persuasionsforschung,** die in der früheren Wirkungsforschung dominierte, ist durch neue Ansätze und Paradigmen verdrängt worden. Ein Grund dafür mag sein, daß die meist in *Laborstudien* festgestellten Zusammenhänge zwischen Kommunikation und *Einstellungsänderungen* zu widersprüchlichen Ergebnissen geführt haben und daher eine Neuausrichtung der Wirkungsforschung notwendig wurde. Ein weiterer Grund könnte sein, daß das in den Laborstudien verwendete Stimulusmaterial und die *Künstlichkeit* der Rezeptionssituation im Labor kaum den normalen Medienrezeptionen entsprochen haben. Die Untersuchung der Effekte von (echten) Medieninhalten erschien nach über Jahren hinweg durchgeführten Laborstudien notwendig.

So entstanden in den 70er Jahren der *Agenda-Setting-Ansatz,* die *Vielseher-* und *Kultivierungsforschung,* die Erforschung der *Kommunikationskluft* usw. Zunehmend wurde deutlich, daß die von den Medien angebotene *Realität* eine Realität *zweiter* oder *dritter Hand* sei, die sich nicht unmittelbar mit der tatsächlichen Realität decken müsse. Die neueren Ansätze beschäftigen sich daher verstärkt mit der Frage, welche **Auswirkungen** die „Medienrealität" auf Individuen und Gesellschaft hat. Im Vergleich zur Bundesrepublik, für die ein Mangel an makroanalytischen Untersuchungen über die langfristigen sozialen Folgen von Massenkommunikation beklagt wird,[1] hat sich die anglo-amerikanische Medienwirkungsforschung in den 70er und 80er Jahren stärker diesem Problemkreis zugewandt. Es finden sich daher auch zunehmend *Langzeitstudien* (Panelbefragungen, Feldexperimente) und Untersuchungsansätze, die auf *mehreren Methoden* basieren (z. B. *Inhaltsanalyse, Umfrage* und *Sekundärstatistiken*). Selbst in dem früher durch eine Dominanz von Laborversuchen gekennzeichneten Bereich der *Gewaltforschung* wird den Langzeitwirkungen wachsende Aufmerksamkeit gezollt.

Hinzu kommt, daß das Inventar von statistischen **Analyseverfahren** als elaboriert bezeichnet werden kann. Es gibt kaum noch Studien, die sich mit Prozentauszählungen oder Häufigkeitsverteilungen begnügen. Der Einsatz *multivariater Analysetechniken* hat sich in der anglo-amerikanischen Medienwirkungsforschung voll durchgesetzt. Vor allem im Bereich der *Korrelationsverfahren* sind Fortschritte gemacht worden. Die häufig mit noch einfachen Korrelationen begründeten Ausgangshypothesen in den einzelnen Teilbereichen der Wirkungsforschung (Wissenskluft, Agenda-Setting, Vielseherforschung)

---

[1] Vgl. den Literaturbericht der **DFG**: 1986, Teil 1, S. 8.

sind gerade in den letzten 10 Jahren durch die Verwendung komplexerer Korrelationsverfahren (*Cross-lagged-Korrelation, partiale Korrelation, multiple Regression* und *Klassifikation*) weiter differenziert und kontrolliert worden.

Dies führte fast immer dazu, daß die meist einfachen Ausgangsthesen, die in
der Regel eine starke Medienwirkung nahelegten, revidiert werden mußten.
Die nach der Frustration durch das „*Limited-Effects-Modell*"folgende Einschätzung der Medien als „*omnipotent*" (Rückkehr zum Modell der allmächtigen
Medien) wird gerade durch die neuere Forschung obsolet.

Der *Wirkungsprozeß* erweist sich — gerade auch bei Anwendung der multiva-
riaten Techniken — als äußerst *komplex,* wobei neuere Studien aber verdeutlichen, daß die komplexen Wirkungszusammenhänge sehr gut nachgezeichnet
werden können. Jedoch sind dazu enorme Forschungsbemühungen und die
Verknüpfung verschiedener Datensets notwendig. Überraschend ist jedoch,
daß es wiederholt gelingt, die Bedingungen für Medienwirkungen zu spezifi-
zieren. Gerade die **Agenda-Setting-Forschung** ist hierfür ein schönes Beispiel. Während noch die Originalstudie einen starken Agenda-Setting-Effekt
verdeutlichte, vermitteln die neueren Studien eine Einsicht in die tatsächlichen
komplizierten Wirkungszusammenhänge. Der *Agenda-Setting-Effekt* tritt demnach nur unter ganz bestimmten Bedingungen ein.

Durch den ebenfalls in den 70er Jahren wieder eingeführten **Nutzen- und Belohnungsansatz** ist auch die Untersuchung der *Mediennutzung* wieder stärker
in den Vordergrund gerückt. Dabei wird erkennbar, daß sich mit der technischen Entwicklung des Mediensystems und neuer Angebotsformen auch neue
Anforderungen an die Mediennutzungsforschung ergeben. Dabei wird ein
Trend zur Untersuchung der Mediennutzung von ganz bestimmten *Segmenten*
in der Bevölkerung ebenso sichtbar wie ein Bemühen, die *Motivation* zur Nutzung *spezifischer* Medien, Inhalte und Programme zu erfassen. Speziell die an
den Nutzen- und Belohnungsansatz gekoppelte Gratifikationsforschung hat
dazu durch neue Modelle (*Diskrepanzmodell, Erwartungswertmodell*) der Pro-
grammforschung Impulse gegeben. Auch in diesem Bereich ist ein hohes Niveau in der Analyse der Daten erreicht worden. Bedauerlicherweise wird jedoch in die Untersuchung der (*unintendierten*) *Folgen* einer kontinuierlichen
Mediennutzung weniger Aufmerksamkeit investiert. Es besticht vielmehr die
bedürfnisorientierte Gratifikationsforschung. Der *Wahrnehmungs-* und *Interpre-
tationsvorgang,* wie er etwa im Rückgriff auf Theorien des *symbolischen Interaktionismus* beschrieben werden könnte, wird in der empirischen Gratifikationsforschung nicht weiter verfolgt.

Während einerseits die Verfahren der Datenanalyse in der neueren Medienwirkungsforschung weit fortgeschritten sind, zeichnet sich die anglo-amerikanische Wirkungsforschung jedoch andererseits im Bereich der **Operationalisierung** zentraler Variablen nicht gerade durch ein intensives Bemühen um theoretische Durchdringung aus. Die verwendeten Variablen werden in der Regel
sehr grob operationalisiert. Ein Beispiel ist die wichtige Variable der *Fernseh-*

nutzung. In der Regel wird nur nach dem Umfang bzw. der Häufigkeit des Fernsehkonsums gefragt, in den besten Fällen noch nach den gesehenen Sendungen. Was aber vom Rezipienten tatsächlich aus der Fernsehnutzung bezogen wird, was er *wahrnimmt,* decodiert usw., bildet kaum einen Gegenstand von Untersuchungen.

Die auf schnelle Publikation bedachten Forscher bedienen sich im übrigen zunehmend der Erhebungsmethode von *Telefoninterviews,* die relativ kostengünstig und schnell durchgeführt werden können. Sie setzen aber eine möglichst griffige und leicht zu handhabende Fragetechnik voraus, die in manchen Fällen der Komplexität des Gegenstandes nicht gerecht werden mag.

Noch nachteiliger dürfte jedoch sein, daß die meisten dieser Telefonumfragen nur in *lokalen Kommunikationsräumen* (größeren Städten, kleineren Städten) durchgeführt werden. In der Regel handelt es sich daher um *Pilot-* bzw. *Fallstudien,* die erst noch durch Repräsentativstudien zu ergänzen wären. Ausgleichend ist jedoch zu vermerken, daß die Zahl von Sekundärstudien, die in der Regel nationale Umfragen weiterführend analysieren, zugenommen hat. Dies trifft z. B. auf den Bereich der Agenda-Setting-Forschung ebenso zu wie auf die Vielseherforschung und die Mediennutzungsforschung. Untersuchungen über die Prozesse der **öffentlichen Meinungsbildung** fußen dagegen in der Regel auf *repräsentativen Umfragen.* Hier finden wir auch am ehesten Kooperation zwischen deutscher und amerikanischer Forschung. So gibt es ein verstärktes Bemühen um die Verknüpfung der *Theorie der pluralistischen Ignoranz* mit dem *Schweigespiralmodell* von **Noelle-Neumann**.[2]

Besonders überraschend ist, daß sich in der anglo-amerikanischen Medienwirkungsforschung die Tradition **Paul Lazarsfelds,** soweit sie die Zusammenhänge von **Massen-** und **interpersonaler Kommunikation** betrifft, nicht fortgesetzt hat. Studien zum *Meinungsführerproblem* und zu den Aspekten interpersonaler Kommunikation sind stark rückläufig. Dies verwundert insofern, als gerade in der Agenda-Setting-Forschung und auch in den anderen Zweigen vermehrt auf den *intervenierenden Faktor* der *interpersonalen Kommunikation* hingewiesen wird. Es gibt eine Reihe von Belegen dafür, daß Medieneinfluß durch verstärkte interpersonale Kommunikation zurückgedrängt werden kann. Ein Grund für die mangelnde Beschäftigung mit dem Meinungsführerkonzept und der intervenierenden Wirkung interpersonaler Kommunikation könnte meines Erachtens darin liegen, daß hier in den zurückliegenden Jahrzehnten in methodischer Hinsicht kaum noch Fortschritte gemacht worden sind.

Ein Mangel an Forschungsaktivität läßt sich insgesamt für die anglo-amerikanische Medienwirkungsforschung nicht konstatieren. Das Gegenteil ist vielmehr der Fall. Die Zahl der Publikationen von Studien und theoretischen Bei-

---

[2] Vgl. dazu auch den Beitrag von **Noelle-Neumann, E.:** Zur Forschungsstrategie der Medienwirkungsforschung. In: **DFG:** 1986, Teil 1, S. 129−142.

trägen nimmt ständig zu. Es erscheint geradezu schwierig, sich auf dem laufenden zu halten. Auffällig ist auch, daß sich seit Beginn der 70er Jahre verstärkt Fachzeitschriften herauskristallisiert haben, die sich speziell auf die Massenkommunikationsforschung beziehen. Dies könnte ein Beleg dafür sein, daß sich die anglo-amerikanische Publizistik- und Kommunikationswissenschaft weiter institutionalisiert hat. Die einschlägigen Beiträge in den Fachzeitschriften angrenzender Gebiete der Psychologie und Soziologie sind jedenfalls im Vergleich zu früheren Jahrzehnten zurückgegangen.

Im folgenden Überblick wird nun eine genauere Übersicht über die Bereiche, Beiträge und Ergebnisse der neueren anglo-amerikanischen Medienwirkungsforschung gegeben. In eckigen Klammern wird dabei auf entsprechende Beiträge der Auswahlbibliographie verwiesen.

II. Dokumentationsübersicht:
Zum Forschungsstand der Medienwirkungsforschung

1. *Die Wirkung der Massenkommunikation auf Einstellungen,
Lernen und Verhalten.*

1.1 Persuasionsforschung

Die Untersuchungen **kurzfristiger Wirkungen** von **Kampagneninformationen** auf Einstellungsänderungen, Lernen und Informationsverarbeitung
sind nicht mehr so zahlreich wie in früheren Jahren – insbesondere zu Zeiten
der *Hovland-Schule*.[1]
Die Zahl der *Experimente* ist im Vergleich zu Feldstudien geringer geworden.
Einige *Experimente* beschäftigen sich mit der **Kommunikatorglaubwürdigkeit** bzw. auch mit dem **Intermediavergleich** [2, 6], wobei zu diesen Problemen auch eine Reihe von *Feldstudien* durchgeführt wurden [1, 8, 14, 15]. Da-
neben wurde auch untersucht, welche Wirkung die Eigenschaften von Fern-
sehschauspielern bzw. Charakteren auf den Meinungswandel der Rezipienten
haben [11]. Ein neuerer Beitrag beschäftigt sich mit den *theoretischen Grundlagen* der Erforschung der Kommunikatorglaubwürdigkeit. Für die künftige
Untersuchung der Quellenglaubwürdigkeit erweist sich demnach vor allem
die *Attributionstheorie* als fruchtbar [16].
Die Wirkung **politischer Kampagnen** oder von **Werbung** im Fernsehen
steht im Vordergrund mehrerer Arbeiten. Auffällig ist, daß durchwegs *komplexere* Variablenzusammenhänge untersucht werden und die *multivariate* Ana-
lysetechnik (z. B. Multiple Regression, Pfadmodell) dominiert [13, 17].
Mit Hilfe kombinierter Methoden wird in einer Studie die Wirkung einer
Wahlkampfdebatte im Fernsehen untersucht [10]. In einer größeren nationalen
Feldstudie wird die *langfristige* Wirkung des politischen Interesses auf die TV-
Nutzung und den Einstellungswandel untersucht, wobei auch hier die Zusammenhänge durch entsprechend komplexe Analyseverfahren geprüft
werden [9].
Mit dem **Informationsverarbeitungsprozeß** beim Rezipienten setzen sich
schließlich sowohl theoretische als auch empirische Arbeiten auseinander [4, 5,
12]. Während letztere auf *kognitive Wechselvorgänge* während der TV-Nutzung
abstellen, wird aus theoretischer Sicht die Auffassung vertreten, daß *Vorwissen*
und *Erwartungen* den Wahrnehmungs- und Informationsverarbeitungsprozeß
beim Zuschauer lenken.

1.2 Selektive Zuwendung, Einstellungsstrukturen

Von besonderem Interesse erweist sich in der Wirkungsforschung nach wie
vor die These der **selektiven Zuwendung („selective exposure")**, deren

---

[1] Vgl. **Hovland, C. I.:** Communication and Persuasion. New Haven 1954.

Gültigkeit bisher umstritten blieb. Neuere Zusammenfassungen der *experimentellen* Forschungslage erbrachten immer noch keinen eindeutigen Beleg für die Gültigkeit der These, allenfalls eine tendenzielle Evidenz, daß sich Rezipienten selektiv verhalten.[2]

Im vorliegenden Bericht wurden daher einige *neuere Feldstudien* aufgenommen, die für die weitere Forschung Anregungen vermitteln könnten. Auf der Basis von *letzten Werten* im Sinne *Rokeach's* konnte in einer Studie deutlich selektives Fernsehverhalten gegenüber der TV-Serie ‚Roots‘ nachgewiesen werden [18], während eine *Longitudinalstudie* am Beispiel einer Aufklärungskampagne zum Thema ‚Gesundheit‘ nur eine geringe Stützung der These der selektiven Zuwendung erbrachte [22].

Bekanntlich wurde die These der selektiven Zuwendung im Zusammenhang mit den *Konsistenzmodellen* in der Einstellungsforschung entwickelt. Von Interesse ist daher auch die Entwicklung des weiteren Umfeldes der These. Hier zeigt sich, daß offenbar die Wirkung der Massenkommunikation nicht mehr nur an der Veränderung einzelner Meinungsitems gemessen wird, sondern es wird zunehmend auch der weitaus komplexere Zusammenhang zwischen den bei den Rezipienten bereits vorhandenen *Einstellungsstrukturen, Werthaltungen, ideologischen Glaubensmustern* usw., der *Informationsaufnahme* und deren *Wirkung* wiederum auf die vorhandenen Einstellungsstrukturen untersucht [21, 22]. Multivariate Analysetechniken ermöglichen es, diese Zusammenhänge zu prüfen. Dabei zeigt sich u. a., daß die Medienberichterstattung zu einer *Konsistenz* oder zumindest zu einer Festigung und Strukturierung politischer Einstellungen führen kann. Interessant ist auch der in einer nationalen Umfrage festgestellte Befund, daß die Nutzung der TV-Nachrichten nicht einen oberflächlichen und uninformierten Bürger bedingt [23].

1.3 Wirkung formaler Angebotsweisen

Untersuchungen zur Wirkung *formaler Medieneigenschaften* nehmen im angloamerikanischen Raum zu.[3] Von besonderem Interesse ist die Wirkung formaler Merkmale, wie z. B. **Kamerastellung bzw. -winkel, Merkmale der Stimme,** des **Kommunikationsstils** auf die Wahrnehmung der *Quellenglaubwürdigkeit* [25, 28]. Die Wirkung von **Bild/Toninferenzen** auf die *Wahrnehmungs- und Erinnerungsleistung* steht ebenso im Vordergrund wie die Wirkung von **Pausen** und **Wiederholungen** innerhalb eines TV-Nachrichtenblocks [26, 29]. Dieser Untersuchungsbereich scheint eine Domäne des

---

[2] Vgl. Zusammenfassungen in: **Schenk, M.:** Medienwirkungsforschung. Tübingen 1987; **Zillmann, D., Bryant, J.** (eds): Selective Exposure to Communication. Hillsdale, London 1985, darin besonders den Beitrag von **Cotton, J. L.:** Cognitive Dissonance in Selective Exposure.

[3] Vgl. Zusammenfassungen in **Schenk, M.:** 1987 sowie besonders **Baggaley, J. P. et al.:** Psychology of the TV Image. Westmead, Farnborough 1980.

Mediums Fernsehen zu sein, die Anwendung der neuen Kommunikationstechnik innerhalb des Mediums Presse legt es aber nahe, auch dieses Medium stärker für die Untersuchung formaler Effekte heranzuziehen. So wurden bereits die **Form** der **Überschriften** und **Schlagzeilen** auf ihre Wirkung untersucht [30].

2. Interpersonale Kommunikation und Diffusion

Obwohl **Katz** und **Lazarsfeld** bereits in den 40er und 50er Jahren das **Meinungsführerkonzept** inaugurierten, ist das Interesse an diesem Gegenstand offenbar abgeklungen. Wiederholt ist in der Vergangenheit mit dem Konzept in theoretischer, methodischer und wissenschaftspolitischer Hinsicht „abgerechnet" worden, zu neuen Impulsen hat dies in der anglo-amerikanischen Wirkungsforschung kaum geführt.[4] Neuere Ansätze wurden eher in der Bundesrepublik Deutschland entwickelt.[5]
Die große Bedeutung interpersonaler Kommunikation für die Rezeption und das Verständnis von Informationen und Nachrichten wird zwar anerkannt [36], die überwiegende Zahl von Studien beschäftigt sich aber eher mit dem **Diffusionsprozeß** als unmittelbar mit der Rolle von Meinungsführern [32, 35]. Dabei steht vor allem der Diffusionsprozeß sogenannter *„kritischer Ereignisse"* (z.B. Attentate) im Vordergrund. Die Studien, die sich noch mit dem *Meinungsführerkonzept* auseinandersetzen, basieren auf einem Vergleich von Meinungsführern und Nichtführern. Die Studien berichten von einem *schnelleren Meinungswechsel* der Meinungsführer [31] und von einem stärker ausgeprägten *Bedürfnis nach kognitiver Orientierung*, welches Nichtführer nicht in demselben Maße auszeichne. Meinungsführerschaft stehe auch in Verbindung mit *vielseitigerer* Mediennutzung und größeren Anstrengungen beim Informationserwerb [33].
Die Messung bzw. *Operationalisierung* der Meinungsführerschaft erfolgt weitgehend mit dem *Selbsteinschätzungsverfahren*, das den Nachteil hat, daß damit die tatsächlichen Kommunikationsflüsse zwischen Meinungs- und Informationsgebern und -empfängern nicht erfaßt werden können [31]. Bedauerlicherweise sind die frühen soziometrischen/netzwerkanalytischen Versuche (von Coleman et al.) nicht weiter verfolgt worden.

---

[4] Vgl. **Gitlin, T.:** The Dominant Paradigm. In: Theory and Society. Vol. 6 (1978), S. 205−253. **Schenk, M.:** Meinungsführer und Netzwerke persönlicher Kommunikation. In: Rundfunk und Fernsehen. Vol. 31 (1983), S. 326−336.
[5] Vgl. **Noelle-Neumann, E.:** Persönlichkeitsstärke. (Spiegeldokumentation) Hamburg 1983; **Schenk, M.:** Politische Meinungsführer. In: Publizistik. Vol. 30 (1985), S. 7−16.

3. Wirkungen von Gewaltdarstellungen

Die Untersuchungen zur Wirkung von Gewaltdarstellungen — speziell im Fernsehen, Video, Film — sind nach wie vor zahlreich. Neben klassischen **experimentellen Studien** finden sich zunehmend aber auch **Feldstudien** und Untersuchungen zu **Langzeitwirkungen.**

3.1 Studien mit experimentellem Design

In der experimentellen Gewaltforschung wird vermehrt auf die spezifischen *inhaltlichen Merkmale* von *Fernsehgewalt* eingegangen — insbesondere wird die Wirkung **fiktiver** und **realer** Gewalt untersucht.

Gewaltdarstellungen in den *Nachrichten* werden im Vergleich zu Gewaltdarstellungen in *Unterhaltungsserien* z. B. für realer gehalten, gelten als *aktueller* und werden als der *Wirklichkeit ähnlicher* empfunden. Die Wirkung der realen (Nachrichten-) Gewalt auf die nachfolgende Aggressivität (von Kindern) ist stärker als die Wirkung fiktiver TV-Gewalt in populären Unterhaltungsprogrammen [37]. Umgekehrt zeigt sich, daß erhöhter TV-Konsum von fiktiver Gewalt die Wirkung *nachfolgender* realer Gewaltdarstellungen beeinträchtigen kann — somit zu Abstumpfungseffekten führt [46].

Ein hoher Anteil an fiktiver TV-Gewalt gilt allerdings nicht als notwendig für die generelle **Popularität** von TV-Programmen, allenfalls ist es ein bestimmter Personenkreis, der solche Programme bevorzugt [38].

Daß neben Gewaltdarstellungen auch **erotisches** Filmmaterial die Aggressivität der Zuschauer erhöhen kann, ist nach Annahmen der *Arousal-Theorie* plausibel.[6] Ein Test der Annahmen der Theorie schlägt allerdings fehl, da von aggressivem Inhalt im Vergleich zu erotischem Material eindeutigere *Transfereffekte* ausgingen [43]. Um eine theoretische Abgrenzung der beiden Wirkungsphänomene bemüht sich z. B. **Dienstbier** [39]. **Donnerstein** und **Berkowitz** können schließlich belegen, daß aggressiv-erotische Filme die Aggression von Männern gegenüber Frauen erhöhen, v. a., wenn diese ein gewisses Maß an „Opferbereitschaft" zum Ausdruck bringen [40].

In mehreren Studien steht schließlich der **kausale** Zusammenhang zwischen den *Aggressionen* und der *Präferenz* für violentes Material im Mittelpunkt. In einer Studie zeigt sich u. a., daß Männer, die bereits Aggressionen haben, eher als Frauen Gewaltdarstellungen wählen. Insgesamt scheint es sich aber um einen sich *wechselseitig* verstärkenden Prozeß zu handeln [41]. Ähnlich wird die Frage beschieden, ob Angst *Vielsehen* begünstige oder Vielsehen zu erhöhter Ängstlichkeit führe. In der Tendenz zeigt sich, daß das Vielsehen von Gewaltdarstellungen die Ängstlichkeit erhöhen kann, wenn es in den Filmen *ungerecht*

---

[6] Vgl. **Tannenbaum, P. H.:** Entertainment as Vicarious Emotional Experience. In: **Derselbe** (ed.): The Entertainment Functions of Television. Hillsdale 1980, S. 107−132.

zugeht [42]. Ein Beitrag verweist schließlich auch auf *andere Quellen* der Angst als das Fernsehen [45].

3.2 „Natürliche Designs", Feldversuche, Langzeitwirkung

In einer als Panelumfrage angelegten Feldstudie ergibt sich demgegenüber ein Beleg dafür, daß Zuschauer mit **aggressiven Prädispositionen** bevorzugt TV-Programme wählen, die „Action" und Abenteuer enthalten. Es bestätigt sich also das Phänomen der **selektiven Zuwendung** [47]. Für England [56] läßt sich im Rahmen einer nationalen Umfrage bei Erwachsenen allerdings dieser Zusammenhang nur für die sogenannten **Vielseher** nachweisen, während Wenigseher eher zufällig auf entsprechende Programme stoßen (Random Modell).

In einem Feldexperiment mit Jugendlichen erweist sich die Wirkung von Filmen mit aggressivem Inhalt auf die Aggressivität stärker als die von Filmen, die keine Gewaltdarstellungen enthalten. Wiederholter Kontakt mit gewalthaltigen Filmen führte zwar zu einer schwächeren Wirkung als einmaliger Kontakt, als Beleg für eine Sättigungs- oder *Habitualisierungsthese* ist dies *nicht* anzusehen [54].

Daß von den Medien **Langzeitwirkungen** ausgehen, bestätigen **Singer** et al. in einer als *Kohortenanalyse* angelegten Felduntersuchung bei Kindern. Trotz *multipler Kontrolle* anderer Variablen ergibt sich, daß hoher TV-Konsum von realistischen Gewaltdarstellungen zu späterem aggressiven Verhalten, zu Ruhelosigkeit und einer negativen Weltsicht führt [55]. Daß durch TV-Gewaltdarstellungen eine *Reaktivierung* bereits vergangener Angsterfahrungen erfolgen kann, wird in einer nicht repräsentativen Umfrage bei Schülern und Hochschülern deutlich [48].

Die Anwendung der *kognitiven Entwicklungstheorie* von **Piaget** führt zu dem Ergebnis, daß für Vorschulkinder alles erschreckend ist, was furchterregend aussieht, während für ältere Kinder *realitätsnahe* Darstellungen im Vergleich zu fiktiven eine größere Wirkung besitzen [49].

In einer weiteren Panelstudie, die mit einer Inhaltsanalyse der Presseberichterstattung und einer Sekundäranalyse von Statistiken (Kriminalität) gekoppelt wurde *(Methodenkombination)*, wird auch die besondere Wirkung der **Presse**, die bei den meisten der am Fernsehen orientierten Studien unberücksichtigt blieb, deutlich. Realitätsnahe Presseberichterstattung über Kriminalität kann demnach die Angst der Leser bzw. auch die öffentliche Meinung über Kriminalität beeinflussen [50]. Die Fruchtbarkeit einer Methodenkombination von Inhaltsanalyse der Medien und Statistiken zur tatsächlichen Entwicklung von Kriminalität zeigt sich — zumindest instruktiv — in einigen weiteren Arbeiten [51, 52].

Der Vorteil von Feldstudien gegenüber Experimenten im Labor [53] liegt darin, daß die Wirkungen von Gewaltdarstellungen über längere Zeiträume verfolgt werden können, wobei gerade mit Hilfe entsprechender multivariater Analysetechniken (z. B. Multiple Regression) das in diesem Bereich so zentrale Kausalitätsproblem neu angegangen werden kann. Allerdings zeichnen sich die meisten der vorgelegten Studien durch *mangelhafte Stichprobenbildung* aus, die nicht den Ansprüchen an Repräsentativität etc. genügen.

4. *Vielseherforschung und Kultivationsanalyse*

Der Vielseherproblematik wurde, obwohl z. T. im letzten Kapitel schon angesprochen, aufgrund der vielen Arbeiten ein separates Kapitel gewidmet.

Die Vielseherforschung begann Mitte der 70er Jahre um die Forschergruppe von **Gerbner**, die schon über viele Jahre hinweg in **Methodenkombination** von **Inhaltsanalyse** und **nationalen Umfragen** festzustellen versucht, inwiefern sich die im U.S. Fernsehen für die Hauptsendezeit typischen Inhalte aller Anbieter (ABC, CBS, NBC) auf die Vorstellungen der vielsehenden Bürger auswirken. Im Vordergrund stand zunächst die Wirkung von **Gewaltdarstellungen** — die Forscher hatten nämlich hohe Anteile von Gewalt in den Abendprogrammen festgestellt. Es zeigte sich durch einfache Korrelationen, daß ein hoher Umfang der TV-Nutzung zu **paranoiden Effekten** führt, also z. B. die Angst, in Kriminalität verwickelt zu werden, oder die Vorstellung, in einer schlechten Welt zu leben, verstärkt.[7] Mit Hilfe einer umfangreichen Datenbank konnte der Anteil von Gewaltdarstellungen am Abendprogramm jährlich ausgewiesen werden. Das Fernsehen erweist sich demnach als ein **kohärentes Symbolsystem**, welches sich im Bild, das sich das Publikum von der Realität macht, niederschlägt.[8]

An dem anfangs einfachen Korrelationsverfahren entzündete sich ein *Methodenstreit* zwischen **G. Gerbner** und **P. Hirsch**, der dann dazu führte. daß die Forschergruppe **partielle Korrelationen** — mit Kontrolle weiterer Variablen — rechnete, wobei freilich die zentralen Aussagen erhalten blieben.[9] Aber auch

---

[7] **Gerbner, G., and Gross, L.:** 1976 „Living with Television: the Violence Profile." Journal of Communicaton 26 (Spring): 173−99.

[8] Vgl. typisch [61] sowie weitere, im Bericht nicht enthaltene Literatur (Profile 9, 10, 11): **Gerbner, G., Gross, L., Jackson-Beeck, M., Jeffries-Fox, S., and Signorielli, N.:** 1978 „Cultural indicators: Violence Profile No. 9." Journal of Communication Vol. 28 (Summer): 176−207. **Gerbner, G., Gross, L., Signoriolli, N., Morgan, M., and Jackson-Beeck, M.:** 1979 „The Demonstration of Power: Violence Profile No. 10." Journal of Communication Vol. 29 (Summer): 177−96. **Gerbner, G., Gross, L., Morgan, M., and Signorielli, N.:** 1980 „The ‚Mainstreaming‘ of America: Violence Profile No. 11." Journal of Communication Vol. 30 (Summer): 10−29.

[9] Zum Methodenstreit vgl. **Hirsch, P.:** „The ‚Scary World‘ of the Nonviewer and other Anomalies: A Reanalysis of Gerbner et al.'s Findings of Cultivation Analysis, part I." Communication Research 7 (1980) 403−56; **Derselbe:** „On not learning from one's own mistakes: A Reanalysis of Gerbner et al.'s Findings of Cultivation Analysis, part II." Communication Research 8 (1981) 3−37; **Gerbner, G. et al.:** „A Curious Journey into the Scary World of

das heute noch in diesem Bereich angewandte partiale Korrelationsverfahren, das sukzessive Kontrollen durch andere Variablen ermöglicht, steht in der Kritik, allzumal **Hughes** mit Hilfe einer **multiplen Klassifikationsanalyse** der Daten der Gerbner-Gruppe die behaupteten Zusammenhänge zwischen Umfang der TV-Nutzung und kulturellen Effekten nicht bestätigen konnte [67].

Die **kausale Beziehung** zwischen Umfang der TV-Nutzung und insbesondere der Angst, ein Opfer der Kriminalität zu werden, wird offenbar durch eine Reihe weiterer, sich gegenseitig verstärkender Faktoren unterminiert, von denen ein wesentlicher Faktor die *direkte Erfahrung* bzw. der *unmittelbare Kontakt* mit dem Problem der Kriminalität ist [60].

Einen weiteren Aspekt bildet die inhaltliche Differenzierung der TV-Nutzung: Vielsehen ist nicht gleich Vielsehen, es kommt auch darauf an, welche **Inhalte** genutzt werden. Mit den Überzeugungen zum Vorherrschen von Gewalt in der Gesellschaft geht hauptsächlich die Nutzung von *Abenteuer-* und *Krimiprogrammen* einher, der bloße Umfang der TV-Nutzung kann die entsprechenden Überzeugungen nicht in jedem Falle erklären. Auch bei **habitueller** TV-Nutzung ist auf die Art der Programme zu achten, bevor über die Wirkung dieser Art der Nutzung Aussagen gemacht werden [66]. Eine allgemeine Kritik an der Form der Inhaltsanalyse der Gerbner-Gruppe legte **Blank** [54] vor.

Die Vielseherforschung ist interessanterweise auch einem **interkulturellen Vergleich** unterzogen worden. Während sich die zentralen Annahmen z.B. für *Australien* bestätigen ließen, konnten sie allerdings in *England* nicht erhärtet werden [65, 71]. Für Australien wurde auch die Wirkung des *Imports* von U.S. TV-Programmen untersucht, wobei sich zeigte, daß die U.S. Programme durchaus zur *Realitätskonstruktion* in bezug auf die eigene Nation herangezogen werden [70].

In den letzten Jahren hat sich die Vielseherforschung etwas von der Gewaltforschung gelöst. Neue Anwendungsbereiche wurden erschlossen. So wurde die Wirkung des Vielsehens auf die Wahrnehmung von **Familienrollen** [59] ebenso untersucht wie die Wirkung auf die **Geschlechtsrollendifferenzierung** und **Stereotypisierung** [69 sowie nächster Abschnitt]. **Gerbner** selbst wandte sich neuen Untersuchungsbereichen zu, untersuchte u. a. die Darstellung von **Ärzten, Gesundheit** und **Medizin** im Fernsehen[10] und die Darstellung von älteren Menschen sowie die Vorstellung (Images) der Bevölkerung von **Alten**. Schließlich wandte sich die Gruppe dem Bereich der **Politik** zu. Hier zeigte sich u. a., daß das Fernsehen bei Vielsehern infolge eines **homogenen Mainstreams** zu einer Verengung der zunächst grundsätzlich plu-

---

Paul Hirsch." Communication Research Vol. 8 (1981) 39–72. Als Replik von **Gerbner, G.:** Final Reply to Hirsch. In Communication Research Vol. 8 (1981) 259–80.

[10] Vgl. **Gerbner, G. et al.:** „Scientists on the TV Screen." Society 18 (1981) (May/June): 41–44. **Derselbe:** „Health and Medicine on Television." New England Journal of Medicine 305 (1981) (October): 901–904.

ralen Ansichten führt: Vielseher aller politischen Gruppierungen zeichnen sich durch eine *Konvergenz* und *Homogenisierung* ihrer politischen Ansichten aus [63] und nehmen im Vergleich zu Wenigsehern häufiger eine politische Position der *Mitte* ein [64].

Trotz mancher Kritik kann die Vielseherforschung als ein richtungsweisender Ansatz der Wirkungsforschung angesehen werden, da die **längerfristigen Auswirkungen** der „normalen" TV-Inhalte auf die Publikumsvorstellungen in Methodenkombinationen untersucht werden. Die Strichprobenbildung genügt den üblichen statistischen Anforderungen. Das Methodenproblem der Korrelation müßte sich durch multiple Klassifikation bzw. Regression, die eine *simultane* Kontrolle weiterer Variablen ermöglichen, lösen lassen, wie sich z. B. in dem Beitrag von **Hughes** bestätigt [67].

5. Realitätskonstruktion und Stereotypisierung

Bereits in den 20er Jahren hat **Walter Lippmann** darauf hingewiesen, daß die Medien zur **Konstruktion der sozialen Realität** beitragen, indem sie Erfahrungen aus *zweiter, dritter* usw. Hand vermitteln. Ihre Stärke liegt daher dort, wo wir keine direkten Erfahrungsmöglichkeiten besitzen. Durch die spezifischen Selektions- und Herstellungsprozesse würden sie überdies nur ganz bestimmte **Bilder** von der Realität — „pictures in our heads" — produzieren, die **Stereotypen** gleichkommen.[11]

Abgesehen von der Vielseherforschung ist dieser Wirkungsbereich eigenständig bisher nur ansatzweise erforscht. Dies verwundert etwas, da die **theoretischen Grundlagen**, z.T. von Lippmann selbst bereits gelegt, dafür eigentlich vorhanden wären. [72, 78, 81]. So stellte Lippmann z. B. eine Reihe von Nachrichtenfaktoren zusammen, die dann später in der *Nachrichtenwert*-Forschung auftauchen und mit deren Hilfe die typischen *Medienabbildungen* von Realität erklärt werden können.[12] Die medienspezifischen Abbildungen von sozialer Realität stehen auch im Vordergrund einer Reihe theoretischer und empirischer Arbeiten im vorliegenden Bericht. Über **Verzerrungen** informiert z. B. ein Beitrag von **Hofstetter,** der vor allem das **Selektionsproblem** in den Vordergrund stellt [79]. **Balon** geht auf die **reziproken Effekte** der Medien ein, die besonders bei TV-Interviews im Vergleich zu Interviews in der Presse entstehen: Vor der Kamera ändern die Personen ihr Interviewverhalten beträchtlich [75]. Die eher **indirekten** Effekte guter oder schlechter Nachrichten auf individuelle Wahrnehmungen und subtile, unbeabsichtigte Handlungsweisen stehen im Mittelpunkt sowohl theoretischer [76] als auch empirischer Arbeiten [80].

---

[11] **Lippmann, W.:** Public Opinion. New York 1922.
[12] Vgl. ebd., S. 338−357 sowie **Schulz, W.:** Die Konstruktion von Realität in den Nachrichtenmedien. Freiburg 1976.

In einigen theoretischen Beiträgen wird schließlich darauf verwiesen, daß subjektive **Realitätskonstruktionen** auch durch Erfahrungen erster Hand — direkte Erfahrungen also — zustande kommen [72, 81]. An diesen Problemkreis schließen sich einige Studien an, die sich auf direkt erfahrbare Objekte, wie Polizei und Kriminalität, beziehen. Die durch Massenkommunikation induzierten *Realitätseffekte* können demnach durch *direkte Erfahrungen* — soweit dies überhaupt möglich ist — *modifiziert* bzw. gebrochen werden [77, 83].

Ein Teil der Untersuchungen über *soziale Realitätseffekte* schließt unmittelbar an die Vielseherforschung an, ohne aber auch das inhaltsanalytische Instrumentarium mit zu übernehmen. So wird z.B. die Wirkung von Arzneimittelwerbung auf die Vorstellungen vom Ausmaß der Krankheiten in der Gesellschaft untersucht [74]. Die Wirkung der **Fernsehwerbung** auf die **Rollenerwartungen** von jüngeren weiblichen Zuschauern ist Thema einer weiteren Studie [86]. Bei Kindern zeigt sich überdies, daß die Realitätseffekte vor allem dann auftreten, wenn Kinder keine besonderen kognitiven Fähigkeiten — etwa die Fähigkeit, Schlüsse zu ziehen — besitzen [84]. Der **Stereotypisierungsprozeß** steht schließlich im Mittelpunkt einiger kleiner Studien, die die Wirkung der TV-Nutzung auf Vorstellungen von Minoritäten, Selbsteinschätzung von Schwarzen und Vorstellungen von Politikern untersuchen [85, 88, 89]. Hier sind bereits Anschlüsse an die im nächsten Kapitel referierten Sozialisationsstudien gegeben.

Kritisch zu vermerken ist, daß die meisten dieser Studien auf eine simultane Variablenkontrolle verzichten und sich mit partialen Korrelationen begnügen. Die verwendeten Stichproben entsprechen nur selten den statistischen Standards, wie sie etwa für die Gerbner-Gruppe geltend gemacht werden können.

6. Sozialisationswirkungen

Die meisten der hier genannten Beiträge beschäftigen sich mit der Frage, inwiefern die **Medien** als **sekundäre Sozialisationsagenten** fungieren. Außer der Familie und der Schule könnten auch die Medien auf Kognitionen und Affekte, Rollenverständnis, Werte und Handlungsweisen wirken. Von großer Bedeutung ist dabei auch das Zusammenspiel von **interpersonaler Kommunikation** und **Massenkommunikation**.

Ein Schwerpunkt der Studien liegt eindeutig auf den **politischen Sozialisationswirkungen** [90, 92, 93, 94, 97], während **Konsumentenverhalten** bzw. die **Konsumentensozialisation** [96] und **Familienkommunikation** [99] nur am Rande von Interesse zu sein scheinen.

Die zentrale Forschungsfrage im Rahmen der Studien zur **politischen Sozialisation** ist darin zu sehen, auf welche Weise der Medienwirkungsprozeß zusammengesetzt ist. Konkret ist damit gemeint, wie die Variablen *Mediennutzung* [TV, Zeitung, politische Werbung], *politisches Interesse, interpersonale*

Kommunikation, politisches Wissen, politische Einstellung und Partizipation aufeinander bezogen sind [93, 94]. Methodisch bedient man sich nicht nur der Querschnittsbefragung, sondern häufig der *Panelumfrage,* wobei schließlich *Pfadanalysen* und das *Cross-lagged* Korrelationsverfahren für die eigentliche Wirkungs-
analyse zum Tragen kommen [92, 93, 94, 96].
Die Ergebnisse sind z. T. widersprüchlich, erbringen aber insgesamt einen
deutlichen Beleg dafür, daß die **Medien** als **sekundäre Sozialisationsagenten** wirken: Mediennutzung (v. a. Zeitunglesen) trägt zu politischem Wissen
und Interesse bei. Die Wirkung der Medien scheint allerdings eher *indirekt* zu
erfolgen, da zusätzlich auch *interpersonale* und *primäre Kommunikation* aktivie-
rend wirken, indem sie ein Klima für verstärkte Nutzung von politischen Inhalten der Medien schaffen [94, 97]. Außerdem sind weitere Variablen, wie
Schichtzugehörigkeit, Lebenszyklus und *Entwicklungsgrad* (bei Kindern), mit zu
beachten. Einige Beiträge weisen in Anlehnung an **Piaget's Entwicklungstheorie** darauf hin, daß der Wirkungsprozeß bei Kindern *nicht* nach dem *Stimulus-Response*-Modell erfolge, die Kinder nämlich ihre Umgebung z. T. auch
selbst definieren, ihre Perzeptionen eigentlich den Stimulus festlegen würden,
Entwicklung sich somit in Abstimmung mit Prozessen der **Akkomodation**
und **Assimilation** vollziehe [95, 98].

7. *Agenda-Setting: Themenstrukturierungseffekte*

Einer der am weitesten fortgeschrittenen Zweige der neueren anglo-amerikanischen Wirkungsforschung ist die **Agenda-Setting-Forschung**. Ihre welt-
weite Beachtung bezieht sie u. a. daraus, daß sie sich zum einen mit der „normalen" Berichterstattung der Medien beschäftigt. Hält man sich vor Augen,
daß z. B. eine Tageszeitung täglich drei Viertel der möglichen Nachrichten
ausscheiden muß und beim restlichen Viertel erhebliche Gewichtungen vorgenommen werden, wird die besondere Fähigkeit der Medien, die *Welt* zu *strukturieren* und *organisieren,* deutlich. Die Medien sind daher besonders erfolgreich, indem sie uns sagen, *worüber* wir denken; uns zu sagen, *was* wir zu denken haben, dabei haben die Medien u. U. weniger Erfolg.[13] Wie die Vielseherforschung befaßt sich die Agenda-Setting-Forschung mit der **Wirklichkeits-
konstruktion** in der Bevölkerung. In ihrer Urform unterstellt die **Agenda-
Setting-These**, daß die Selektionsprozesse in den Massenmedien, durch die
die reale Welt zur Medienwelt transformiert wird, die Umweltwahrnehmun-
gen der Medien nutzenden Bevölkerung steuern.
Damit ergibt sich zum anderen aber auch ein enormes **Interesse der Politik**
an diesem Ansatz, das zu entsprechend ausgeweiteter Forschung nach dem

---

[13] Vgl. **Lippmann, W.,** 1922 und **Cohen, B. C.:** The Press and Foreign Policy. Princeton
1963.

Motto geführt hat: Wer die Themen von morgen kennt, wird auch Erfolg in der Politik haben. So verwundert es nicht, daß eine Vielzahl von Agenda-Setting-Studien im Zusammenhang mit **Wahlkampagnen** durchgeführt wurden. Einen exzellenten Überblick über alle Facetten der Agenda-Setting-Forschung im Zusammenhang mit Wahlkampfsituationen geben **Shaw und McCombs**.[14]

Sie waren es auch, die — wieder in einer Wahlkampfstudie — Ende der 60er Jahre erstmals empirische Bestätigung für eine Korrespondenz zwischen **Medienberichterstattung** und **öffentlicher Meinung** fanden.[15] Seither sind unglaublich viele Einzelstudien zu diesem Problemkreis durchgeführt worden, es scheint, als ob es im amerikanischen Universitätsbetrieb unbedingt dazu gehört, sich einmal auf dem Gebiet des Agenda-Setting betätigt zu haben.

Im Laufe der Zeit hat sich schließlich auch die *Technik der Analyse* von Agenda-Setting-Problemen verbessert. Während anfangs nur einfache Korrelationen zwischen der Rangfolge der Themen in den Medien und der Publikumsagenda geprüft wurden, die aufgrund grober Raster schnell eine Bestätigung der These zuließen, sind gerade in den letzten Jahren von diesem Forschungsbereich methodische Verbesserungen für die gesamte Wirkungsforschung ausgegangen, die sich zum einen auf die Problematik der **Korrelationen** beziehen (vgl. neuere Verfahren wie *Cross-lagged Korrelationen, Maximum-Likelihood Schätzverfahren* [z. B. 101, 103, 107]), zum anderen aber auch die Untersuchung **längerfristiger Auswirkungen** der Berichterstattung auf das Publikum durch entsprechend angelegte Querschnitts- und *Panelstudien* ermöglichen [z. B. 101, 109, 117, 126, 132]. Schließlich wurde auch die Notwendigkeit von **Inhaltsanalysen** (zur Analyse der **Medienrealität**) und die Nützlichkeit von **Sekundärstatistiken** (zur Beschreibung der *tatsächlichen Realitätsentwicklung*) deutlich [z. B. 103, 107, 112].[16] Selbst die Anwendung von **Feldexperimenten** erscheint möglich, um z. B. die Wirkung einzelner Reports (*investigativer Journalismus*) zu prüfen [106, 113].

So einfach die Agenda-Setting-These auch ursprünglich einmal angelegt war, zeigte sich doch in den letzten Jahren wiederholt, daß die Wirkungsprozesse offenbar komplizierter sind als angenommen. Das Auftreten des Agenda-Setting-Effekts ist von **mehreren Bedingungen** abhängig. So kommt es z. B. auf die gesamte Nachrichtengestaltung — die **Rhetorik** — an, damit Nachrichtenthemen sich in der öffentlichen Meinung durchsetzen [108, 124]. Der Agenda-Setting-Effekt tritt auch nicht urplötzlich auf, sondern es braucht eine

---

[14] **Shaw, D. L., McCombs, M. E.:** The Emergence of American Political Issues: The Agenda-Setting Function of the Press. St. Paul 1977.

[15] Vgl. **McCombs, M. E., Shaw, D. L.:** The Agenda-Setting Function of Mass Media. In: Public Opinion Quarterly. Vol. 36 (1972), S. 176–187.

[16] Siehe als erstes Beispiel auch **Funkhouser, R.:** The Issues of the Sixties. In: Public Opinion Quarterly. Vol. 37 (1973), S. 62–75.

gewisse Zeit — man spricht von **Verzugszeit** — bis Themen ins öffentliche Bewußtsein gelangen [127, 128, 130]: Themen haben jeweils eine ganz spezifische „Karriere". Der *„Agenda-Building-Prozeß"* hängt auch vom gesamten Medienverbund ab, der für die Berichterstattung verantwortlich zeichnet. Dabei formt das **Medium** die Botschaften. So belegen neuere Studien einen stärkeren und längerfristigen *Agenda-Setting-Effekt* für die **Presse**, während dem **Fernsehen** nur ein kurzfristiger *Spotlighteffekt* zugebilligt wird. Der Grund dafür liegt in den technischen und stilistischen Unterschieden von Print- und audio-visuellen Medien [117].[17]

Der Agenda-Setting-Effekt trete auch eher bei **nationalen Themen** bzw. Ereignissen auf, seltener bei **lokalen Themen**, denn hier haben die Bevölkerungsmitglieder direkte Vergleichsmöglichkeiten, die Themen sind dabei weniger unaufdringlich („*unobtrusive*") [120]. Je weiter die Ereignisse und Themen vom unmittelbaren Kommunikationsraum der Rezipienten entfernt sind, wird — häufig aus einem starken *Orientierungsbedürfnis* heraus — Erfahrung aus zweiter und dritter Hand nötig. So verwundert es nicht, daß gerade bei Themen, wie z. B. Außenpolitik, Umweltproblemen, Katastrophen etc., die Wirkung der Medien vergleichsweise stark ist.

Überall dort, wo das **Publikum** aber aufgrund eigener Betroffenheit und direkter Erfahrungsmöglichkeiten für Themen schon **sensibilisiert** ist, wird der Medieneffekt vergleichsweise schwächer ausfallen [103, 107]. Dies hat dazu geführt, den Agenda-Setting-Prozeß verstärkt aus der Sicht des Publikums in einem *publikumsgesteuerten Modell* des Agenda-Setting aufzurollen. Für viele Themen, etwa Kriminalität oder Arbeitslosigkeit, ist das Publikum nämlich schon sensibilisiert genug, so daß es nur geringer Medienanstöße bedarf [107, 123]. Darüber hinaus kann auch **interpersonale Kommunikation** die Inhaltseffekte der Medien zurückdrängen [107, 125].

Selbstverständlich kommt es auch auf die tatsächliche **Mediennutzung** der Bevölkerungsmitglieder an, damit Medieneffekte auftreten können. Erhöhte Mediennutzung kann auch bei gering sensibilisierten Personen zu Agenda-Setting-Effekten führen (= *Nutzungswirkungen*) [101, 107]. Ein *spiegelbildlicher* Agenda-Setting-Effekt zwischen Mediennutzungsverhalten und öffentlicher Meinung läßt sich somit nicht generell behaupten.

Eine andere wichtige Frage ist, ob denn die Medien — wiederum nach dem *Spiegelbildmodell* — die **tatsächliche Realität** überhaupt adäquat abbilden. Seit **Funkhouser's** früherem Beitrag ist die Frage wiederholt negativ beschieden worden [100, 112], es finden sich aber auch positive Antworten [103]. Es erweist sich daher im Zusammenhang mit der Agenda-Setting-These als notwendig, auch auf das Auswahlverhalten der Medien, insbesondere der Prestigemedien, einzugehen — etwa mit Hilfe des Nachrichtenfaktoren-Modells. Eine Nachrichtenstudie von **Peterson** zeigt in diesem Zusammenhang nur

---

[17] Vgl. dazu auch **Shaw, D. L., McCombs, M. E.:** 1977, Kapitel 6.

geringe Übereinstimmung zwischen der „Welt außerhalb" und den „Bildern, die die Medien in unseren Köpfen erzeugen" [121]. Daß der Agenda-Setting-Prozeß ein *immanent politischer* Prozeß ist, zeigen Studien, die sich mit den Effekten der Medienberichterstattung auf *Öffentlichkeit* und Politiker bzw. die *politische Elite* befassen [110, 116]. Es wird z. B. von einer **Symbiose** zwischen Journalisten und Politikern gesprochen, die an der Entwicklung und Lösung von Problemen beteiligt sind, die dann in den Medien thematisiert werden [108]. Einige Wahlkampfstudien untersuchen schließlich, inwiefern sich die Agenda von *Politikern, Journalisten* und *Wählern* unterscheiden. Sie berichten dabei von nur geringen oder gar keinen Übereinstimmungen [100, 114].

Die Hoffnung, quasi mit einem **Media-Monitor** (computergestützte Inhaltsanalyse der Nachrichtenmedien) die Trends der öffentlichen Meinung von morgen exakt vorhersagen zu können [104], ist beim gegenwärtigen Stand der Agenda-Setting-Forschung mit Sicherheit (noch) unberechtigt; die genannten Wirkungsbedingungen erlauben es nicht, die ermittelte Medienagenda direkt auf die Publikumsagenda zu übertragen.

8. *Wissens- und Kommunikationskluft*

Die These von der **wachsenden Wissenskluft** wurde bereits Anfang der 70er Jahre von **Tichenor** et al. in die Wirkungsforschung eingebracht.[18] **Gaziano** kann in einem aktuellen *Review* zur Wissenskluftforschung bereits auf 58 empirische Studien mit relevanten Daten verweisen; die methodischen Unterschiede der einzelnen Studien werden erläutert und widersprüchliche Befunde erklärt [139]. Die einfache These von der wachsenden Wissenskluft, die bei zunehmenden Informationsflüssen in sozialen Systemen zwischen höheren und niedrigeren sozialen Schichten auftritt, wird heute nicht mehr so unmodifiziert vertreten wie in den frühen 70er Jahren.

Eine *Reformulation* der Wissenskluftthese beruht auf der Erkenntnis, daß es zum Wissenserwerb auch **Motivation** und **Interesse** braucht: „as the infusion of mass media information into a social system increases, segments of the population motivated to acquire information and/or for which the information is functional tend to acquire the information at a faster rate than those not motivated or for which it is not functional, so that the gap in knowledge between these segments tends to increase rather than decrease" [136]. Unterschiedliche Motivationslagen und die jeweils unterschiedliche *Funktionalität* von Information würden eher zur Entstehung von Wissensklüften führen als sozioökonomische Bedingungen. Schließlich könnten bei hoher Informationspenetration auch **Deckeneffekte** („ceiling effect") auftreten [136, 137]. Diese „Individua-

---

[18] Vgl. **Tichenor, P.J., Donohue, G.A., Olien, C.N.**: Mass Media Flow and Differential Growth in Knowledge. In: Public Opinion Quarterly. Vol. 34 (1970), S. 159—170.

lisierung" des Wissenskluftproblems, die übrigens einhergeht mit der Forderung, Informationen *empfängerorientiert* zu präsentieren [135], findet Bestätigung in mehreren Studien. Sie zeigen eine deutliche Überlegenheit von Motiv- und Interessensfaktoren gegenüber dem Faktor Bildung/Schicht [137, 141, 142]. Dies gilt vor allem bei Themen, deren Instrumentalität auch den unteren Schichten deutlich genug wird (z. B. Politik, Gesundheit, Energieversorgung) [142]. Für lokale Themen lassen sich daher Wissensklüften weniger gut bestätigen als für nationale oder internationale Ereignisse [133]. Wirtschaftsthemen erweisen sich dagegen z. B. als besonders anfällig für Wissensklüften [134].

Neben der Funktionalität von Informationen und der Motivation zum Informationserwerb spielen auch andere **sozialstrukturelle Faktoren** als Schichtungsvariablen eine Rolle. So können z. B. bestimmte Strukturen **interpersonaler Kommunikation** die weitere Diffusion von Informationen begünstigen. Wissensklüften werden nämlich vor allem dann entstehen, wenn die *Diskontinuitäten* in der Kommunikation zwischen den gesellschaftlichen Schichten und Gruppen ausgeprägt sind, man also geradezu von **gesellschaftlichen Kommunikationsklüften** sprechen müsse; diese treten nicht nur im Zusammenhang mit „Wissen" auf, sondern − was ebenso interessant ist − auch hinsichtlich der *Adoption* von Innovationen (*„Adoptions-Kluft"*) [138].

Darüber hinaus finden sich Belege dafür, daß verstärkte gesellschaftliche **Aktivitäten** und **Partizipation** zur Einebnung von Wissensklüften führen können. Personen mit guten Gruppenkontakten und Partizipationschancen (in Nachbarschaft, Organisationen etc.) erlangen auch differenziertere Informationen als Personen, die sozial isolierter und daher stärker auf die Medienberichterstattung angewiesen sind [140]. Da die Personen mit „guten Verbindungen" häufig den „Sozialaktiven" zuzurechnen sind, die sich durch eine höhere Bildung/Schichtzugehörigkeit auszeichnen, entsteht wiederum Ungleichheit − die Wissenskluft verwandelt sich z. T. sogar in eine **Einflußkluft** [133].

9. Systemeffekte, Dependenztheorie, Schweigespirale

Die **gesellschaftlichen Konsequenzen** der Massenkommunikation zählen nach wie vor zu den am wenigsten untersuchten Bereichen der Medienwirkungsforschung. Auch in den letzten 10 Jahren hat sich daran wenig geändert. Die Literaturübersicht kann hier auf einen älteren Review-Beitrag zum Einfluß des Fernsehens auf die **sozialen Institutionen** (Kirche, Normen, Freizeitverhalten, politische Sozialisation) zurückgreifen [146] und auf entwicklungssoziologische Beiträge zu Kommunikation und *Modernisierung (Lerner)*, wobei einmal mehr deutlich wird, daß die Medien zum **sozialen Wandel** nur dann beitragen, wenn andere Elemente in der sozialen Umgebung diesen Wandel unterstützen [147].

Weitere Studien befassen sich mit den kommunikativen Konsequenzen, die gesellschaftliche **Krisen** auslösen [145] und mit den Konsequenzen der Medienberichterstattung über abweichende politische Gruppen im Hinblick auf das *Legitimitätsproblem* [152]. Darüber hinaus erfahren auch politische Skandale, wie der *Watergate-Skandal*, kommunikationswissenschaftliches Interesse. Fast „modellhaft" werden von **McLeod et al.** in einer Langzeitstudie die kommunikativen Effekte dieses Skandals analysiert [148].

Die **Dependenztheorie**, von **Ball-Rokeach** und **De Fleur** ursprünglich einmal als ein *systemtheoretisches* Gesamtmodell zur Interpretation von Medienwirkungen bzw. Konsequenzen der (dependenten) Mediennutzung eingeführt, dient einigen Studien — jedoch stark vereinfacht — als Anhaltspunkt, um **Intermedia-Vergleiche** vorzunehmen.[19] Dabei zeigt sich in einer Studie von **Becker**, daß die Dependenz bzw. Abhängigkeit von einem bestimmten Medium größere Konsequenzen hat als die bloße Zuwendung: "exposure". Die Abhängigkeit der Rezipienten von *Pressemedien* scheint mit größerem Wissen und mehr Vertrauen in Politik einherzugehen als die *TV-Dependenz* [144]. In einer anderen Studie wird das Konzept der Mediendependenz in ein Konzept der **„Medienorientierung"** übersetzt, da der Begriff der Dependenz zu stark in der Systemtheorie verhaftet sei. Auch hier ergibt sich wieder, daß eine Orientierung des Publikums an *Pressemedien* eine positive *politische Integrationsfunktion* unterstützt, während *TV-Dependenz* aufgrund der hohen Anteile von Unterhaltungsprogrammen eher zur *Erosion* des politischen Systems beiträgt [149]. **Miller** und **Reese** führen schließlich Mediendependenzen als ein **interaktives** Konzept ein: Die Nutzung der Pressemedien wird in Relation zur Nutzung des Fernsehens gebracht und vice versa [150]. Auch sie belegen anhand einer Repräsentativstudie und sorgfältiger Datenanalyse (Multiple Regression), daß Personen, die sich vorwiegend auf das Fernsehen verlassen, durch geringere politische Aktivität und geringeres Vertrauen in die Politik auffallen als Personen, die sich stärker auf die Zeitung verlassen [150]. Die in den USA andersgeartete Medienstruktur ist bei der Interpretation dieser Ergebnisse natürlich mit zu berücksichtigen.

Ein weiterer Schwerpunkt von Studien befaßt sich mit dem Konzept der **pluralistischen Ignoranz**. Die gesellschaftlichen Konsequenzen einer Über- oder Unterschätzung der Meinungsverteilung (-klima) in der Bevölkerung seitens der befragten Personen stehen im Vordergrund von einigen Arbeiten. Rassenprobleme und andere aktuelle Themen (Umweltverschmutzung, Rüstung) bilden den Fokus für solche Studien über die **„öffentliche Meinung"** [151, 153]. Dabei erweist sich auch eine Verbindung zwischen der **Theorie**

---

[19] Vgl. **De Fleur, M. L., Ball-Rokeach, S.:** Theories of Mass Communication. New York, London 1984[4], S. 240−253.

der pluralistischen Ignoranz und der **Schweigespiraltheorie** (*Noelle-Neu-mann*) als sinnvoll [153], die explizit auch die Konsequenzen der Medienbe-richterstattung mit einbezieht. Diese Studien scheinen auch gut dafür geeignet zu sein, die **Agenda-Setting-Forschung**, die sich ja stärker mit den kogni-tiven Effekten der Massenmedien befaßt, durch den Bereich der „öffentlichen Meinung" und den Verweis auf gesellschaftliche „Meinungsbildungspro-zesse" zu komplettieren.

10. *Publikums- und Nutzungsforschung*

10.1 Mediennutzung

Die kontinuierliche **Mediennutzungsforschung** bildet auch in der anglo-amerikanischen Kommunikationsforschung einen wichtigen Eckpfeiler für die Wirkungsforschung, denn ohne Nutzung treten bekanntlich keine Me-dienwirkungen auf. Mehr als in der Bundesrepublik widmet man sich in den USA stärker dem Nutzungsverhalten bestimmter Bevölkerungs*segmente*. In verschiedenen Beiträgen und Übersichten wird über das Nutzungsverhalten von *Erwachsenen, älteren Menschen, Jugendlichen* und *Kindern* berichtet. Die Me-diennutzung wird auch über den gesamten *Lebenszyklus* („life span") hinweg untersucht, um Spitzen und Tiefs der Mediennutzung erkennen zu können. [20]
Das Medium **Fernsehen** steht im Mittelpunkt einer Reihe von Studien, die sich mit Detailproblemen der Mediennutzung befassen, etwa mit der Frage: Durch welche Merkmale lassen sich **Dauerfernsehhaushalte** beschreiben [163]? Untersucht wird auch, in welche *anderen Aktivitäten* (nicht nur Freizeit-aktivitäten) die TV-Nutzung im Tagesablauf eingebettet ist [157], bzw. ob be-stimmte **psychische Dispositionen** (Depression, Isolation, Obsessionen) zu *erhöhtem* TV-Konsum führen [162, 164]. In einer als Kohortenstudie angeleg-ten *Langzeituntersuchung* werden die Veränderungen und Wechsel der Medien-nutzung und der Vorlieben für bestimmte Genres in Abhängigkeit vom Lebenszyklus, den Freizeitgewohnheiten etc. zu bestimmen versucht [159].
Im Vergleich zum allgemeinen TV-Konsum steht zunehmend auch die Nut-zung von spezifischen **Programmen** im Vordergrund. In einer sehr umfang-reichen Sekundäranalyse, basierend auf 18.000 Interviews, die aus der üblichen Fernsehforschung stammen, wurde z. B. der Frage nachgegangen, wie stark ausgeprägt eigentlich die *wiederholte Nutzung* von Programmen bzw. -serien

---

[20] **Dimmick, J. W. et al.:** Media Use and the Life Span. In: American Behavioral Scientist Vol. 23 (1979/80), S. 7—31; **Wartella, E., Alexander, A., Lemish, D.:** The Mass Media Environment of Children. In: American Behavioral Scientist. Vol. 23 (1979/80), S. 33—52; **Avery, R. K.:** Adoloscents' Use of the Mass Media. In: American Behavioral Scientist. Vol. 23 (1979/80), S. 71—93; **Young, T. J.:** Use of the Media by Older Adults. In: American Behavioral Scientist. Vol. 23 (1979/80), S. 119—136.

ist. Die **Programmloyalität** erweist sich in dieser Studie nicht gerade als sehr hoch, da mit dem Fernsehen häufig nur Lücken zwischen anderen Aktivitäten geschlossen werden. Allein ausgesprochene Lieblingssendungen werden kontinuierlich verfolgt [154]. Von großem forschungspolitischem Interesse ist auch die Bestimmung der Popularität von Programmen bzw. Kanälen in Abhängigkeit von den eingesetzten **Programmstrategien** (z. B. von Konterprogrammen, Blockprogrammen, der Kanalbindung etc.) [170].

Mit der Einführung des **Kabelfernsehens** wurde immer wieder die Annahme einer erhöhten **Selektivität** des Publikums verbunden. Eine Studie mit frühen Adoptern des Kabelfernsehens erbringt überraschenderweise keine Bestätigung einer verstärkt auftretenden inhaltsspezifischen Programmselektion, es erhöht sich allenfalls leicht die unspezifische Mediennutzung [160].

Untersucht wird auch die Auswirkung von **Programmänderungen** auf die TV-Nutzung [158].

Die Unterschiede zwischen den Nutzern und Nichtnutzern von TV-Nachrichtensendungen stehen im Vordergrund weiterer Untersuchungen [166, 169].

In theoretisch-methodischer Hinsicht wird schließlich die generelle **Variable Fernsehnutzung** weiter differenziert, da ihre einfache Operationalisierung — etwa durch Fragen nach der Häufigkeit bzw. dem Umfang der Fernsehnutzung — die gesamte Tragweite des Konzepts keineswegs erschöpfe. Während **Lull** im Rückgriff auf symbolischen Interaktionismus und Ethnomethodologie die „soziale Fernsehnutzung" zu erfassen versucht [161], kritisieren andere, daß die übliche Interpretation von Fernsehnutzung als **Zeit-** und **Entscheidungsverhalten** nicht ausreiche, denn Medieninhalte könnten doch nur dann Wirkung erzielen, wenn sie von den Rezipienten auch **wahrgenommen** werden. Die Fähigkeit zur Wahrnehmung sei daher auch in der Messung der Nutzung zu berücksichtigen, z. B. durch die Decodierung von Wissenselementen, die die Zuschauer aus Fernsehprogrammen rezipieren [168, 171].

Die Studien, die sich mit dem Medium **Presse** befassen, konzentrieren sich auf die Unterscheidung von *Lesern* und *Nichtlesern* der Tageszeitung [165]. In einer Langzeitstudie zeigt sich in diesem Zusammenhang, daß strukturelle Bedingungen (Status, Alter) den Nichtleser am besten beschreiben, während persönliche Dispositionen (Aktivitäten, Interesse) bedingen, ob jemand überhaupt ein Leser wird oder das Lesen aufgibt. Außerdem ergibt sich, daß eine weitere wichtige Variable den Leserschaftsstatus beschreibt, die — nur grob — als *situative Bedingung* (Mobilität, Berufswechsel, Lebenszyklus) bezeichnet wird [155]. Durch die Rezeption der Zeitung versuchen Personen, die situative Veränderungen erfahren, Stabilität bzw. Integration zu erlangen. Ähnliches läßt sich für Personen mit *inkonsistentem sozialem Status* sagen, die mehr Informationen über öffentliche Probleme/Themen nutzen als Personen mit konsistentem Status und dabei vor allem Print-Medien bevorzugen [172].

10.2 Gratifikationsforschung („uses and gratifications approach")

Der Nutzen- und Belohnungsansatz („uses and gratifications approach"), der
in der Massenkommunikationsforschung Anfang der 70er Jahre eine Rückbe-
sinnung auf das **„aktive Publikum"** erbrachte, bildet nach wie vor einen
wichtigen Schwerpunkt in der anglo-amerikanischen Forschung, während in
der Bundesrepublik — nach einigen Versuchen — die Zahl der Beiträge deutlich zurückgegangen ist.[21] Hier hat sich erstaunlicherweise die Ansicht breit
gemacht, daß dieser Ansatz für die Wirkungsforschung nur wenig bringe, vor
allem, wenn er nicht stärker mit der Wirkungsforschung verzahnt wird, wie
etwa im *Transaktionsmodell.*[22]

Wie kaum ein anderer Ansatz hat der Nutzen- und Belohnungsansatz eine sehr
stark theoretisch orientierte Kritik erfahren [175, 190, 202]. Die zentralen Be-
griffe, wie „uses", „needs" usw., seien undeutlich, die theoretischen Bausteine
(Handlungstheorie, psychologische Bedürfnistheorien, Funktionalismus) zu verschieden, um sie sinnvoll kombinieren zu können, und die eigentlichen *Wahrneh-*
mungs- und *Interpretationsprozesse*, die für eine aktive Mediennutzung kennzeichnend seien, würden überhaupt nicht erfaßt [202]. Auch die *(unintendier-*
ten) sozialen Konsequenzen einer kontinuierlichen, repetitiven Mediennutzung
würden zuwenig beachtet [190]. Diese Mängel würden sich schließlich auch in
den entsprechenden Meßmethoden widerspiegeln [174, 190].

Neuere Studien nach dem Modell des Nutzen- und Belohnungsansatzes haben
diesen theoretisch-methodologischen Grundsatzdiskussionen eher eine pragmatische Position entgegengestellt, die ich als bloße **„Gratifikationsfor-**
schung" bezeichnen möchte.[23] Die *gesuchten Gratifikationen („gratifications*
sought"), die das Publikum von der Nutzung der Medien erwartet und die tatsächlich aus der Medienzuwendung *erhaltenen Gratifikationen („gratifications ob-*
tained") stehen im Mittelpunkt der meisten neueren Studien [192, 193]. Diese
exakte Differenzierung der Gratifikationen in gesuchte und erhaltene hat den
Nutzenansatz einerseits griffiger gemacht, andererseits ist der Ansatz damit in
theoretischer Hinsicht weitgehend auf eine psychologische, individualistische
Position festgelegt, während die (komplexeren) gesellschaftlichen Konsequenzen der Medienzuwendung außer Betracht bleiben. Ein Grund für die Kon-
zentration der Forschung auf die bedürfnisorientierte Variante des Ansatzes
dürfte sein, daß sie sich eher auf aktuelle Probleme der Zuschauerforschung
anwenden läßt, die mit der **Segmentation** des Publikums [178] und der **Pro-**

---

[21] Vgl. **Katz, E., Blumler, J. G., Gurevitch, M.:** Uses and Gratifications Research. In:
Public Opinion Quarterly. Vol. 37 (1973), S. 509—523. Zur deutschen Situation vgl. die Beiträge eines Symposiums im Bredow-Institut, in: Rundfunk und Fernsehen. Vol. 32 (1984).
[22] Vgl. z. B. **Früh, W., Schönbach, K.:** Der dynamisch-transaktionale Ansatz. In: Publizistik. Vol. 27 (1982), S. 74—88.
[23] Vgl. auch die aktuelle Übersicht, die die meisten der hier berücksichtigten Beiträge erfaßt, von **Rosengren, K. E., Wenner, L. A., Palmgreen, P.** (eds.): Media Gratifications
Research. Current Perspectives. Beverly Hills, London, New Delhi. 1985.

grammforschung im Zusammenhang stehen. Bei einem offenkundig wachsenden Angebot von Programmen und Medieninhalten wird es für die Anbieter immer interessanter zu wissen, *wer, aus welchen Gründen*, bestimmte Programme oder Inhalte bevorzugt.

Zwei neuere theoretische Ansätze haben dabei in den letzten Jahren die Gratifikationsforschung mit entsprechenden Impulsen versorgt: 1. Das **Diskrepanzmodell** und 2. das aus der Einstellungstheorie von Fishbein abgeleitete **Erwartungs-Wert-Modell**. Im *Diskrepanzmodell* wird Mediennutzung als eine Funktion der Diskrepanzen zwischen gesuchten („gratifications sought", GS) und erhaltenen Gratifikationen („gratifications obtained", GO) beschrieben: Die Rezipienten wenden sich nach diesem Modell demjenigen Medium, Inhalt, Programm etc. zu, bei dem diese Diskrepanz am geringsten ist [192, 193, 194, 207]. Nach dem *Erwartungs-Wert-Modell* wird die Medienzuwendung aus dem Produkt der Erwartungen, ein Medium, Inhalt, Programm würde bestimmte Gratifikationen stiften, und den subjektiven Bewertungen dieser Gratifikationen abgeleitet. Die Rezipienten nutzen demnach diejenigen Inhalte, Programme etc., bei denen dieses Produkt am größten ist [179, 194, 205]. Beide Ansätze können auch miteinander verbunden werden, sind also kompatibel [197].

In mehreren Studien konnte die *Brauchbarkeit* beider Modelle, besonders aber des Diskrepanzmodells, für Nutzungsstudien dokumentiert werden [193, 194, 195, 196, 207]. Wiederholt zeigte sich, daß die Nutzung von beliebten Fernsehprogrammen bzw. Favoritenprogrammen mit einer geringeren Diskrepanz zwischen gesuchten und erhaltenen Gratifikationen einhergeht als die (potentielle) Nutzung von dazu alternativen Konkurrenzprogrammen. Bei letzteren finden sich größere Diskrepanzen zwischen den gesuchten und erhaltenen Gratifikationen. Während die Suche von Gratifikationen − z. B. bei Nachrichtensendungen generell − eher ressortabhängig zu sein scheint, ergibt sich durchgängig, daß Stammseher eines bestimmten Programms höhere Gratifikationsbeiträge aus der Zuwendung zu „ihrem" Programm erhalten [195]. Die Diskrepanz zwischen GS und GO wird also weitgehend durch den entsprechenden Erhalt von Gratifikationen markiert [195, 196]. Dabei ist es allerdings auch denkbar, daß die tatsächliche Programmwahl die eigentliche Wahrnehmung der erhaltenen Gratifikationen mit beeinflußt [*Feedback-Modell*, 195]. Die geringen Stichprobengrößen, die den meisten der − übrigens überwiegend als *Telefoninterviews* angelegten − Studien zugrunde liegen, machen es jedoch wünschenswert, die zentralen Aussagen noch in größeren Umfragen zu prüfen. Die verwendeten statistischen Analyseverfahren lassen dagegen kaum Wünsche offen; der gesamte Bereich der Gratifikationsforschung zeichnet sich durch die standardmäßige Verwendung multivariater Analyseverfahren *(Multiple Regression, Faktorenanalyse, kanonische Korrelation)* aus.

Abgesehen von diesen − angewandten − neueren „Programmstudien" befassen sich die der Gratifikationsforschung zuzurechnenden Beiträge aber auch

mit konzeptionellen Grundlagen des Ansatzes. So wird z. B. die zentrale Annahme des **„aktiven Publikums"** neu diskutiert, indem die folgenden Aktivitätsstufen unterschieden werden: (1) *Präaktivität* (Selektivität), (2) *Involvement* (während der Kommunikation) und (3) *Postaktivität* (nach der Kommunikation). In einer Umfrage bei Frauen aus dem normalen Fernsehpanel zeigt
sich z. B., daß Prä- und Postaktivität wesentlich stärker ausgeprägt sind als die
Aktivität während der eigentlichen Kommunikation (!), andere Tätigkeiten
überlagern nämlich häufig den Kommunikationsvorgang [186].

Ein weiterer Beitrag zum aktiven Publikum verdeutlicht, daß Mediennutzung
nicht immer zielbewußt, rational und selektiv erfolgt, sondern daß auch nichtselektives, ritualisiertes Verhalten möglich ist. Eine (kanonische) Korrelation
von Umfragedaten zu Nutzermotiven und inhaltsspezifischer TV-Nutzung
erbringt **zwei Nutzertypen**: (1) *den zielbewußten, instrumentellen Nutzer*, der
vor allem Informationen sucht und entsprechende Programme wählt und den
(2) *Gewohnheitsnutzer*, der habituell mit der Nutzung einschlägiger Programme vor allem Unterhaltungs-, Ablenkungs- und Entspannungsmotive
zu befriedigen sucht [198, 199, 200].

Ein weiterer Problemkreis von Studien beschäftigt sich mit dem **„Image" der
Medien** und den **generellen Orientierungen**, die Rezipienten den Medien
entgegenbringen [187, 188, 189, 201]. Dabei zeigt sich u. a., daß die einzelnen
Medien ein vom jeweiligen Inhalt und Nutzungsumfang unabhängiges
„Image" aufweisen und der Erhalt von bestimmten Gratifikationen in hohem
Maße „sozial gelernt" wird, mit den Medien also *normative Vorstellungen"*
verbunden werden [187, 188]. Die *generellen Orientierungen*, die die TV-Zuschauer z. B. gegenüber dem Fernsehen besitzen, sind auch ein Indikator dafür, welche Gratifikationen überhaupt aus der Nutzung bestimmter (Lieblings-)Programme erhalten werden [201]. Freilich sagt dies noch nichts über
den Umfang oder die Intensität der erzielten Gratifikationsbeiträge aus (vgl.
Diskrepanzmodell).

Das Phänomen der **para-sozialen Interaktion**, das **Horton** und **Wohl** in die
Nutzungsforschung einführten, wird nach wie vor weiter untersucht; durch
die mit den neuen Medien verknüpfte Annahme von entsprechenden Interaktionsmöglichkeiten (Dialog, Feedback, Zwei-Weg-Kommunikation) wird das
Konzept der para-sozialen Interaktion auch künftig von Interesse bleiben. Die
aktuellen Beiträge prüfen allerdings vorwiegend den Zusammenhang zwischen den *realen* Interaktionsmöglichkeiten, die Personen im Rahmen interpersonaler Kommunikationsnetzwerke zur Verfügung stehen, und dem Ausmaß para-sozialer Interaktion mit Medienakteuren [185, 191].

Die Möglichkeiten einer *Verbindung* der *Gratifikationsforschung* mit der **Wirkungsforschung** wird seit Einführung des Transaktionsmodells immer wieder angesprochen. Zunehmend wird deutlich, daß der Nutzen- und Belohnungsansatz mit dem Wirkungsansatz sinnvoll integriert werden kann. So
steht z. B. ein ausgeprägtes **Orientierungsbedürfnis** (z. B. Suche nach Infor

mation, Risikovermeidung) des Publikums mit erhöhter Mediennutzung bezüglich einschlägiger Themen/Inhalte in engem Zusammenhang, welche wiederum der Ausbildung von *Agenda-Setting-Effekten* förderlich ist [206]. Fernsehzuschauer, die ein hohes Informations- und Orientierungsbedürfnis auszeichnet, verfügen in der Regel auch über die beste Nachrichtenkenntnis (**Recall**, [180]). Sozial-historische Fernsehserien, wie z. B. die Serie „Roots", können durch eine attraktive, d. h. **bedürfnisgerechte Angebotsweise**, das Prinzip der *selektiven Zuwendung* unterlaufen und zu nicht unerheblichen *kulturellen Effekten* und **Einstellungsänderungen** beitragen. Dies zeigte sich jedoch nur bei der Ausstrahlung dieser US-Serie in England, während wir oben für die Ausstrahlung im Heimatland von der Wirkung selektiver Mechanismen berichtet haben. Nutzen- und Belohnungsansatz bzw. Gratifikationsforschung und Wirkungsansatz werden daher in Zukunft nicht mehr als unterschiedliche „Paradigmen" oder sich ausschließende „Gegenpositionen" anzusehen sein, sondern verstärkt als zwei *Forschungsstrategien* der „Medienwirkungsforschung", die sich *ergänzen* und deren Integration — je nach Untersuchungsziel — auch notwendig sein kann.

III. Aufbau und Methode der Dokumentation

Ziel der vorliegenden Forschungssynopse ist es, die gegenwärtige Forschungsaktivität auf dem Gebiet der Medienwirkungsforschung im anglo-amerikanischen Sprachraum zu dokumentieren und die stattfindenden Entwicklungen in inhaltlicher, theoretischer und methodischer Hinsicht einem breiten Leserkreis von Interessenten und Forschern in der Bundesrepublik auf systematische Weise verfügbar zu machen. Zu diesem Zweck wurden alle wesentlichen, d. h. wissenschaftlich bedeutenden, Arbeiten der angelsächsischen Medienwirkungsforschung für den Zeitraum von 1976 bis 1986 erfaßt. Die Dokumentation kann allerdings keinen Anspruch auf Vollständigkeit erheben. Paradigmatisch werden jedoch alle Richtungen und Ansätze in der Forschung vorgestellt.

1. Recherche und Auswahl

Die Recherche basiert auf einer vollständigen Durchsicht der einschlägigen Abstracts und Fachzeitschriften. Es wurden alle kommunikationswissenschaftlichen Fachzeitschriften in englischer Sprache ausgewertet: z. B. *Public Opinion Quarterly, Communication Research, Journal of Communication, Journalism Quarterly, Journal of Broadcasting* usw. Darüber hinaus wurden Abstracts und Fachzeitschriften in den Fachgebieten der Psychologie, Politik und Soziologie durchgesehen, da nach aller Erfahrung auch in diesen angrenzenden Forschungsgebieten Wirkungsforschung betrieben wird. In die Auswahl gelangten u. a. die Zeitschriften *American Sociological Review, American Journal of Sociology, Social Forces, Annual Review of Sociology, Psychological Abstracts, Journal of Experimental Psychology, Journal of Personality and Social Psychology, Annual Review of Psychology, Journal of Abnormal and Social Psychology, Journal of Personality, Political Science Review.* Deutschsprachige Arbeiten, die in deutschen Fachzeitschriften publiziert wurden, sind in der vorliegenden Literaturexpertise nicht mit enthalten. Hier sei auf die Übersicht verwiesen, die der *Bericht der Deutschen Forschungsgemeinschaft* (1986) bietet. Gleichwohl wurden aber die deutschsprachigen Arbeiten zu einem gewissen Maße mit kontrolliert, um die Unterschiede zwischen der anglo-amerikanischen und der deutschen Medienwirkungsforschung herausarbeiten zu können. Graue Literatur wurde ebensowenig berücksichtigt wie Fachbücher. Einige Hinweise auf einschlägige Fachbücher sind allerdings in der Übersicht zum Katalog der Studien zu finden. Da z. B. die amerikanische Medienwirkungsforschung von einer enormen Zahl von Wissenschaftlern und Instituten betrieben wird, hätte die Aufnahme grauen Materials den Rahmen dieser Arbeit gesprengt. Es hätte zudem keine ausgewogene Katalogisierung erfolgen können. Deshalb entschieden wir uns

dafür, uns nur auf Beiträge zu konzentrieren, die nach Überwindung der Se-
lektionsprozeduren in den Fachzeitschriften bereits eine gewisse Anerkennung
erfahren hatten. Studien aus der angewandten, außeruniversitären Forschung
konnten daher nur partiell berücksichtigt werden, und zwar soweit sie in den
einschlägigen Fachzeitschriften ihren Niederschlag gefunden hatten. *Empirische Studien* wurden *theoretischen Beiträgen* vorgezogen, da gerade von den empirischen Arbeiten die interessantesten Anregungen ausgehen dürften. Theoretische Arbeiten wurden allerdings mit einbezogen, wenn die Ausführungen
inhaltlich vielversprechend erschienen. Über die *Qualität* der *Daten*, die den
empirischen Studien zugrunde liegen, wurde keine Wertung abgegeben. Es
zeigte sich zwar zum einen, daß „weiche" Methoden in der Minderheit waren:
Der Schwerpunkt der angelsächsischen Medienwirkungsforschung liegt eindeutig auf Studien, die ihre Fragen oder Annahmen anhand von quantitativen
Daten überprüfen. In vielen Studien entsprechen aber zum anderen die Stichprobengrößen und -zusammensetzungen nicht immer den Standards der Repräsentativität. Der Leser der Synopse sollte dies mit beachten.
Obwohl sich die Recherche nur auf die letzten zehn Jahre bezieht, überrascht
bereits der bloße Umfang der gefundenen Arbeiten.

2. Charakterisierung der Studien

Die einzelnen Studien bzw. theoretischen Beiträge wurden mit Hilfe eines
Schemas, das *fünf* Merkmalsdimensionen enthält, beschrieben und in einem
Katalog zusammengestellt. Die *Merkmale des Schemas* sind:

A) Inhaltliche Merkmale, Ziele und Hypothesen:

Es wird beschrieben, ob es sich um einen theoretischen oder empirischen Beitrag handelt, welche inhaltlichen Ziele der Beitrag verfolgt, in welchen theoretischen Rahmen er einzuordnen ist und welche Hypothesen ihm zugrunde
liegen. Außerdem wird angegeben, welches Medium (TV, Presse etc.) im
Vordergrund des Beitrages steht.

B) Methoden der Datenerhebung, Forschungsdesign, Stichproben:

Hier wird erläutert, welche spezifischen Untersuchungsmethoden dem Beitrag zugrunde liegen, z.B. Umfrage, Experiment, Inhaltsanalyse usw. Die
untersuchte Population bzw. die Stichprobengrößen werden, soweit angegeben, beschrieben.

C) Verwendete Variablen und Operationalisierungen:

Die verwendeten unabhängigen und abhängigen Variablen werden erläutert, und es wird auf wichtige Operationalisierungen hingewiesen.

D) Auswertungsmethoden:

Hier wird die Vorgehensweise bei der Aufbereitung, Analyse der erhobenen Daten und Prüfung der Hypothesen genannt: z. B. ob univariate, bivariate (Häufigkeitsverteilungen) oder multivariate Analyseverfahren (Varianzanalysen, Regressionsanalysen, Pfadanalysen usw.) verwendet wurden.

E) Ergebnisse und Interpretationen:

Die Ergebnisse der Studie bzw. des Beitrages werden zusammengefaßt und im Hinblick auf die Ausgangsfragestellung evaluiert.

3. Aufbau der Dokumentation

Zu jedem erfaßten und berücksichtigten Beitrag werden die bibliographischen Angaben gegeben, sodann erfolgt die Kurzbeschreibung des Beitrages anhand der genannten fünf Merkmalsdimensionen. Um die Vielzahl der Beiträge in eine systematische Ordnung bringen zu können, wurde eine inhaltliche Gliederung der Beiträge notwendig. Die einzelnen Beiträge wurden in alphabetischer Reihenfolge auf die einzelnen, inhaltlichen Kriterien folgenden Gliederungsschwerpunkte verteilt, wie sie im letzten Kapitel dargelegt sind. Jeder Beitrag ist mit einer Nummer versehen, die seine einwandfreie Identifikation im Text der Übersicht (Kapitel II) und im Katalog (Kapitel IV) ermöglicht. Das Sachverzeichnis im Anhang basiert auf derselben Systematik.

IV. Katalog der Beiträge und Studien

1. Wirkung der Massenkommunikation auf Einstellungen, Lernen und Verhalten

1.1 Persuasionsforschung

001. **Allen, Ch.T., Weber, J.D.:** How Presidential Media Use Affects Individuals' Belief about Conservation. In: Journalism Quarterly. Vol. 60 (1983), S. 98-197.

A) Inhaltliche Merkmale, Ziele und Hypothesen
Wie wirken Medienkampagnen, die von Präsidenten eingeführt werden, auf das Publikum? Darstellung des Problems am Beispiel der Carter-Kampagne zur Energiesituation (Einführung einer "Energiewoche"). Ändert das Publikum seine Einstellungen und sein Verhalten in Anbetracht der Energiesituation?
B) Methoden der Datenerhebung, Forschungsdesign, Stichproben
Schriftliche Längsschnittbefragung in drei Wellen. 1. Sechs Wochen vor, 2. während und 3. 15 Tage nach der "Energiewoche". Unterschiedliche Samplegrößen (N_1 = 101, N_2 = 53, N_3 = 75). Zusätzlich wurden während und nach der Energiewoche 128 Frauen im Laboratorium befragt.
C) Verwendete Variablen und Operationalisierungen
(1) Überzeugungen und Einstellungen zur Energiesituation; (2) Konsumverhalten; (3) Wahrnehmung des Verhaltens anderer; (4) politische Vorstellungen (Ideologieskala von Kerlinger); (5) Demografie; (6) Beurteilung der Ursachen für die Situation.
D) Auswertungsmethoden
Univariate und multivariate Varianzanalyse (Mittelwertvergleiche der drei durch das Längsschnittdesign gegebenen Gruppen).
E) Ergebnisse und Interpretationen
Durch die "Energiewoche" wurde die Energiekrise von den Befragten ernster genommen. Bereits vorhandene Einstellungen wurden jedoch eher verstärkt als verändert. Außerdem wurde eine zunehmende Skepsis gegenüber der Einstellung anderer sichtbar. Die Unterstützung für Carters Energieplan erfolgte relativ schnell, ließ aber auch schnell wieder nach.

002. **Andreoli, V.A., Worchel, S.:** Effects of Media, Communicator, and
Message Position on Attitude Change. In: Public Opinion Quarterly. Vol. 42 (1978), S. 59-70.

A) Inhaltliche Merkmale, Ziele und Hypothesen
Im Vordergrund der Studie stehen die Wirkung der Glaubwürdigkeit des
Kommunikators und der Inter-Mediavergleich. In der Studie werden die
Effekte von Medium, Kommunikator und Botschaft auf die Persuasivität
der Kommunikation untersucht. Es wird insbesondere unterstellt, daß
das Medium mit der eigentlichen Quelle interagiert.
B) Methoden der Datenerhebung, Forschungsdesign, Stichproben
Experiment mit N = 118 Studenten. Die Versuchspersonen erhielten entweder eine TV-, Radio- oder geschriebene Fassung, die entweder mit der
Ausgangsmeinung der Rezipienten übereinstimmte oder nicht übereinstimmte. Folgendes Design lag der Studie zugrunde:
(1) Typ des Kommunikators: Vier verschiedene Quellen, die der Glaub-
    würdigkeit nach gestuft waren: politischer Kandidat, Repräsentant,
    ehemaliger Repräsentant, Nachrichtensprecher.
(2) Botschaft: Zwei Formen der Aussage über Alkohol: a) pro-, b) anti-
    Alkohol.
(3) Medien: TV, Radio, Zeitung.
C) Verwendete Variablen und Operationalisierungen
Abhängige Variable, 29-Punkteskala: "Do you think liquor by the drink
should be legalized?"
D) Auswertungsmethoden
Varianzanalysen. Mittelwertvergleiche zwischen Experimental- und Kontrollgruppen.
E) Ergebnisse und Interpretationen
Der Nachrichtensprecher und der ehemalige Repräsentant sind glaubwürdiger als der politische Kandidat bzw. der Repräsentant. Mit der
Glaubwürdigkeit der jeweiligen Kommunikatoren sind auch entsprechend
unterschiedliche Einstellungsänderungsbeiträge verbunden. Die Quellen-
und Kommunikatorglaubwürdigkeit interagiert darüber hinaus mit dem Typ
des Mediums. Der Nachrichtensprecher erzeugt in der TV-Situation den
größten Einstellungsänderungsbetrag. Der politische Kandidat z.B. ist
im Radio wirksamer als im TV. Für unglaubwürdige Quellen ist daher das
Fernsehen nicht effektiv.

003. **Balon, R.L., et al.:** How Presence of Award-Winning Ads Affects
Viewer Perception and Recall. In: Journalism Quarterly. Vol. 56
(1979), S. 134-140.

A) Inhaltliche Merkmale, Ziele und Hypothesen
Werbewirkungsforschung. Preisgekrönte, einzigartige Werbespots werden
mit normalen verglichen. Es wird unterstellt, daß die Art der Spots
Folgewirkungen auf die Erinnerung und die Behaltensleistung - auch in
bezug auf Elemente des Hauptprogrammes - hat. Thesen: 1. Nachrichten
und Nachrichtensprecher werden je nach der Art der Werbespots verschieden wahrgenommen. Das Erinnerungsvermögen bezüglich der Nachrichten ist unterschiedlich. 2. Die Erinnerung an Nachrichten ist bei den
gewöhnlichen Spots besser. 3. Die Erinnerung an die Werbung ist bei
einzigartigen Werbespots besser. 4. In bezug auf Erinnerung und Bewertung der Werbefilme gibt es keine geschlechtsspezifischen Unterschiede. 5. Die Erinnerung an Nachrichten sinkt nach Einschaltung einzigar-
tiger Werbespots, während sie bei normalen Spots gleich bleibt.
B) Methoden der Datenerhebung, Forschungsdesign, Stichproben
160 Studenten in zwei Gruppen (besondere Spots, normale Spots) füllen
nach dem Sehen der gesamten Filmvorführung Fragebogen aus.
C) Verwendete Variablen und Operationalisierungen
Verschiedene semantische Differentiale (Glaubwürdigkeit der Nachrichten und -sprecher); Recall der Nachrichten und des Markennamens; Bewertung des Spots.
D) Auswertungsmethoden
Multivariate Varianzanalyse, Diskriminanzanalyse.
E) Ergebnisse und Interpretationen
Die Thesen 3 und 5 finden keine Bestätigung. Die Thesen 1, 2 und 4
werden zumindest partiell bestätigt. Einzigartige, präsentierte Werbespots haben keine Wirkung auf das Erinnerungsvermögen der Zuschauer in
bezug auf die Nachrichten sowie auf die Bewertung und Glaubwürdigkeit
der Nachrichtensprecher.

004. **Berry, C.:** Learning from Television News: A Critique of the Research. In: Journal of Broadcasting. Vol. 27 (1983), S. 359-370.

A) Inhaltliche Merkmale, Ziele und Hypothesen
Der (theoretisch-methodische) Beitrag untersucht die verschiedenen Ansätze zur Untersuchung der Wirkung von Fernsehnachrichten. Der Verfasser zeigt, daß eine Reihe von Forschungslücken hinsichtlich der Bedin-

gungen des Wirkungsprozesses bestehen. Die übliche Messung der Effek-
tivität von TV-Nachrichtprogammen fuße auf den Methoden des ungestütz-
ten, freien Recalls und der gestützten ("cued") Recalls. Der gesamte
Nachrichten-Lernprozeß sei durch eine Reihe von Variablen durchdrun-
gen, z.B. Bildung, Vorwissen und Motivation der Zuschauer, aber auch
durch Präsentationsvariablen (Strukturierung, non-verbale Elemente),
die bei der Messung des Recalls mit zu berücksichtigen wären. Eine
Schlüsselfrage der verhaltenstheoretischen Rezeptionsforschung sei,
"wie weit Personen das Nachrichtenmaterial verarbeiten ("process")".

005. **Collins, W.A.:** Recent Advances in Research on Cognitive Proces-
    sing Television Viewing. In: Journal of Broadcasting. Vol. 25
    (1981), S. 327-334.

A) Inhaltliche Merkmale, Ziele und Hypothesen
Theoretischer Beitrag zum Informationsverarbeitungsprozeß der Rezipienten, speziell von Kindern. Anstatt eines traditionellen Wirkungs-
modells, in dem eine Aufmerksamkeits-, Verständnis-, Wirkungsfolge po-
stuliert wird, ist der Autor der Auffassung, daß ein gewisses Vorwissen und Erwartungen die Aufmerksamkeit lenken, der gesamte Perzep-
tionsvorgang einen aktiven Kommunikationsvorgang impliziert. Dabei
übernehmen insbesondere formale Merkmale des Inhaltes eine Art Markie-
rungsfunktion. Perzeption, Verständnis und Erinnerung sind dabei vom
Alter der Kinder abhängig. Allgemein wird die These vertreten, daß
das, was die Kinder dem Fernsehen entgegenbringen, ebenso wichtig sei
wie das, was das Fernsehen zu den Kindern bringt.

006. **Eagly, A. et al.:** Causal Interferences about Communicators and
    their Effect on Opinion Change. In: Journal of Personality and
    Social Psychology. Vol. 36 (1978), S. 424-435.

A) Inhaltliche Merkmale, Ziele und Hypothesen
Anwendung der Attributionstheorie auf Aussagen über die Wirkung der
Kommunikatorglaubwürdigkeit. Es werden zwei Formen der Verzerrung un-
terstellt: (1) Knowledge-bias, d.h. eine starke Werthaltung seitens
des Kommunikators und (2) Reporting-bias, d.h. eine Orientierung des
Kommunikators an Teilen des Publikums (Druck in die eine oder andere
Richtung). Es wird weiter angenommen, daß Rezipienten kausale Schlüsse
über die Glaubwürdigkeit des Kommunikators ziehen. Auf diese Weise

werden Erwartungshaltungen gebildet, die sich bestätigen oder nicht
bestätigen.

B) Methoden der Datenerhebung, Forschungsdesign, Stichproben
Experiment mit sieben Teilgruppen, N = 335 Studenten.

C) Verwendete Variablen und Operationalisierungen
Umweltverschmutzung als Thema bzw. Streitpunkt: Zwei kommunikative Ab-
sichten des Kommunikators können erwartet werden, 1. eine Pro-Ge-
schäftswelthaltung und 2. eine Pro-Umwelthaltung des Kommunikators. In
der Studie nimmt der Kommunikator generell eine Pro-Umwelthaltung ein,
so daß sich Pro-Geschäftslebenserwartungen nicht bestätigen.

D) Auswertungsmethoden
Varianz-, Faktorenanalyse.

E) Ergebnisse und Interpretationen
Rezipienten lassen sich stärker beeinflussen, wenn sich ihre Erwartun-
gen seitens der Unglaubwürdigkeit des Kommunikators <u>nicht</u> bestätigen.
Erwartungen, die sich bestätigen, führen im Falle der "reporting-bias"
dazu, den Kommunikator als unglaubwürdig und manipulativ zu sehen.
Dies gilt jedoch nicht für die "knowledge-bias". Diese hat keinen Ein-
fluß auf die Unaufrichtigkeit, Verzerrung und manipulative Tendenz des
Kommunikators.

007. **Friedrich, W.N.:** Evaluation of a Media Campaign's Effect on Re-
     porting Patterns of Child Abuse. In: Perceptual and Motor Skills.
     Vol. 45 (1977), S. 161-162.

A) Inhaltliche Merkmale, Ziele und Hypothesen
Untersuchung der Wirkung einer Kampagne zur Aufklärung über Kindesmißhandlungen. Die Untersuchung basiert auf einem auf 15 Wochen angelegten Prä-/Postdesign und legt die Berichte über Abtreibungen zugrunde,
die von drei Gruppen stammen: (1) Institutionen (z.B. Krankenhäuser),
(2) Öffentlichkeit: Nachbarn/Freunde und (3) Familie. Die berichteten
Kindesmißhandlungen werden nach dem Grad der Schwere typisiert.

B) Methoden der Datenerhebung, Forschungsdesign, Stichproben
Inhaltsanalyse von 309 Berichten.

C) Verwendete Variablen und Operationalisierungen
Zahl und Typisierung der berichteten Akte.

D) Auswertungsmethoden
Chi-Quadrat.

E) Ergebnisse und Interpretationen
Die Anzahl der Berichte nimmt in Folge der Informationskampagne zu.

Dabei überwiegen zunehmend die Berichte der professionellen Gruppe. Die weniger schweren Mißhandlungen erhalten gegenüber den schwereren den Vorzug, um das gesamte Spektrum von Kindesmißhandlungen zu verdeutlichen.

008. **Gantz, W.:** The Influence of Researcher Methods on Television and Newspaper News Credibility Evaluations. In: Journal of Broadcasting. Vol. 25 (1981), S. 155-169.

A) Inhaltliche Merkmale, Ziele und Hypothesen
Bei dem Beitrag handelt es sich um eine Umfrage zur Glaubwürdigkeit der Medien. Der Autor vergleicht und differenziert dabei die unterschiedlichen Operationalisierungen von Medienglaubwürdigkeit (Roper versus Carter/Greenberg).
B) Methoden der Datenerhebung, Forschungsdesign, Stichproben
Umfrage bei N = 279 Personen in Buffalo, New York.
C) Verwendete Variablen und Operationalisierungen
(1) Version von Roper: Welchem Medium wird mehr geglaubt? (2) Version von Carter/Greenberg: Zuverlässigkeit der Nachrichten (von 0% - 100%) für jedes Medium. (3) Gantz versucht dann eine Differenzierung der Operationalisierungen auf der Basis der Variablen a) Herkunft der Nachrichten (lokale Station, nationale networks), b) Typ der Nachricht (lokale, nationale, internationale, Wetter, Sport), c) präferierte Station/Network.
D) Auswertungsmethoden
Mittelwertvergleich, t-Test, Chi-Quadrat.
E) Ergebnisse und Interpretationen
Der Autor belegt, daß das Ausmaß, in dem TV-Nachrichten im Vergleich zu anderen Medien der Berichterstattung als am glaubwürdigsten abschneiden, von der Operationalisierung von Glaubwürdigkeit abhängt. Während die Operationalisierung von Roper zu einer Überlegenheit des Fernsehens führt, zeigt die Variante von Carter/Greenberg nur geringe Unterschiede zwischen der Glaubwürdigkeit von TV und Zeitungen. Die Inadäquatheit von "single item" Messungen wie bei Roper und Carter/Greenberg wird bei Beachtung der Differenzierungen (weiterer Variablen) deutlich. Dies führt den Autor dazu, vorzuschlagen, künftig die Glaubwürdigkeit der Medien mit einem multidimensionalen Konzept zu erfassen.

009. **Kazee, Th.A.:** Television Exposure and Attitude Change: The Impact
of Political Interest. In: Public Opinion Quarterly. Vol. 45
(1981), S. 507-518.

A) Inhaltliche Merkmale, Ziele und Hypothesen
Wirkung der Medien auf Einstellungsänderungen. Untersucht wird, ob
Personen mit geringem politischen Interesse bzw. Engagement dem Medi-
eneinfluß stärker unterliegen als Personen mit großem Interesse. In
der Studie wird der Einfluß des Fernsehen auf den Einstellungwandel zu
Präsident Nixon während der Watergate-Affäre (1972-1974) analysiert.
B) Methoden der Datenerhebung, Forschungsdesign, Stichproben
Nationale Umfrage zum Zeitpunkt 1, drei-wellige schriftliche Umfrage
von 520 Personen aus der ersten Umfrage zum späteren Zeitpunkt 2: 50%
Responserate.
C) Verwendete Variablen und Operationalisierungen
(1) Parteibindung, (2) TV-Nutzung ("exposure"), (3) Ausmaß politischen
Interesses und (4) politischer Diskussionen.
D) Auswertungsmethoden
Pfadmodell (kausale Analyse des Einstellungswandels).
E) Ergebnisse und Interpretationen
Die TV-Nutzung ("exposure") und die Parteibindung erklären die Ein-
stellung, die die Befragten zum Zeitpunkt 2 haben. Der Umfang politi-
schen Interesses interveniert so, daß für Respondenten mit geringem
politischen Interesse die Korrelation zwischen Medienkontakt und Ein-
stellung substantieller ist. Das Fernsehen erscheint als Basismedium
für die Uninteressierten. Die starke Wirkung des Fernsehens auf die
Einstellung der gering Interessierten wird dissonanztheoretisch erklärt, und zwar durch den Mangel an psychologischer Dissonanz, der die
Uninteressierten auszeichnet.

010. **Lang, G.E., Lang, K.:** Immediate and Delayed Responses to a Car-
ter-Ford Debate: Assessing Public Opinion. In: Public Opinion
Quarterly. Vol. 42 (1978), S. 322-341.

A) Inhaltliche Merkmale, Ziele und Hypothesen
Untersuchung der verzögerten Wirkung von Kommunikation im Sinne des
Sleepereffekts. Als Beispiel wird die Wahlkampfdebatte zwischen Ford
und Carter im Fernsehen verwendet.

B) Methoden der Datenerhebung, Forschungsdesign, Stichproben
Kombination aus Laborexperiment und 2-Wellen-Umfrage, mit folgendem
Design:
(1) Präkommunikative Phase: Befragung von N_1 = 308 Studenten, N_2 = 386
Studenten;
(2) Postkommunikative Phase: unmittelbar, in kontrollierter Umgebung
nach der Sendung;
(3) Zeitverzug: über eine Woche später, TV-Nutzung (Wahlkampfdebatte)
zu Hause.
C) Verwendete Variablen und Operationalisierungen
(1) Nützlichkeit der Sendung als Hilfe bei Beurteilung der Kandidaten;
(2) Präsentation der Kandidaten (who did better?); (3) Persönlichkeitszüge und Kompetenz der Kandidaten; (4) Veränderung der eigenen
Wahlabsichten (Präferenz).
D) Auswertungsmethoden
Korrelationen.

E) Ergebnisse und Interpretationen
Unmittelbar nach dem TV-Kontakt sind die Reaktionen im Einklang mit
der Präferenz. Es zeigt sich eine deutliche Konsistenz in den Reaktionen. Ford gewinnt allerdings im Zeitablauf gegenüber Carter an Boden,
während Carter, der zunächst (unmittelbar nach der Sendung) mehr gewinnt, Verluste hinzunehmen hat. Offenbar interveniert die Kommunika-
tionsumgebung im längerfristigen Prozeß und führt zu einer veränderten
Wirkung der Debatten. (In der Studie werden Umfrageergebnisse, Darstellung der mageren Vorstellung von Carter in der Debatte in den Massenmedien als äußere Faktoren beschrieben.)

011. **Leckenby, J.D.:** Attributions to TV Characters and Opinion Change.
     In: Journalism Quarterly. Vol. 58 (1981), S. 241-247.

A) Inhaltliche Merkmale, Ziele und Hypothesen
Untersuchung der Wirkung personaler Merkmale in Unterhaltungsserien.
In der Studie wird angenommen, daß 1. dogmatische Seher Programme bevorzugen, in denen dogmatische Personen vorkommen (Verstärkereffekt),
und 2. sich hoch-dogmatische Seher von als hoch-dogmatisch wahrgenommenen Darstellern mehr beeinflussen lassen als niedrig-dogmatische Seher. Der mögliche Einfluß wird über folgende Variablen erfaßt: zuge-
schriebener Dogmatismus, wahrgenommene Gemeinsamkeit, interpersonale
Attraktivität, Einverständnis ("agreement"), Verläßlichkeit des Dar-
stellers in bezug auf einen Gegenstand.

B) Methoden der Datenerhebung, Forschungsdesign, Stichproben
Experiment mit 214 Studenten. TV-Darsteller: Kojak, Archie Bunker.
C) Verwendete Variablen und Operationalisierungen
Verwendung einer Dogmatismus-Skala für beide Darsteller. Likert-items
zur Beurteilung der Charaktere. Die Versuchspersonen hatten einen Bei-
trag aus der "Times" zu lesen, der diese attackierte und von den Cha-
rakteren stammen sollte. Zuvor war die "Times" von den Versuchsperso-
nen mit bipolaren Skalen beurteilt worden. Nach dem Lesen hatten die
Versuchspersonen die "Times" erneut zu beurteilen (Zuverlässigkeit,
Präsentation). Schließlich hatten die Versuchspersonen sich selbst mit
einer Dogmatismus-Skala zu beurteilen.
D) Auswertungsmethoden
Diskriminanzanalyse, Multiple Korrelation.
E) Ergebnisse und Interpretationen
Zwischen den beiden Darstellern bestehen Unterschiede hinsichtlich ihres Dogmatismus, und zwar so, daß 'Archie Bunker' im Vergleich zu 'Kojak' als dogmatischer wahrgenommen wird. Für gering dogmatische Seher
zeigt sich, daß, je weniger dogmatisch ein Darsteller erscheint, desto
ähnlicher wird er erlebt, geschätzt und desto zuverlässiger gilt er.
Man stimmt mit ihm eher überein und er erzielt einen stärkeren Meinungswandel. Für hochdogmatische Seher erweist sich dieses Erklärungs-
modell allerdings nicht in demselben Maße als tragfähig, andere Variablen scheinen zu intervenieren. Es zeigt sich jedoch immerhin, daß
sich hoch-dogmatische Seher von hoch-dogmatischen Darstellern stärker
beeinflussen lassen als gering-dogmatische Seher.

012. **McCain, T.A., Ross, M.G.:** Cognitive Switching: A Behavioral Trace
of Human Information Processing for Television Newscasts. In: Human Communication Research. Vol. 5 (1979), S. 121-129.

A) Inhaltliche Merkmale, Ziele und Hypothesen
Die Studie befaßt sich mit der Informationsverarbeitung von Fernsehnachrichten (Information-processing). Dabei wird die sogenannte Sig-
nal-Stop-Technik angewandt. Folgende Thesen werden geprüft:
1. Personen, die aus spezifischen Gründen das Programm wechseln
("agree", "disagree", "think", "question") werden ähnlichere Vertei-
lungen des Wechselverhaltens aufweisen als Personen, die aus nicht-
spezifischen Gründen wechseln.
2. Personenbezogene Gründe für kognitives Wechseln stehen in Beziehung
zu den vier Zustandsfunktionen: Agree, disagree, think, question.

3. Die Wechselverteilungen sind über die Zeit von Nachricht zu Nachricht gleich.

B) Methoden der Datenerhebung, Forschungsdesign, Stichproben
Experiment mit N = 30 Studenten.

C) Verwendete Variablen und Operationalisierungen
Fünf Nachrichtensendungen werden vorgeführt. Mit Hilfe einer technischen Apparatur werden die Stop-Vorgänge festgehalten. Die Hälfte der Versuchspersonen erhält die Stopgründe als Zusatzhilfe. Offene Fragen dienen zur Ermittlung der Gründe des Stoppens beim letzten Versuch.

D) Auswertungsmethoden
Mittelwertvergleich, ANOVA, differenzierte statistische Tests.

E) Ergebnisse und Interpretationen
Die Thesen 1 und 2 werden gestützt, die dritte These aber nur schwach. Die Gründe, die bei der offenen Frage für das Stopverhalten angegeben werden, entsprechen den vier Gründen der Technik. Personen wechseln bezüglich der Zeitpunkte über die verschiedenen Sendungen hinweg ziemlich identisch.

013. **Mulder, R.:** The Effects of Televised Political Ads. In: Journalism Quarterly. Vol. 56 (1979), S. 336-340.

A) Inhaltliche Merkmale, Ziele und Hypothesen
Wirkung der politischen Werbung im Fernsehen. Es wird angenommen, daß unerwartete politische Werbung - also zwischen populären Programmen - auch inaktive Wähler erreicht. Ausgehend von der Tatsache, daß die Zahl der Wechselwähler zunimmt, wird ein verstärkter Medieneinfluß angenommen, insbesondere bei den sogenannten inaktiven Wählern.

B) Methoden der Datenerhebung, Forschungsdesign, Stichproben
Telefonische Panelbefragung: Erste Welle: 324 Interviews, drei Wochen vor der Wahl, zweite Welle: davon noch 260 Interviewte am Wahlabend.

C) Verwendete Variablen und Operationalisierungen
(1) Indizes für politischen Wandel:
- Wahlabsicht: "Which of the candidates would you vote for?"
- Kandidatenbewertung: "Suppose ... was elected Mayor, would you say that he would make an excellent, good, fair, or poor Mayor?"
- Aussagen über das Alter des Kandidaten: "... is too old?" (dieser Tatbestand war problematisch in der untersuchten Stadt).
- Meinungswandel pro Thema: Schule, Korruption, Regierungseffizienz. "Which of the candidates would do the most?"

(2) Werbekontakt: Da ein Kandidat häufiger gebracht wurde als der andere, bezog man sich auf die Netto-Kontakthäufigkeit.

(3) Politische Aktivität/Index mit vier Fragen. Die Antworten zu den vier Fragen ergeben drei Gruppen, die sich nach dem Grad der politischen Aktivität unterscheiden (hoch, mittel, niedrig).

D) Auswertungsmethoden
Korrelationen, Chi-Square.

E) Ergebnisse und Interpretationen
Der politische Wandel korreliert mit der Nutzung ("exposure") der TV-Werbung. Wahlabsicht und Kandidatenbewertung erweisen sich als stabiler im Vergleich zu den anderen Größen. Die Wirkung politischer Werbung ist aber bei allen drei Wählergruppen (Aktive - Inaktive) gleich. Es ist nicht richtig, daß bei inaktiven, uninteressierten Wählern politische Werbung am stärksten wirkt.

014. **Mulder, R.:** Media Credibility: A Use-Gratifications Approach. In: Journalism Quarterly. Vol. 57 (1980), S. 474-477.

A) Inhaltliche Merkmale, Ziele und Hypothesen
In der Studie wird die Glaubwürdigkeit von Fernsehen und Zeitungen mit dem Gratifikationsansatz untersucht. Es wird angenommen, daß unterschiedliche Gratifikationen zu einer unterschiedlichen Einschätzung der Glaubwürdigkeit führen. So würden aktive Informationssucher die Zeitung für glaubwürdiger halten als passive Informationsnehmer. Ähnliches gilt für das Merkmal Alter: Ältere Personen würden im Vergleich zu jüngeren ebenso die Zeitung für glaubwürdiger erachten.

B) Methoden der Datenerhebung, Forschungsdesign, Stichproben
Schriftliche Umfrage unter Abonnenten, Rücklauf N = 557.

C) Verwendete Variablen und Operationalisierungen
Ermittlung der Medienglaubwürdigkeit mit Standardfrage (Roper), Gratifikationsmessung anhand von vier Statements; Soziodemografie.

D) Auswertungsmethoden
Latente Strukturanalyse, MDS, Chi-Quadrat.

E) Ergebnisse und Interpretationen
Befragte, die aktiv Neuigkeiten suchen, halten die Zeitung im Vergleich zum Fernsehen für glaubwürdiger als passive Sucher. Entsprechendes gilt für das Merkmal Alter: Ältere Personen halten die Zeitung für glaubwürdiger als dies junge Personen tun.

015. **O'Keefe, G.J.**: Political Malaise and Reliance on Media. In: Journalism Quarterly. Vol. 57 (1980), S. 122-128.

A) Inhaltliche Merkmale, Ziele und Hypothesen
Der Beitrag untersucht im Intermedien-Vergleich die Wirkung der Medien
TV und Zeitung auf die Entfremdung der Bürger. In politischen Fragen
sei die Effizienz des Fernsehens gegenüber Zeitungen schwächer. Andererseits sei die Selektivität beim Fernsehen geringer, so daß z.B.
Desinteressierte dennoch einige (ungewollte) politische Informationen
gewinnen würden. Folgende These steht im Vordergrund der Studie: Diejenigen Personen, die sich auf das Fernsehen verlassen, haben negativere Einstellungen zur Politik und negativere Vorstellungen von Politikern als Personen, die mehr der Zeitung vertrauen.
B) Methoden der Datenerhebung, Forschungsdesign, Stichproben
1972: Wahlkampagnenstudie. Repräsentative mündliche Befragung von
1.966 Wählern in Summit, Ohio.
C) Verwendete Variablen und Operationalisierungen
(1) Vertrauen in das Medium TV oder Zeitung: "How much do you count
on...to help you make up your mind about whom to vote..." (2) Politische Machtlosigkeit, Altruismus der Politiker, (3) Effizienz des Wählens, (4) Mißtrauen in Politiker, (5) politische Entfremdung, (6) Politisches Interesse, (7) Soziodemografie.
D) Auswertungsmethoden
Multiple Korrelation, Regressionsanalyse.
E) Ergebnisse und Interpretationen
Die Ausgangsthese über die unterschiedliche Wirkung von TV und Zeitung
auf politische Vorstellungen und Entfremdung wurde widerlegt. Hohes
Vertrauen in die Medien führt vielmehr zu positiven und integrativen
Orientierungen im politischen System. Großes Vertrauen auf das Fernsehen führt ebenso zu positiven Ergebnissen wie Vertrauen auf die Zeitung, wenngleich die Zeitungen auch noch besser abschneiden. Gerade
die politisch Desinteressierten und die Personen mit geringer Bildung
gewinnen durchaus positive Eindrücke von der Politik, wenn sie dem
Fernsehen vertrauen. Dieser Befund steht im Widerspruch zu manchen anderen Behauptungen über die "Videomalaise".

016. **Sternthal, B. et al.:** The Persuasive Effect of Source Credibility: A Situational Analysis. In: Public Opinion Quarterly. Vol. 42 (1978), S. 285-314.

A) Inhaltliche Merkmale, Ziele und Hypothesen
Theoretischer Beitrag. Übersicht über die interaktiven Effekte von Quellenglaubwürdigkeit und anderen Variablen, wie z.B. (1) Zeit, (2) Botschaft (Diskrepanz, Spannung, Anstoß, Inkongruenz), (3) Effekte weiterer Quellen, (4) individuelle Differenzen, (5) Ausgangsmeinung der Rezipienten. Außerdem werden Fälle beschrieben, in denen mittel bis gering glaubwürdige Quellen einen größeren Einfluß hatten als sehr glaubwürdige Quellen. Der Quelleneffekt wird mit zwei verschiedenen sozialpsychologischen Theorien erklärt, (1) der Kognitiven Response-Theorie und (2) der Attributionstheorie. Diese Ansätze führen zu einem theoretischen Rahmen, innerhalb dessen die persuasiven Effekte der Massenmedien untersucht werden können.

017. **Tan, A.S.:** Mass Media Use, Issue Knowledge and Political Involvement. In: Public Opinion Quarterly. Vol. 44 (1980), S. 241-248.

A) Inhaltliche Merkmale, Ziele und Hypothesen
Wirkung von Kampagnen, interpersonale Kommunikation. Der Autor nimmt an, daß zwischen den Variablen (1) Mediennutzung, (2) interpersonaler Diskussion, (3) Kampagnenwissen und (4) Partizipation ein interdependenter Zusammenhang besteht. Es werden vor allem reziproke Effekte zwischen Mediennutzung und interpersonaler Diskussion/Partizipation unterstellt.
B) Methoden der Datenerhebung, Forschungsdesign, Stichproben
Telefonumfrage bei N = 126, als zweiwelliges Panel angelegt.
C) Verwendete Variablen und Operationalisierungen
Umfang der Mediennutzung; Häufigkeit interpersonaler Diskussion; Wissen über Kampagnenthemen; Politische Partizipation (Skala mit vier Items).
D) Auswertungsmethoden
Pfadanalyse
E) Ergebnisse und Interpretationen
Interpersonale Diskussion führt zu erhöhter Mediennutzung - hauptsächlich der Pressemedien. Zeitungs- und TV-Nutzung fördern dagegen interpersonale Kommunikation nicht in diesem Umfange, d.h. es treten keine reziproken Effekte auf. Die Autoren erklären dieses Ergebnis mit der

erhöhten Involviertheit der Befragten und der Tragweite ihrer Entscheidungen bei Wahlen. Interpersonale Diskussion bestärke den Wunsch,
weitere Informationen aus den Medien aufzunehmen. Zwischen politischer
Diskussion/Partizipation und Kampagnenwissen besteht ein kausaler Zusammenhang: Aktive Wähler sind informierter.

1.2 Selektive Zuwendung, Einstellungsstrukturen

018. **Ball-Rokeach, S.J. et al.:** "Roots: The Next Generation" - Who
Watched and with what Effect? In: Public Opinion Quarterly. Vol.
45 (1981), S. 58-68.

A) Inhaltliche Merkmale, Ziele und Hypothesen
Beitrag zur "selective-exposure" These: Personen mit egalitären Ein-
stellungen und Werten in bezug auf Rassenvorurteile sehen die Serie
"Roots" eher an als Personen mit weniger egalitären Einstellungen und
Werten, welche die Sendung eher vermeiden.
B) Methoden der Datenerhebung, Forschungsdesign, Stichproben
Telefoninterviews, schriftliche Umfragen: Pretest-Posttest Design mit
$N_1 = 276$ (Pretest-Sample); $N_2 = 530$ (Posttest-Sample).
C) Verwendete Variablen und Operationalisierungen
Werte-Skala von Rokeach [Letzte Werte als persönliche Lebensprinzi-
pien]: 18 Werte in Rangfolge nach dem Grad der Wichtigkeit gestuft.
Der eingeschlossene Wert der "Gleichheit" (equality) ist dabei beson-
ders interessant, da er den Differenzen bezüglich des Rassismus Rech-
nung trägt; Ermittlung der allgemeinen Einstellungen gegenüber Schwar-
zen (in Anlehnung an NORC surveys): fünf Items; weitere Variablen: So-
ziodemografie, Geschlecht, TV-Nutzung usw.
D) Auswertungsmethoden
Faktorenanalyse, partiale Korrelation, Kovarianzanalyse.
E) Ergebnisse und Interpretationen
Die Einstellung zu Schwarzen steht im Zusammenhang mit dem Egalitaris-
musfaktor. Die Korrelation zwischen Egalitarismus und dem Umfang der
TV-Nutzung zeigt im Falle von "Roots" deutlich selektives Verhalten.
Die Dimension Egalitarismus unterscheidet die Seher von den Nichtse-
hern der Serie. Eine de-facto-Selektivität ist nicht in dem Maße nach-
weisbar. Somit wird eine psychologische bedingte Selektivität (Disso-
nanztheorie) auf der Basis des Egalitarismus-Wertes nachgewiesen. Eine
Kovarianzanalyse (Pre-Posttest-Samples) erbringt überdies keinen so-

zialen Anstoß der Serie: Durch das Sehen von "Roots" nimmt der Egalitarismus nicht zu.

019. **Granberg, D., Robertson, C.:** Contrast Effects in Estimating Policies of the Federal Government. In: Public Opinion Quarterly. Vol. 46 (1982), S. 43-53.

A) Inhaltliche Merkmale, Ziele und Hypothesen
In dem Beitrag wird die Relation zwischen den Einstellungen der Befragten und ihren Vorstellungen von der Regierungspolitik anhand von Skalen untersucht. Test der Assimilations-Kontrasttheorie: Die Verwendung derselben Skalen zur Messung von Einstellungen und Attributionen führt dazu, daß Personen tendenziell assimilieren, d.h. in Richtung ihrer eigenen Position verzerren, wenn sie die Positionen anderer - z.B. eines Kandidaten, den sie präferieren - abschätzen. Sie kontrastieren dagegen, wenn sie die Position nicht präferieren. Diese zweite Tendenz erweist sich bisher stärker als die erste. Die Einschätzung der Parteien erfolgt ähnlich.
B) Methoden der Datenerhebung, Forschungsdesign, Stichproben
Nationale Umfrage bei N = 1.468 Personen.
C) Verwendete Variablen und Operationalisierungen
7-Punkte-Skala zu Themen der Regierungspolitik, z.B. Verteidigungsausgaben, Minoritäten, soziale Sicherung; (1) Messung der eigenen Position der Respondenten ("Where would you place yourself on this scale?"); (2) Geschätzte Position der Regierung ("Where would you place what the Government is doing at the present time?").
D) Auswertungsmethoden
Korrelation zwischen den Einstellungen der Respondenten und der Position, die der Regierung zugeschrieben (attribuiert) wird.
E) Ergebnisse und Interpretationen
Die Ergebnisse der Studie belegen einen ausgeprägten und robusten Kontrasteffekt. Je konservativer die Respondenten z.B. sind, um so liberaler wird von ihnen die Politik der Regierung eingeschätzt. Dieser - im Gegensatz zu bisherigen Befunden stehende - Kontrasteffekt bleibt auch bei Kontrolle weiterer Variablen, wie z.B. Vertrauen in die Regierungspolitik, Parteipräferenz, Status und Soziodemografie, bestehen. Die Studie steht nur in geringem Bezug zur Massenkommunikationsforschung.

020. **Hezel, R.T.:** Public Broadcasting: Can It Teach? In: Journal of
Communication. Vol. 30 (1980), S. 173-178.

A) Inhaltliche Merkmale, Ziele und Hypothesen
Theoretischer Beitrag zum Effekt von Erziehungs- und Instruktionspro-
grammen im öffentlichen Fernsehen auf das Lernen. Selektivität des Publikums führt dazu, daß die bereits Informierten die Informationsdien-
ste des öffentlichen Fernsehens nutzen und die Uninformierten ohne Information bleiben. Es werden einige Hinweise zur Gestaltung der Programme gegeben, wie die Selbst-Selektion überwunden werden könnte.

021. **Hofstetter, C.R., Loveman, B.:** Media Exposure and Attitude Consi-
stency about Immigration. In: Journalism Quarterly. Vol. 59
(1982), S. 298-302.

A) Inhaltliche Merkmale, Ziele und Hypothesen
In der Studie wird die Hypothese untersucht, daß die Medienberichterstattung zu einer wachsenden Konsistenz und Spezifizierung der Einstellungen führt. Grundlage dafür sind die Konsistenzmodelle. Es wird
angenommen, daß die Konsistenz mit der Aufmerksamkeit und dem Deut-
lichwerden der Bedeutung und Wichtigkeit eines Gegenstandes zunimmt.
B) Methoden der Datenerhebung, Forschungsdesign, Stichproben
(1) Telefoninterviews mit Erwachsenen (N = 500) in San Diego;
(2) Inhaltsangabe der Medienberichterstattung.
C) Verwendete Variablen und Operationalisierungen
Thema: Immigration in USA. Generelle und spezifische Einstellungen zu
diesem Problem bilden die zentralen Variablen.
D) Auswertungsmethoden
Häufigkeiten, Produkt-Moment-Korrelationen.
E) Ergebnisse und Interpretationen
Die Medien berichten komplex und umfangreich über das Immigrationspro-
blem. Entsprechender Medienkontakt ("exposure") verstärkt vorhandene
positive oder negative Ansichten und macht diese konsistenter. Dabei
ist es auch möglich, daß jene, die verstärkt Konsistenz zeigen, Medien
suchen, die ihre Ansichten bestätigen. Die gefundenen Produkt-Moment-
Korrelationen zwischen bevorzugtem Level an Immigrationen und den Einstellungen dazu machen diese Annahme plausibel. Ein hoher Informa-
tionskontakt führt zusätzlich zu ausgeprägterer Konsistenz in den Einstellungen.

022. **Milburn, M.A.:** A Longitudinal Test of the Selective Exposure Hypothesis. In: Public Opinion Quarterly. Vol. 43 (1979), S. 507-517.

A) *Inhaltliche Merkmale, Ziele und Hypothesen*
Die "selective-exposure" These wird am Beispiel einer Aufklärungskampagne zum Thema Gesundheit und Vorsorge im Feld getestet. Dabei wird auch die Frage untersucht, ob eventuelle Kampagnenwirkungen "langfristig" auftreten.
B) *Methoden der Datenerhebung, Forschungsdesign, Stichproben*
Befragung in drei Städten.
C) *Verwendete Variablen und Operationalisierungen*
(1) Einstellung zur physischen Aktivität, Gewicht, Diät;
(2) Medienkontakt: Erinnerung an Kampagnenbestandteile;
(3) Wissen: 24 Fragen, bezogen auf Verhaltensweisen, die das Risiko von Herzkrankheiten bergen.
D) *Auswertungsmethoden*
Cross-lagged-Korrelation.
E) *Ergebnisse und Interpretationen*
Der Kontakt ("exposure") mit der Kampagne verursacht einen Wissenszuwachs und dieses Wissen erzeugt positivere Einstellungen zur physischen Aktivität und Gesundheitsdiät. Selektive Zuwendung variiert allenfalls im Zusammenhang mit der Kampagneninformation, d.h. tritt allenfalls im Nachhinein auf. Die Untersuchung erbringt insgesamt deutliche Belege für die Wirksamkeit von Kampagnen und nur eine geringe Stützung der These der selektiven Zuwendung.

023. **Reese, St.D., Miller, M.M.:** Political Attitude Holding and Structure. The Effects of Newspaper and Television News. In: Communication Research. Vol. 8 (1981), S. 167-188.

A) *Inhaltliche Merkmale, Ziele und Hypothesen*
Wirkungsforschung zur Einstellungsänderung. Fragestellung: In welchem Zusammenhang steht die ideologische Grundhaltung mit der Konfrontation politischer Informationen und wie wird dann eine politische Einstellung bzw. Einstellungsstruktur bewirkt (S. 168)? Die Untersuchung stützt sich auf Untersuchungen von Converse (Definition des "Glaubensmusters"), Nie, Anderson, Pierce, Miller, Miller und Rokeach (kognitiver Bezugsrahmen und Informationsselektion), Repass (Einteilung in liberal und konservativ). Thesen: 1. Ein klarer ideologischer Standpunkt

führt zur Selektion von bestimmten konsistenten Informationen. 2. Zeitungsinformationen und -glaubwürdigkeit sowie ideologische Unterstützung durch Informationen verstärken die Einstellung, stehen aber in keiner Beziehung zur Konsistenz und Dauerhaftigkeit der Einstellung.

B) Methoden der Datenerhebung, Forschungsdesign, Stichproben

Befragung, N = 2402, Querschnitt, Sample repräsentativ für die U.S.-Bevölkerung von 1976.

C) Verwendete Variablen und Operationalisierungen

Variablen:

1. TV-Nutzung: drei Vierpunkteskalen über Konsum, nationale -, lokale - und Wahlnachrichten.

2. Zeitungsnutzung: Vierpunkteskalen über Konsum, nationale -, lokale -, internationale - und Wahlnachrichten.

3. Nutzung aktueller und wahlspezifischer Informationen.

4. Medienglaubwürdigkeit (bei Zeitung und Fernsehen).

5. Ideologische Einstellung (vier Variablen zur Selbsteinschätzung: liberal, konservativ, links, rechts).

6. Einstellung und Einstellungskonsistenz: Neun Items zu politischen Themen (Skala S. 185)

7. Kontrollvariablen: Alter, Ausbildungsjahre, Familieneinkommen.

D) Auswertungsmethoden

Korrelationen, 0-Order-Korrelationen. Multiple Regression.

E) Ergebnisse und Interpretationen

1. TV-Nachrichten verstärken, festigen und strukturieren politische Einstellungen. Dieser Befund steht z.T. im Widerspruch zu anderen Studien (vgl. z.B. Patterson).

2. TV-Konsum und TV-Glaubwürdigkeit stehen in keinem engeren Zusammenhang.

3. Es gibt keine Bestätigung dafür, daß der TV-Konsum zu einem oberflächlichen und uninformierten Publikum führt. Allerdings zeigt sich, daß das TV-Publikum nicht motiviert genug ist, detaillierte Informationen aus der Zeitung zu entnehmen.

4. Ideologisch festgelegte Personen übersetzen Zeitungsinformationen leichter in politische Termini und Einstellungen.

1.3 Wirkung formaler Angebotsweisen

024. **Acker, S,R.:** Viewers' Perceptions of Velocity and Distance in Te-
        levised Events. In: Human Communication Research. Vol. 9. (1983),
        S. 335-348.

A) Inhaltliche Merkmale, Ziele und Hypothesen
Formale Medienwirkungen. Es wird über die Auswirkungen der Linsenein-
stellungen auf die Wahrnehmung von Ereignissen, insbesondere deren Ge-
schwindigkeit und Distanz berichtet. Dabei geht es auch um die Frage,
ob Unterschiede bei den Sehern je nach Alter und medienspezifischen
Erfahrungen auftreten und ob die Unterschiede in das hierarchische
Entwicklungsschema von Piaget passen.
B) Methoden der Datenerhebung, Forschungsdesign, Stichproben
Experiment mit N = 147 männlichen und weiblichen Schülern (innen).
C) Verwendete Variablen und Operationalisierungen
(1) Unabhängige Variable: Fotoaufnahme eines sich bewegenden Zuges mit
verschiedenen Linseneinstellungen (normal, Weitwinkel, lange Einstel-
lung) präsentiert.
(2) Abhängige Variable: Beurteilung von Geschwindigkeit und Distanz-
überwindung.
D) Auswertungsmethoden
t-Testverfahren.
E) Ergebnisse und Interpretationen
Die Länge des focus beeinflußt die Seher in ihren Urteilen über die
Geschwindigkeit und Distanz der übermittelten Ereignisse. Weitwinkel-
aufnahmen führen zu einer Überschätzung der Geschwindigkeit und Di-
stanzüberbrückung. Die Produktionstechnik hat also Einfluß auf die
Wahrnehmung. Ältere Seher erkennen jedoch eher die Spezifität der Aufnahmen als jüngere. Die Erfahrung in technischen Dingen und das entsprechende technische Verständnis waren bei den Versuchspersonen allerdings insgesamt unterrepräsentiert.

025. **Burgoon, J.K.:** Attributes of the Newcaster's Voice as Predictors
        of His Credibility. In:Journalism Quarterly. Vol. 55 (1978), S.
        276-300.

A) Inhaltliche Merkmale, Ziele und Hypothesen
Der Autor der Studie untersucht, inwiefern Stimmen bzw. Kommunika-
tionsstile von Nachrichtensprechern Glaubwürdigkeit vermitteln, welche

wiederum (mediatisierend) auf Verständnis und Einstellungen wirkt.
B) Methoden der Datenerhebung, Forschungsdesign, Stichproben
Experiment mit Studenten (N = 96). Vier Sprecherstimmen wurden vier
Studentengruppen in unterschiedlicher Reihenfolge vorgeführt.
C) Verwendete Variablen und Operationalisierungen
(1) Eigenschaften der jeweiligen Stimme wurden mit sieben bipolaren
Adjektiven (z.B. schnell - langsam, angenehm - unangenehm) erfaßt.
(2) Messung der Glaubwürdigkeit der Items nach McCroskey. Aufgrund von
Faktorenanalysen ergaben sich zwei Sprecherdimensionen: Angenehmheit
bzw. Ästhetik und Intensität sowie drei Glaubwürdigkeitsdimensionen:
Kompetenz, Soziabilität und Extroversion.
D) Auswertungsmethoden
Multiple Regression der drei Glaubwürdigkeitsdimensionen und der zwei
Stimmendimensionen.
E) Ergebnisse und Interpretationen
Die Glaubwürdigkeitsdimensionen Kompetenz, Soziabilität und Extroversion werden vor allem durch Stimmenmerkmale, Ästhetik/Angenehmheit und
Intensität beeinflußt. Ästhetik und Intensität sind daher Dimensionen,
die zur Beurteilung von Sprecherstimmen herangezogen werden. Die verschiedenen Stimmenmerkmale (z.B. Klarheit, Flüssigkeit, Angenehmheit)
arbeiten nicht unabhängig voneinander, sondern sind stark miteinander
verbunden und führen zu Stimmenprofilen, deren Gesamtqualität entscheidend ist. Für die Beurteilung durch den Hörer sind die Profile
von Stimmeigenschaften wichtiger als individuelle Reize.

026. **Findahl, O.:** The Effect of Visual Illustrations upon Perception
     and Retention of News Programmes. In: Communications. Vol. 7
     (1981), S. 151-167.

A) Inhaltliche Merkmale, Ziele und Hypothesen
Der Autor der Studie befaßt sich mit den Bild-Ton-Interferenzen in üblichen Nachrichtensendungen. Untersucht wird, inwiefern unterschiedliche visuelle Informationen in Ergänzung zum Ton die Kommunikationswir-
kung determinieren.
B) Methoden der Datenerhebung, Forschungsdesign, Stichproben
Experiment mit N = 176 Versuchspersonen unterschiedlicher Altersklas-
sen und Bildung.
C) Verwendete Variablen und Operationalisierungen
(1) Unabhängige Variablen: Ausmaß an Korrespondenz zwischen der Illu-
stration und der Botschaft. Die Korrespondenz reicht von sehr hoch

(Bild und Text ergänzen sich optimal) bis sehr niedrig (Standbild zeigt nur die Umgebung des Ereignisses); zwei weitere Versionen: a) nur mit Sprecher, b) bloße auditive Fassung.

(2) Abhängige Variablen: Erinnerungsleistung (Multiple Choice) und Wahrnehmung (Semantisches Differential).

D) Auswertungsmethoden
Häufigkeiten.

E) Ergebnisse und Interpretationen
In der Untersuchung zeigt sich, daß relevante Bilder mit einem hohen Grad von Übereinstimmung mit dem verbalen Inhalt den Zuschauern helfen, den Inhalt des Programms wahrzunehmen und sich an ihn zu erinnern. Die am besten erinnerten Bestandteile bilden diejenigen Aspekte, die mit Bildern illustriert oder im Bildtext genannt werden. Die Wahl von Illustrationen zu den untersuchten Nachrichten hat also nicht nur Einfluß darauf, an wieviel die Rezipienten sich erinnerten, sondern auch darauf, welche Aspekte der Aussage sie im Gedächtnis behielten. Außerdem beeinflußte die Auswahl der Illustrationen die Wahrnehmung der Nachrichten durch das Publikum. Bewegte Bilder erzeugen mehr Interesse und werden für informativer erachtet als Standfotos.

027. **Lang, G.E., Lang, K.:** The First Debate and the Coverage Gap. In: Journal of Communication. Vol. 28 (1978), S. 93-98.

A) Inhaltliche Merkmale, Ziele und Hypothesen
Im Rahmen einer qualitativen Studie analysieren die Autoren einen 27-Minuten Tonausfall, der während einer Wahlkampf-Fernsehdiskussion zwischen Ford und Carter auftrat und in der die Diskutanten zwar zu sehen, nicht aber zu hören waren.

028. **McCain, J.C., Wakshlag, J.:** The Effect of Camera Angle on Source Credibility and Attraction. In: Journal of Broadcasting. Vol. 21 (1977), S. 35-46.

A) Inhaltliche Merkmale, Ziele und Hypothesen
Wirkungsstudie zum Effekt der Kamerastellung auf die Quellenattraktion und -glaubwürdigkeit. Es wird angenommen, daß hohe und niedrige Winkelstellungen zu jeweils unterschiedlichen Einstellungen der Empfänger zur Quelle führen.

B) Methoden der Datenerhebung, Forschungsdesign, Stichproben
Experiment mit Studenten.

C) Verwendete Variablen und Operationalisierungen
Der Kamerawinkel wurde operationalisiert als Ausmaß, in dem eine Kame-
ralinse um 180° von der normalen Augenhöhe variiert. Für die Experi-
mente wurden fünf Einstellungen gewählt. Die abhängige Variable bilde-
te ein semantisches Differential zur Glaubwürdigkeit. Die Messung der
Glaubwürdigkeit erfolgte in Anlehnung an McCroskey (1971) anhand der
Dimensionen Kompetenz, Zusammensetzung, Soziabilität, Dynamik.
D) Auswertungsmethoden
Faktorenanalyse, Varianzanalyse, t-Test.
E) Ergebnisse und Interpretationen
Es zeigen sich signifikante Unterschiede in der Wirkung der beiden Ka-
meraeinstellungen auf drei der vier Dimensionen der Glaubwürdigkeit.
Höhere Kamerastellungen lassen eine größere Kompetenz, Komposition und
Soziabilität des Sprechers vermuten als niedrige Winkel. Dabei ist
auch die Sequenz der Stellungen zu beachten. Hoch erscheinende Sequen-
zen erhöhen fortgesetzt die wahrgenommene Glaubwürdigkeit. Gleichzei-
tig scheinen höhere Kamerastellungen auch zu einer Nivellierung von
Status und Macht des Sprechers beizutragen, der dann von den Zuschauern als ihnen ähnlicher wahrgenommen wird. Dies kann einerseits die
Glaubwürdigkeit erhöhen, aber auch die Potenz des Sprechers einschrän-
ken.

029. **Perloff, R.M. et al.:** Increasing Learning From TV News. In: Jour-
     nalism Quarterly. Vol. 59 (1982), S. 83-86.

A) Inhaltliche Merkmale, Ziele und Hypothesen
Beitrag zur Untersuchung formaler Medienwirkungen. Der Autor geht davon aus, daß bisherige Studien bei den Zuschauern von TV-Nachrichten
erhebliche Lerndefizite nachweisen. Im Vergleich zum Fernsehen seien
die Zeitungen effektiver, da sie dem Leser Wiederholungen wichtiger
Aspekte und Pausen ermöglichen, also zum Lernen ermutigen, während dem
Fernsehen diese wiederholende und pausenschaffende Form fehle. Die Autoren der Studie wollen testen, ob das Lernen von TV-Nachrichten 1.
durch Wiederholung wichtiger Teile eines Berichtes und 2. durch eine
pausenschaffende, langsame Berichterstattung maximiert werden kann.
B) Methoden der Datenerhebung, Forschungsdesign, Stichproben
Experiment mit 55 Personen, die zufällig auf fünf Gruppen (vier Expe-
rimentalgruppen und eine Kontrollgruppe) verteilt wurden.
C) Verwendete Variablen und Operationalisierungen
Die Versuchsbedingungen ermöglichen den Test der Wirkung von unter-

schiedlich langen Pausen zwischen den Berichten und von Wiederholungen bzw. Zusammenfassungen am Schluß der Nachrichtensendung; Lerneffekte werden anhand des Recalls von Nachrichtenitems erfaßt. Außerdem werden die Fassungen von den Versuchspersonen mit zwei Statements beurteilt.

D) Auswertungsmethoden

Varianzanalyse, t-Test.

E) Ergebnisse und Interpretationen

Die Ergebnisse belegen, daß eine Wiederholung zentraler Elemente von Nachrichtenitems die Erinnerung verbessert und einen Zuwachs im Lernen erbringt. Die Wirkung der Pausen auf das Lernen ist eher negativ, da die Zuschauer die Pausen eher als störend und langweilig empfinden.

030. **Smith, E.J., Fowler, G.L.:** How Comprehensible are Newspaper Headlines? In: Journalism Quarterly. Vol. 59 (1982), S. 305-308.

A) Inhaltliche Merkmale, Ziele und Hypothesen

Im Vordergrund der Studie steht die Frage, wie effektiv Zeitungsüberschriften sind, um dem Leser ein akkurates Bild davon zu vermitteln, was in der Berichterstattung inhaltlich steckt.

B) Methoden der Datenerhebung, Forschungsdesign, Stichproben

Telefoninterviews mit N = 237 Personen aller Altersgruppen.

C) Verwendete Variablen und Operationalisierungen

Den Befragten wurden 10 zufällig ausgewählte Überschriften vorgegeben, die ca. zwei Monate alt waren. Die Befragten hatten die zu der jeweiligen Überschrift gehörende Geschichte zu beschreiben (offene Frage). Ihre Antworten wurden kodiert als vollkommen akkurat (3), weitgehend akkurat (2) und als weitgehend adäquat (1) bzw. nicht passend (0). Weitere Variablen: Soziodemografie, Mediennutzung.

D) Auswertungsmethoden

Häufigkeiten.

E) Ergebnisse und Interpretationen

Hohes persönliches Interesse an Nachrichten und gesteigerte Bildung führen zu einem genaueren Lesen und exakteren Interpretieren von Überschriften. Im Durchschnitt bewirken die Überschriften aber nur eine geringe Vorstellung vom Inhalt der Botschaft, sie sagen dem Leser nicht allzuviel. Das Interpretieren der Schlagzeilen setzt eine gewisse Leseerfahrung voraus.

2. Interpersonale Kommunikation und Diffusion

031. **Black, J.S.:** Opinion Leaders: Is Anyone Following. In: Public
     Opinion Quarterly. Vol. 46 (1982), S. 169-176.

A) Inhaltliche Merkmale, Ziele und Hypothesen
Meinungsführerforschung. Untersucht wird die Frage, ob Meinungsführer
ihre Meinung zu politischen Themen vorzeitiger wechseln als Nichtfüh-
rer.
B) Methoden der Datenerhebung, Forschungsdesign, Stichproben
Sekundäranalyse nationaler Umfragen.
C) Verwendete Variablen und Operationalisierungen
Meinungsführerschaft wurde mit dem Selbsteinschätzungsverfahren ermit-
telt. Zu 12 nationalen Themen wurde über einen Zeitraum von fünf Jah-
ren festgestellt, wann Meinungsführer und Nichtführer ihre Meinung
wechselten.
D) Auswertungsmethoden
Häufigkeiten, Rangordnungen.
E) Ergebnisse und Interpretationen
Meinungsführer wechselten zwischen 3 bis 14 Viertel mal häufiger ihre
Meinung als Nichtführer, und zwar innerhalb jeder soziodemografischen
Gruppe. Unklar bleibt, inwiefern Nichtführer durch Meinungsführer be-
einflußt werden oder einfach später auf die Medienberichterstattung
reagierten.

032. **Haroldsen, E.O., Harvey, K.:** The Diffusion of "Shocking" Good
     News. In: Journalism Quarterly. Vol. 56 (1979), S. 771-775.

A) Inhaltliche Merkmale, Ziele und Hypothesen
In der Studie wird untersucht, welche Bedeutung jeweils Medien- und
interpersonale Kommunikationsquellen für die Informationsaufnahme bei
Diffusionsprozessen haben; Ermittlung des Anteils interpersonaler Kom-
munikation bei wichtigen bzw. schockierenden Ereignissen von gutem
oder schlechtem Charakter. Als Beispiel dient die Anerkennung der
Priesterschaft von Schwarzen.
B) Methoden der Datenerhebung, Forschungsdesign, Stichproben
Telefoninterviews (N = 245), nicht-repräsentativ.
C) Verwendete Variablen und Operationalisierungen
(1) Ausmaß der Schockierung durch das Ereignis.
(2) Quelle der Erstinformation.

D) Auswertungsmethoden
Kreuztabellierung, Häufigkeitsverteilung.

E) Ergebnisse und Interpretationen
Interpersonale Kommunikation führte in 50% der Fälle zur Erstinformation. Der Zweifel an der Richtigkeit der Information und die Suche nach zusätzlich bestärkender Information waren bei der Gruppe, die sich interpersonaler Kommunikation bediente, größer als in der, die die Erstinformation aus den Medien bezog.

033. **Levy, M.R.:** Opinion Leadership and Television News Uses. In: Public Opinion Quarterly. Vol. 42 (1978), S. 402-406.

A) Inhaltliche Merkmale, Ziele und Hypothesen
Meinungsführerforschung. Meinungsführer nutzen nach bisherigen Erkenntnissen zwar die Medien kaum häufiger als Nichtführer, sind aber aktiver, indem sie versuchen, ihre Informationen zu verbessern, wohingegen Nichtführer nicht so viele Anstrengungen unternehmen. Um die Qualität der erworbenen Informationen zu ermitteln und die Motive der Informationssuche zu erfassen, verbindet der Autor seine Meinungsführerstudie mit dem Nutzen- und Belohnungsansatz. Er geht davon aus, daß die Informationsaufnahme mit zwei Motivationsmustern/Orientierungen im Zusammenhang steht: (1) Kognitive Orientierung und (2) Bestätigung bzw. Reflexion der eigenen Situation.

B) Methoden der Datenerhebung, Forschungsdesign, Stichproben
Umfrage bei N = 240 Personen in Albany County (New York).

C) Verwendete Variablen und Operationalisierungen
Meinungsführerschaft wurde mit einem Index, bestehend aus drei Items, erfaßt: 10 Gratifikationen wurden vorgelegt, um die beiden Orientierungen zu präzisieren.

D) Auswertungsmethoden
Pearson Korrelation zwischen Meinungsführerschaft, Gratifikationen und TV-Nachrichtenkontakt.

E) Ergebnisse und Interpretationen
Meinungsführer sehen TV-Nachrichten nicht häufiger als Nichtführer. Zwischen Meinungsführerschaft und dem Motiv der kognitiven Orientierung besteht ein direkter Zusammenhang. Das Motiv der Reflexion ist dagegen unbedeutend. Meinungsführer sehen Nachrichten aus anderen Gründen an als Nichtführer, und Fernsehen ist nicht ihre einzige Informationsquelle. Auch die Zeitung wird rege genutzt.

034. **Payne, D.E.:** Cross-National Diffusion: The Effects of Canadian TV
　　　on Rural Minnesota Viewers. In: American Sociological Review.
　　　Vol. 43 (1978), S. 740-756.

A) Inhaltliche Merkmale, Ziele und Hypothesen
In dieser Diffusionsstudie werden die Wirkungen des übernationalen
Fernsehens auf die Einstellungen und das Wissen der einheimischen Rezipienten untersucht. Drei Hypothesen stehen im Vordergrund:
(1) Bevorzugtes Sehen von kanadischem Fernsehen erhöht die Informationen der amerikanischen Betrachter über Kanada und vermindert die Informationen über Amerika.
(2) Die Einstellungen der Rezipienten gegenüber dem sendenden Land
verbessert sich, die Einstellung zum eigenen Land wird negativer.
(3) Die Informationsverbesserung ist stärker als die Einstellungsänderung.
B) Methoden der Datenerhebung, Forschungsdesign, Stichproben
Querschnittsuntersuchung, Feldexperiment mit N = 414 Erwachsenen und
280 Studenten. Aufspaltung in Teilgruppen, so daß jeweils (1) Empfänger ausschließlich des kanadischen TV, (2) des US-TV und (3) beider
Möglichkeiten zum Tragen kommen.
C) Verwendete Variablen und Operationalisierungen
Wissensfragen über sendendes und empfangendes Land; Einstellungsfra-
gen; demografische Daten.
D) Auswertungsmethoden
Korrelationen; Regressionsanalysen [Kontrolle anderer Faktoren (z.B.
generelle Mediennutzung, Soziodemografie)]; Faktorenanalysen.
E) Ergebnisse und Interpretationen
Die Studie belegt deutliche kognitive Effekte und Attitüdeneffekte,
die von der Berichterstattung des sendenden Landes ausgehen. Die Wirkungen auf die Eigenschaften des sendenden Landes sind größer als auf
das empfangende Land (Widerlegung der zweiten Hypothese). Generell
treten kognitive Effekte stärker auf als Effekte auf Attitüden.

035. **Quarters, R. et al.:** News Diffusion of Assassination Attempts on
　　　President Reagan and Pope John Paul II. In: Journal of Broadca-
　　　sting. Vol. 27 (1983), S. 387-395.

A) Inhaltliche Merkmale, Ziele und Hypothesen
Diffusion von Information über kritische Ereignisse (Attentate auf
Präsident Reagan und den Papst).

B) Methoden der Datenerhebung, Forschungsdesign, Stichproben
Telefoninterviews, verschiedene Samples (Querschnitt, Panel).
D) Auswertungsmethoden
Häufigkeiten.
E) Ergebnisse und Interpretationen
Der Diffusionsprozeß verlief im Falle des Attentats auf den Papst langsamer als im Falle des Attentats auf Reagan. Die Bedeutsamkeit der Ereignisse ist offenbar wichtig für die Geschwindigkeit des Diffusionsprozesses. Hoher Anteil von interpersonaler Kommunikation beschleunigt den Diffusionsprozeß im allgemeinen. Im Falle des Attentats auf den Papst erfolgte die Diffusion trotz hohem Anteil interpersonaler Kommunikation allerdings relativ langsam. Dies wird erklärt mit einem Mangel an direkter und kontinuierlicher Live-Berichterstattung, der interpersonale Kommunikation von vornherein dämpfte. Da die Stimulation in diesem Falle geringer war, verzögerte sich die Diffusion.

036. **Robinson, J.P., Levy, M.R.:** Interpersonal Communication and News Comprehension. In: Public Opinion Quarterly. Vol. 50 (1986), S. 160-175.

A) Inhaltliche Merkmale, Ziele und Hypothesen
Die Studie untersucht die Rolle, die interpersonale und mediale Kanäle für die Wahrnehmung und das Verständnis großer ("major") Nachrichtenthemen bilden. Im Gegensatz zur Bestimmung der Nachrichtenquellen ("main source") versuchen die Autoren, das aktuelle Verständnis von den Berichten, die in den Nachrichtenthemen der vorausgegangenen Woche waren, zu erfassen.
B) Methoden der Datenerhebung, Forschungsdesign, Stichproben
Telefoninterviews bei zwei Samples (N_1 = 407 Erwachsene, lokal; N_2 = 544 Erwachsene, national).
C) Verwendete Variablen und Operationalisierungen
(1) Mediennutzung zur Nachrichtenrezeption (vier Alternativ-Fragen);
(2) Umfang interpersonaler Diskussion über Nachrichten;
(3) Richtigkeit der Wiedergabe von lokalen, nationalen, internationalen Nachrichten;
(4) Soziodemografie.
D) Auswertungsmethoden
Multiple Klassifikationsanalyse.
E) Ergebnisse und Interpretationen
Interpersonale Kommunikation über Nachrichten erweist sich als ein

wichtiger und häufig übersehener Faktor für das Verständnis der Nachrichten. Interpersonale Kanäle spielen zumindest eine den Medien eben-
bürtige Rolle für die Wahrnehmung und das Verständnis von Nachrichten
und Ereignissen.

3. Wirkungen von Gewaltdarstellungen

3.1 Studien mit experimentellem Design

037. **Atkin, C.:** Effects of Realistic TV Violence vs. Fictional Violence on Aggression. In: Journalism Quarterly. Vol. 60 (1983),
S. 615-621.

A) Inhaltliche Merkmale, Ziele und Hypothesen
Die Studie ist ein Beitrag zur Gewaltforschung. Ziel der Studie ist
es, die Unterschiede zwischen realer und fiktiver Gewaltdarstellung
auf das aggressive Verhalten Jugendlicher zu erforschen. Zwei Dimensionen der Realitätsnähe werden dazu unterschieden:
1. Wahrgenommene Aktualität ("perceived actuality"): die Ereignisse,
Personen können in der realen Welt tatsächlich existieren.
2. Wahrgenommene Ähnlichkeit ("perceived similarity"): die Ereignisse
gleichen dem sozialen Umfeld des Zuschauers.
Der Autor nimmt an, daß gewalthaltige Darstellungen im Rahmen von
Nachrichten mehr Aggressionen produzieren als dieselben Gewaltdarstellungen, die jedoch den Höhepunkt einer fiktiven Unterhaltungsserie
darstellen. Beide Versionen von Gewaltdarstellungen (realistisch, fiktiv) werden stärkere Aggressionen hervorrufen als ein Stimulus, der
gar keine Gewaltdarstellung enthält.
B) Methoden der Datenerhebung, Forschungsdesign, Stichproben
Drei Versionen speziell präparierter TV-Programme wurden in einem Experiment N = 98 Buben und Mädchen vorgeführt. Dabei handelte es sich
jeweils bei der realistischen und fiktiven Gewaltdarstellung um eine
Kampfszene, die einmal innerhalb der Nachrichten und einmal innerhalb
eines Unterhaltungsfilmes auftauchte. Die Kontrollgruppe erhielt einen
normalen Film.
C) Verwendete Variablen und Operationalisierungen
(1) Wahrnehmung der Sendung als Realität, (2) Gefallen an dem Programm. (3) Die abhängigen Variablen bildeten das Ausmaß der Aggression

in hypothetischen Situationen (Leifer, Roberts 1972) und ein genereller Index für Verhaltensaggression.

D) Auswertungsmethoden

Varianzanalyse, t-Test.

E) Ergebnisse und Interpretationen

Die Studie belegt, daß sowohl die realitätsnahe TV-Version als auch die fiktive TV-Version größere Aggressivität bei den Versuchspersonen hervorbringen als in der Kontrollgruppe. Die Aggressivität der Probanden ist in der Nachrichtenversion (reale Gewalt) höher als in der Unterhaltungsversion (fiktive Gewalt), gemessen an der Verhaltensaggression. Die Unterschiede sind weniger eindeutig für die hypothetische Aggression. Das Ausmaß der Aggression ist ganz entscheidend von der Wahrnehmung des Medieninhaltes abhängig. Die Gewalt in Nachrichten wird für realer gehalten als Gewalt im Unterhaltungsprogramm, sie wird als aktueller und als der Wirklichkeit ähnlicher wahrgenommen als fiktive Gewalt, findet daher auch mehr Aufmerksamkeit. Die Ergebnisse führen den Autor zu dem Schluß, vor dem hohen Anteil an Gewalt in Nachrichtensendungen zu warnen.

038. **Diener, E., Defour, D.**: Does Television Violence Enhance Program Popularity? In: Journal of Personality and Social Psychology. Vol. 36 (1978), S. 333-341.

A) Inhaltliche Merkmale, Ziele und Hypothesen

Die Autoren legen zwei Studien vor, in denen die Wirkung fiktionaler TV-Gewalt auf die Popularität von Fernsehprogrammen untersucht wird. Im Vordergrund steht die Forschungsfrage, ob mit der Anzahl von Gewaltdarstellungen im Fernsehen die Programmpopularität wächst.

B) Methoden der Datenerhebung, Forschungsdesign, Stichproben

In der ersten Studie wurde der Umfang an TV-Gewalt, wie er sich aufgrund der Inhaltsanalyse von 11 Programmen ergab, mit der Einschaltquote (Nielsen-Index) korreliert. Außerdem wurde die Beliebtheit der Gewalt enthaltenden Programme ermittelt.

Die zweite Studie war ein Experiment, in dem eine Experimentalgruppe ein Programm mit hohem Gewaltanteil rezipierte, während die Kontrollgruppe eine um die Gewaltepisoden gekürzte Fassung erhielt. Außerdem wurden in beiden Studien Persönlichkeitsmerkmale über verschiedene Skalen erfaßt.

D) Auswertungsmethoden
Multiple Regression (1. Studie)
Varianzanalyse (2. Studie)
E) Ergebnisse und Interpretationen
Die Studien belegen, daß Gewaltdarstellungen nicht notwendigerweise
für die Popularität von Programmen verantwortlich sind. Die Popularität von Programmen hängt partiell auch von anderen Faktoren ab, z.B.
dem Zeitpunkt der Ausstrahlung, der Sequenz der Programme, der Gesamt-
erscheinung der Programme etc. Nur zu einem geringen Teil ist der Umfang von Gewaltdarstellungen für Popularitätsveränderungen verantwortlich. Darüber hinaus intervenieren Persönlichkeitsvariablen, insbesondere das Ausmaß an Aggression, in den Zusammenhang von Gewaltdarstellung und Programmpopularität. Vor allem männliche und von ihrer Per-
sönlichkeitsstruktur her besonders aggressive Fernsehzuschauer bevorzugen Gewaltdarstellungen in besonderem Maße. Gleichzeitig handelt es
sich dabei um einen Personenkreis, auf den das Fernsehen die schlimm-
ste Wirkung hat.

039. **Dienstbier, R.A.:** Sex and Violence: Can Research Have It Both
Ways? In: Journal of Communication. Vol. 27 (1977), S. 176-188.

A) Inhaltliche Merkmale, Ziele und Hypothesen
Theoretischer Beitrag zur Medienwirkung von Gewaltdarstellungen und
sexuellen Darstellungen im Fernsehen. Der Autor unterscheidet sorgfäl-
tig zwischen den Wirkungen, die von der einen Kategorie von Inhalten -
nämlich Gewalt - und der anderen Kategorie - sexuelle Darstellungen -
ausgehen und ist der Meinung, daß das lerntheoretische Modell von Bandura, das vielen Diskussionen zugrunde liegt, nicht angemessen sei,
denn dadurch würde die Wirkung von Pornographie im Vergleich zu der
von Gewaltdarstellungen eher unterstützt. Er schlägt daher einen neuen
psychologischen Ansatz vor, um die gegensätzlichen Befunde aus beiden
Bereichen auseinanderhalten zu können.

040. **Donnerstein, E., Berkowitz, L.:** Victim Reactions in Aggressive
Erotic Films as a Factor in Violence against Women. In: Journal
of Personality and Social Psychology. Vol. 41 (1981), S. 710-724.

A) Inhaltliche Merkmale, Ziele und Hypothesen
Gewaltdarstellungen in Medien. In Anlehnung an die arousal-Theorie
wird behauptet, daß auch ein Kontakt mit erotischem Film-Material

Aggressionen erhöhen kann. Für das Ausmaß der erzeugten Aggressionen seien auch die Reaktionen des Opfers entscheidend. Aggressive Reaktionen würden durch die jeweiligen Reaktionen des Opfers erleichtert. Darüber hinaus sei auch der Zustand der Seher vor Beginn der Filmrezeption (z.B. ärgerlich oder nicht-ärgerlich) zu beachten. Diese Überlegungen untersuchen die Autoren anhand von

B) Methoden der Datenerhebung, Forschungsdesign, Stichproben
Zwei Experimenten mit jeweils 80 Studenten.

C) Verwendete Variablen und Operationalisierungen
Im ersten Experiment wurden die Versuchspersonen durch entweder einen männlichen oder weiblichen Vertrauten des Versuchsleiters in Ärger versetzt. Dann wurde ihnen ein neutraler oder einer der drei erotischen Filme gezeigt. Die erotischen Filme unterschieden sich nach dem Grad ihres aggressiven Inhaltes (zwei waren aggressiv, einer nicht-aggressiv) und hinsichtlich der Reaktionen der Opfer (positive oder negative Reaktion). Danach wurde den Versuchspersonen erlaubt, den Vertrauten des Versuchsleiters mit Elektroschocks zu bestrafen. Im zweiten Experiment wurden die Effekte der Filme auf die vorher nicht verärgerten Seher bei ausschließlich weiblichen Vertrauten untersucht.

D) Auswertungsmethoden
Varianzanalyse/t-Test.

E) Ergebnisse und Interpretationen
Die Ergebnisse belegen, daß aggressive erotische Filme die Aggressionen gegenüber Frauen erhöhen, nicht aber gegenüber Männern. Bei zuvor nicht-verärgerten Versuchspersonen erhöhte nur der Film mit der positiven Reaktion der weiblichen Opfer die Aggressionen der Versuchspersonen. Die Autoren geben Hinweise auf die möglichen Effekte von Pornographie, in der häufig die "Opferbereitschaft" des Opfers herausgestellt wird.

041. **Fenigstein, A.:** Does Aggression Cause a Preference for Viewing Media Violence? In: Journal of Personality and Social Psychology. Vol. 37 (1979), S. 2307-2317.

A) Inhaltliche Merkmale, Ziele und Hypothesen
Bei dieser Studie handelt es sich um einen Beitrag, in dem der Autor Gründe für die Nutzung von medialen Gewaltdarstellungen aufweisen möchte. Anhand von zwei Experimenten sollen folgende Hypothesen überprüft werden:

1. Diejenigen Personen, die aggressive Phantasien erleben, haben ein größeres Interesse an der Nutzung von Gewaltdarstellungen, als Personen, die nicht-aggressive Phantasien artikulieren.
2. Physische Aggression erhöht die Präferenz für Gewaltdarstellungen.

B) Methoden der Datenerhebung, Forschungsdesign, Stichproben
Zwei Experimente mit Studenten:
N_1 = 45 Frauen, 42 Männer; N_2 = 46 Männer.

C) Verwendete Variablen und Operationalisierungen
Die unabhängigen Variablen bildeten 1. das Ausmaß physischer Aggressionen und 2. das Ausmaß aggressiver bzw. nichtaggressiver Phantasien. Die abhängige Variable der Präferenz für Gewaltdarstellungen wurde durch die Auswahl von entsprechenden Filmclips erfaßt.

D) Auswertungsmethoden
Varianzanalyse

E) Ergebnisse und Interpretationen
Die Studie zeigt, daß mit dem Ausmaß aggressiver Phantasien der Umfang von Gewaltdarstellungen im ausgewählten Filmmaterial wächst. Die Filme, die Männer auswählten, enthielten aber einen höheren Anteil an Gewaltdarstellungen als die Filme, die Frauen selektierten. Die zweite Studie verdeutlicht, daß Männer, die physische Aggressionen haben, eher Filme mit Gewaltdarstellungen wählen, als nicht-aggressive Versuchspersonen. Zur weiteren Interpretation der Befunde werden die Katharsistheorie und die Theorie des Vergleichs herangezogen: Personen wählen Gewaltdarstellungen vor allem aufgrund langfristiger, situationell induzierter aggressiver Gedanken und Handlungsweisen. Die kausalen Effekte werden jedoch insgesamt als "bidirectional" beschrieben. So wie die Nutzung von Gewaltdarstellungen die Aggressionen erhöht, könnte aggressives Verhalten die Präferenz für Gewaltdarstellungen steigern.

042. **Jennings, B., Carveth, R.A., Brown, D.:** Television Viewing and Anxiety: An Experimental Examination. In: Journal of Communication. Vol. 31 (1981), S. 106-119.

A) Inhaltliche Merkmale, Ziele und Hypothesen
In Anlehnung an die Vielseherforschung von Gerbner et al. untersuchen die Autoren, inwiefern Gewaltdarstellungen im Fernsehen die Ängstlichkeit der Zuschauer hervorrufen, oder ob schon bestehende Ängstlichkeit bei Personen dazu führt, daß sie zu Vielsehern von Gewaltdarstellungen werden. Ängstliche Seher könnten nämlich zu Vielsehern von Abenteuer-

und Krimiserien werden, um vorhandene Angst und Spannungen durch die
Mediennutzung zu reduzieren. Gleichzeitig weisen die Autoren darauf
hin, daß Vielsehen nicht gleich Vielsehen sei, da es darauf ankomme,
ob in den Gewaltdarstellungen Gerechtigkeit "siege". In den Fällen, in
denen dies nicht gegeben sei, würde die Angst der Zuschauer am größten
sein.

B) Methoden der Datenerhebung, Forschungsdesign, Stichproben

Experiment mit N = 90 Studenten. Es wurden zwei Experimentalgruppen
gebildet, von denen eine 30 Stunden Abenteuer-Programme sah, in denen
Gerechtigkeit dominierte ("heavy viewing/justice depicting"), die andere Gruppe sah ebenso lang Programme, in denen im Ergebnis Ungerech-
tigkeit dominierte ("heavy viewing/injustice depicting"). Eine Kontrollgruppe bildeten Wenigseher. Die Messung der manifesten Angst mit
Taylor's (1953) Skala, die auf breiterer Basis erfolgte, ließ eine
Aufspaltung der Studenten in 45 Personen mit geringer Angst und 45 mit
hoher Angst zu (N = 90), die dann entsprechend auf Experimentalgruppen
und die Kontrollgruppe verteilt wurden.

C) Verwendete Variablen und Operationalisierungen

Messung der Angst mit der Skala von Taylor und den drei Items, die
Gerbner et al. verwenden. Außerdem wurde das Medienkonsum- und -nut-
zungsverhalten anhand der Tagebuch-Methode erfaßt.

D) Auswertungsmethoden

Varianzanalyse

E) Ergebnisse und Interpretationen

Der stärkste Effekt ergibt sich bei den Studenten, die Vielseher von
Inhalten sind, in denen es ungerecht zugeht. Sowohl wenig ängstliche
als auch ängstliche Befragte zeigen eine signifikante Zunahme der
Angst unter dieser Sehbedingung. Die größte Zunahme ergibt sich bei
den bereits ängstlich prädispositionierten Individuen. Studenten, die
im Experiment Vielseher "gerechten" Materials waren, sahen in der Folge freiwillig mehr Actionfilme als Personen, die sich in der Vielse-
hergruppe befanden, in der der Ausgang der Programme ungerecht war.
Die Behauptung, daß Angst Vielsehen begünstige, wird durch die Ergebnisse der Studie nicht bestätigt, sondern vielmehr die Vielseherthese
der Gerbner-Gruppe: Das Vielsehen von Action- und Abenteuerserien erhöhte die Ängstlichkeit sogar unter den anfänglich wenig ängstlichen
Rezipienten. Die Wirkungsweise der Seherangst kann in der Studie, in
der langfristige Wirkungen nicht erfaßt werden, nicht endgültig ge-
klärt werden.

043. **Mueller, Ch. et al.**: Facilitative Effects of Media Violence on
Helping. In: Psychological Reports. Vol. 40 (1977), S. 775-778.

A) Inhaltliche Merkmale, Ziele und Hypothesen
Test des 2-Faktoren-Transfermodells von Tannenbaum und Zillmann
(1975). Untersucht wird die Wirkung erregender Inhalte auf positive
Reaktionsverstärkungen. Folgende Thesen werden geprüft:
1. Beleidigte Personen handeln aggressiver und erweisen sich als weniger hilfsbereit als neutral behandelte Personen.
2. Beleidigte Personen, die erregende Filme sehen, sind aggressiver
als beleidigte Personen, die einen neutralen Film sehen.
3. Positiv verstärkte Personen (Lob) sind hilfreicher, wenn sie einen
stimulierenden Film gesehen haben, als mit Lob bedachte Personen, die
einen neutralen Film gesehen haben.
B) Methoden der Datenerhebung, Forschungsdesign, Stichproben
Experiment mit N = 83 weiblichen Studenten.
C) Verwendete Variablen und Operationalisierungen
(1) Unabhängige Variablen: (a) Drei Filme (aggressiv, erregend ("arou-
sing"), neutral); (b) unterschiedliche Behandlung der Probanden vor
dem Ansehen des Films: Lob, Tadel/Kritik, Neutralität.
(2) Abhängige Variablen: (a) Aggression (7-Punkte Skala, sechs Items);
(b) Hilfe bei Gewinnung von Blutspendern.
D) Auswertungsmethoden
Varianzanalyse
E) Ergebnisse und Interpretationen
Die Ergebnisse bestätigen nicht die Hypothesen, die auf dem Modell basieren. Die beleidigten Versuchspersonen waren aggressiver als die zuvor gelobten bzw. neutral behandelten und waren überhaupt nicht hilfsbereit. Der erregende Film hatte keinen entscheidenden Einfluß auf die
Aggression bzw. Hilfsbereitschaft. Dafür bestärkte der aggressive Film
die Probanden, Hilfe zu leisten, wirkte also genau entgegengesetzt wie
ursprünglich angenommen. Die Autoren erklären die Befunde damit, daß
die erzeugte Erregung in der "arousal"-Version zu gering gewesen sei,
um Aggressivität hervorzubringen. Durch das Ansehen des aggressiven
Filmes könnten Schuldgefühle ausgelöst worden sein, die zur Hilfelei-
stung geführt haben können.

044. **Tan, A.S., Scruggs, K.J.:** Does Exposure to Comic Book Violence
Lead to Aggression in Children? In:Journalism Quarterly. Vol. 57
(1980), S. 579-583.

A) Inhaltliche Merkmale, Ziele und Hypothesen
Führt der Konsum von gewalthaltigen Comicheften zu verstärkter Aggression bei Kindern? Die Grundlage für die Studie bildete die Stimula-
tionsthese und das Modell von Bandura ("social learning theory"), in
dem behauptet wird, daß durch die Beobachtung von Modellen Verhaltens-
und Wertemuster gelernt werden. Die Autoren wollen feststellen, ob
durch das Lesen von Gewalt enthaltenden Comics Kinder aggressive Verhaltensweisen erlernen oder aggressive Akte anerkennen.
B) Methoden der Datenerhebung, Forschungsdesign, Stichproben
Experiment in mehreren Schulklassen (N = 95 Kinder). In jeder Klasse
erhielt eine Hälfte der Kinder Comics mit gewalthaltigen Inhalten, die
andere Hälfte bekam keine Comics, die Gewaltakte enthielten.
C) Verwendete Variablen und Operationalisierungen
Abhängige Variable: Grad der Aggression (physische und verbale Aggression), gemessen mit Punktewerten nach einer Skala von Leifer und Roberts (1972) (abgedruckt in Fußnote 16, S. 581), hierarchischer Ska-
lenaufbau.
D) Auswertungsmethoden
Punktevergleich mittels Varianzanalyse.
E) Ergebnisse und Interpretationen
Es konnten keine kurzfristigen Effekte der Gewalt enthaltenden Comics
auf die physische oder verbale Aggression nachgewiesen werden. Als Erklärung führen die Autoren an, daß das rezipierte Material als Phanta-
sie-Inhalt empfunden wird. Es könnte allerdings möglich sein, daß -
längerfristig betrachtet - kumulative Effekte beim Lesen von Comics
auftreten. Ein Beweis dafür müßte in einer Langzeitstudie erbracht
werden.

045. **Teevan, J.J., Hartnagel, T.F.:** The Effect of Television Violence
on the Perceptions of Crime by Adolescents. Sociology and Social
Research. Vol. 60 (1976), S. 337-348.

A) Inhaltliche Merkmale, Ziele und Hypothesen
Die Studie befaßt sich mit der Wahrnehmung von Gewalt, bedingt durch
Fernsehkriminalität, wie sie in beliebten Unterhaltungsserien angebo-
ten wird. Die Autoren versuchen, folgende Forschungsfragen zu beant-

worten: Ist die Zuwendung zu TV-Kriminalität mit einer größeren Wahrnehmung von Gewalt und defensiven Reaktionen gegenüber Kriminalität
verbunden? Wie reagieren insbesondere Personen, die die TV-Inhalte als
Gewaltakte wahrnehmen?

B) Methoden der Datenerhebung, Forschungsdesign, Stichproben
Umfrage bei N = 2000 Schülern

C) Verwendete Variablen und Operationalisierungen
(1) Auflistung der Lieblingsprogramme (violence-rating durch Forschungsgruppe);
(2) Wahrnehmung von Gewalt im Programm;
(3) Defensive Reaktionen;
(4) Wahrnehmung von Gewalt generell.

D) Auswertungsmethoden
Häufigkeiten, Kreuztabellenanalyse.

E) Ergebnisse und Interpretationen
Fernsehunterhaltung, die Gewalt enthält, führt nicht eindeutig zur
entsprechenden Wahrnehmung von Gewalt und entsprechenden defensiven
Reaktionen der Zuschauer. Offenbar gibt es auch noch andere Quellen
der Angst als die beliebten Unterhaltungsprogramme. Die Programme werden im übrigen subjektiv nicht als so gewaltsam wahrgenommen, wie dies
von den Forschern objektiv festgestellt wurde. Die Autoren vermuten
eine gewisse Desensibilisierung bei den Zuschauern.

046. **Thomas, M.H. et al.:** Desensitization to Portrayals of Real-Life
Aggression as a Function of Exposure to Television Violence. In:
Journal of Personality and Social Psychology. Vol. 35 (1977),
S. 450-458.

A) Inhaltliche Merkmale, Ziele und Hypothesen
Die Untersuchung befaßt sich mit der Wirkung fiktiver Gewalt auf das
Erleben nachfolgender realer Aggressionen im Fernsehen. Zwei Hypothesen werden getestet: (1) Personen, die zuerst ein aggressives TV-Programm (fiktiven Inhalts) gesehen haben, reagieren weniger emotional
(gemessen an physiologischen Reaktionen) auf die Darstellung realer
Aggressionen als Subjekte, die den neutralen Kontrollfilm gesehen haben. (2) Es wird eine negative Korrelation zwischen dem Umfang der
Nutzung von Gewaltdarstellungen und der emotionalen Reaktivität auf
aggressive Filme vermutet.

B) Methoden der Datenerhebung, Forschungsdesign, Stichproben
Zwei Experimente mit Kindern und Studenten.

C) Verwendete Variablen und Operationalisierungen

Die Experimentalgruppen sehen zuerst das gewalthaltige TV-Programm, danach erfolgt eine Messung der Reaktionen auf die Videodarstellung realer Gewalt. Die Kontrollgruppen sehen zuerst einen neutralen Film. Die physiologischen Reaktionen werden mit Hilfe der Hautwiderstandsmessung und galvanischen Reaktionen gemessen; Feststellung des Umfanges der Mediennutzung von Gewaltdarstellungen.

D) Auswertungsmethoden

Varianzanalyse

E) Ergebnisse und Interpretationen

Beide Hypothesen konnten von den Autoren der Studie bestätigt werden. Mit Ausnahme der weiblichen Studenten wurden die Personen, die die aggressiven TV-Dramen gesehen hatten, durch die nachfolgenden aggressiven Inhalte realen Ursprungs geringer erregt als Personen der Kontrollgruppe. Für die meisten Subjekte ergab sich außerdem, daß häufiger Konsum von Gewaltdarstellungen zu Abstumpfungseffekten führt.

3.2 "Natürliche" Designs, Feldversuche, Langzeitwirkung

047. **Atkin, C., Greenby, B. et al.:** Selective Exposure to Televised Violence. In: Journal of Broadcasting. Vol. 23 (1979), S. 5-15.

A) Inhaltliche Merkmale, Ziele und Hypothesen

Anwendung der These der selektiven Zuwendung auf die Nutzung von Fernsehgewalt. Es wird angenommen, daß Programme, die Action und Aggressionen enthalten, von den dafür prädispositionierten Rezipienten aufgenommen werden. Darüber hinaus können intrinsische Bedürfnisse und instrumentelle Nutzenabwägungen die Medienzuwendung steuern. Die Autoren der Studie untersuchen folgende These: Die Zuschauer werden sich selektiv bestimmten Programmen zuwenden, die ihre aggressiven Prädispositionen unterstützen.

B) Methoden der Datenerhebung, Forschungsdesign, Stichproben

2-wellige Panelumfrage bei N = 227 Kindern und Müttern. Inhaltsanalyse der rezipierten Programme (Bestimmung des Anteils aggressiver Handlungen).

C) Verwendete Variablen und Operationalisierungen

(1) Feststellung der Medienzuwendung zu 29 Fernsehprogrammen (darunter z.B. Hawai 5-0, Starsky und Hutch etc), Sehhäufigkeit;

(2) Psychische Disposition für Aggressivität gemessen an hypotheti-

schen Reaktionen auf frustrierende Situationen;

(3) Ausmaß an Verboten durch die Mütter, solche Sendungen zu konsumieren;

(4) Soziodemografie.

D) Auswertungsmethoden

Multiple Regression.

E) Ergebnisse und Interpretationen

Kinder, die zum Zeitpunkt 1 verbale Aggressionen zeigten, sahen zum Zeitpunkt 2 deutlich mehr TV-Programme mit aggressivem Inhalt an als Kinder, die nicht so aggressiv waren. Es besteht eine eindeutige Beziehung zwischen den Prädispositionen und der TV-Programmwahl, so daß sich die These der selektiven Zuwendung für die Nutzung von gewalthaltigen TV-Programmen bestätigt. Nicht das Sehen solcher Programme verursacht demnach Aggressionen, sondern die Sequenz Aggression - Nutzung ist entscheidend. In den durch Restriktionen (TV-Verbot) gekennzeichneten Subgruppen ist die Korrelation zwischen aggressiven Prädispositionen und der TV-Nutzung von Fernsehgewalt freilich niedriger.

048. **Cantor, J., Reilly, S.:** Adolescents' Fright Reactions to Television and Films. In: Journal of Communication. Vol. 32 (1982), S. 87-99.

A) Inhaltliche Merkmale, Ziele und Hypothesen

Wirkungsstudie zur Angsterzeugung durch TV-Filme und TV-Shows. Die Studie untersucht die unmittelbaren emotionalen Effekte, die von angsterzeugenden Fernsehdarstellungen ausgehen. Im Rahmen der Studie soll festgestellt werden, wie häufig Heranwachsende Schreckreaktionen erfahren, und wie häufig sie sich noch an Schreckreaktionen erinnern, als sie jünger waren.

B) Methoden der Datenerhebung, Forschungsdesign, Stichproben

N_1 = 63 Schüler und N_2 = 210 Hochschüler wurden befragt (Grupppeninterviews). Außerdem wurden Telefoninterviews mit allen Müttern der Schüler und mit 38 Müttern der Hochschüler geführt.

C) Verwendete Variablen und Operationalisierungen

(1) 10 Fragen über angstregende Medien; (2) Häufigkeit von Schreckreaktionen: a) "Manchmal sehen Leute im TV oder Kino angstregende Dinge. Manchmal fühlen sie sich lange danach nervös, haben Schlafschwierigkeiten oder schlechte Träume. Wie oft ist Dir das passiert, als Du noch ein Kind warst (nie, selten, manchmal, häufig)?" b) "Wie

oft ist dies in letzter Zeit passiert?" (3) Alter, Geschlecht; (4) Gefallen an angsterregenden Inhalten.

D) Auswertungsmethoden

Varianzanalysen.

E) Ergebnisse und Interpretationen

Angsterzeugende Fernsehdarstellungen sind bei Schülern und Hochschülern sehr populär und erfahren eine verbreitete Nutzung. Die Nutzung
angsterregender Darstellungen führt vor allem bei den Jugendlichen
eine Reaktivierung vergangener Erfahrung herbei: Die Reaktivierung
angsterregender Darstellungen in der Gegenwart wird der Tendenz nach
bestätigt. Ältere scheinen mit angsterzeugendem Filmmaterial besser
umgehen zu können als Jüngere. Hochreaktive Kinder sind in bezug auf
die Mediennutzung häufiger Restriktionen durch die Eltern unterworfen:
Solche Restriktionen erzeugen 1.) eine mangelnde Bewältigung der
Angst, 2.) induzieren unkontrolliertes Verhalten und 3.) verhindern
künftige Erfahrungen. Mütter schätzen die Häufigkeit der Angstempfin-
dungen ihrer Kinder niedriger ein als es die Kinder selbst tun.

049. **Cantor, J., Sparks, G.G.:** Childrens Fear Responses to Mass Media:
    Testing Some Piagetian Predictions. In: Journal of Communication.
    Vol. 34 (1984), S. 90-103.

A) Inhaltliche Merkmale, Ziele und Hypothesen

Anwendung der kognitiven Entwicklungstheorie auf die Gewaltforschung.
Die Autoren untersuchen, ob sich je nach dem Grad der kognitiven Entwicklung Unterschiede in den Angstreaktionen der Kinder auf furchter-
regende Darstellungen in den Massenmedien ergeben.

B) Methoden der Datenerhebung, Forschungsdesign, Stichproben

Schriftliche Umfrage bei den Eltern von Kindern unterschiedlicher
Klassen in Schulen von Madison. (N = 439 zurückerhaltene Interviews).

C) Verwendete Variablen und Operationalisierungen

Welche TV-Sendungen erzeugen die meiste Angst, Schlafstörungen etc.?
Welche Wirkungen gehen von Fantasie- und fiktiven Inhalten im Vergleich zu realitätsnahen Inhalten aus? Beschreibung der Szenen, Ereignisse usw., die Angst bei den Kinder erzeugen.

D) Auswertungsmethoden

Chi-Square.

E) Ergebnisse und Interpretationen

Die Untersuchungsergebnisse belegen, daß für Vorschulkinder alles erschreckend ist, was nur irgendwie furchterregend aussieht. Für ältere

Kinder ist dagegen das, was tatsächlich geschehen könnte bzw. geschieht - also real ist - deutlich erschreckender, als das, was nur fiktiv dargestellt wird - also nicht geschehen kann. Die Untersuchung macht deutlich, daß die Anwendung der kognitiven Entwicklungsetappen von Piaget auf die Problematik der Gewaltforschung nützlich ist.

050. **Jaehnig, W.B., Weaver, D.H., Fico, F.**: Reporting Crime and Fearing Crime in Three Communities. In: Journal of Communication. Vol. 31 (1981), S. 88-96.

A) Inhaltliche Merkmale, Ziele und Hypothesen
Am Beispiel der Presseberichterstattung über Kriminalität in verschiedenen Gemeinden der USA untersuchen die Autoren, 1. ob die öffentliche Wahrnehmung von Kriminalität in unterschiedlich stark verstädterten Gebieten differiert, 2. inwiefern sich die Presseberichterstattung mit den Statistiken der Polizei deckt, 3. ob persönliche Erfahrungen und persönliches Wissen der Bürger durch die Presse vermittelt sind und 4. ob das Wissen über Kriminalität und die Angst, ein Opfer der Kriminalität zu werden, aufeinander bezogen sind. Die Autoren vermuten, daß zwischen der Berichterstattung über Kriminalität, öffentlicher Meinung über Kriminalität und der Angst, in Kriminalität verwickelt zu werden, ein signifikanter Zusammenhang besteht.
B) Methoden der Datenerhebung, Forschungsdesign, Stichproben
Inhaltsanalyse der Presse-Berichterstattung in den drei Gemeinden. Panelumfrage mit jeweils 45 Personen in drei Gemeinden.
C) Verwendete Variablen und Operationalisierungen
I. Inhaltsanalyse: Kodierung der Artikel über den Zeitraum von 1/2 Jahr (u.a. Berichterstattung über Kriminalität, Anzahl, Eigenschaften).
II. Umfrage: (1) Umfang der Mediennutzung; (2) Soziodemografie; (3) Angst, in Kriminalität verwickelt zu werden ("Are you personally concerned about becoming a victim of crime?").
III. Sekundäranalyse von Statistiken über Kriminalität.
D) Auswertungsmethoden
Korrelationen, Häufigkeiten.
E) Ergebnisse und Interpretationen
In den untersuchten Städten korrelierte der Umfang der Presseberichterstattung über Kriminalität sehr eng mit der Anzahl gewalttätiger Akte von Kriminalität pro Einwohner. In der Meinung der Bevölkerung über Kriminalität spiegeln sich allerdings eher die vergleichsweise selte-

nen, aber schweren Fälle von Kriminalität wider, die in einigen der
untersuchten Städte eine beträchtliche Angst der Befragten, in krimi-
nelle Akte verwickelt zu werden, hervorrufen: Die Presse-Berichterstattung über solche Fälle hat nach Aussagen der Autoren Wirkung auf
die öffentliche Meinung.

051. **Phillips, D.P.:** The Impact of Fictional Television Stories on
U.S. Adult Fatalities: New Evidence on the Effect of the Mass Media on Violence. In: American Journal of Sociology. Vol. 87
(1981), S. 1340-1359.

A) Inhaltliche Merkmale, Ziele und Hypothesen
Phillips untersucht mit Hilfe von Inhaltsanalysen und Sekundärstati-
stiken die Zusammenhänge zwischen fiktionalen Gewaltdarstellungen im
Fernsehen und (imitativen) Selbstmorden, Unfällen und geplanten Unfäl-
len in der Wirklichkeit.
B) Methoden der Datenerhebung, Forschungsdesign, Stichproben
Inhaltsanalyse der "Soap-Operas"; Analyse der Sterberegister.
C) Verwendete Variablen und Operationalisierungen
Zeitliche Korrelation zwischen Seifenopern-Folgen mit Selbstmorddar-
stellungen und tatsächlich verübten Selbstmorden, Autounfällen,
nicht-zufälligen Unfällen. Bildung von "natürlichen" Experimental- und
Kontrollperioden. Zusätzliche Kontrolle von saisonalen Schwankungen,
Tageseinflüssen, realen Selbstmord-Geschichten und linearem Trend.
D) Auswertungsmethoden
Regressionsanalyse, Korrelation, t-Tests.
E) Ergebnisse und Interpretationen
Die Hypothese, daß fiktive Selbstmorde in Seifenopern die Selbstmord-
und Unfallrate in der Bevölkerung ansteigen lassen, wurde anhand dieses "Tatsachenvergleichs" bestätigt. Alle Zunahmen in der Selbstmord-
rate sind statistisch signifikant und bleiben trotz Kontrolle zusätz-
licher Variablen, wie z.B. saisonale Schwankungen, Anzahl nicht-fikti-
ver, realer Selbstmorde usw., erhalten. Es zeigt sich außerdem, daß
weibliche Personen in den USA proportional häufiger als Männer Selbstmorde verüben.

052. **Phillips, D.P.:** The Impact of Mass Media Violence on U.S. Homi-
     cides. In: American Sociological Review. Vol. 48 (1983), S. 560-
     568.

A) Inhaltliche Merkmale, Ziele und Hypothesen
Der Autor untersucht mit Hilfe von Sekundärstatistiken, inwieweit Ge-
waltdarstellungen im Fernsehen die tatsächliche Mord- und Totschlags-
rate in den Vereinigten Staaten beeinflussen.
B) Methoden der Datenerhebung, Forschungsdesign, Stichproben
Inhaltsanalyse der TV-Berichterstattung; Sekundärstatistik.
C) Verwendete Variablen und Operationalisierungen
Datenvergleich: Preisgekrönte Schwergewichtsboxkämpfe im TV (1973-
1978) und Statistik über Mord- und Totschlagsfälle im selben Zeitraum.
D) Auswertungsmethoden
Standardisierte Zeitreihen-Regressionsanalyse.
E) Ergebnisse und Interpretationen
Unmittelbar nach der Ausstrahlung der Boxkämpfe im Fernsehen stiegen
in den USA die Totschläge kurzfristig um 12,5 Prozent an. Der Anstieg
ist am größten nach intensiver Medienberichterstattung über preisgekrönte Kämpfe. Eine Korrektur durch saisonale Trends und externe Variablen ändert nichts am Effekt. Schwergewichtsboxkämpfe scheinen fa-
tale aggressive Verhaltensweisen bei den US-Bürgern hervorzurufen.

053. **Phillips, D.P.:** The Behavioral Impact of Violence in the Mass Me-
     dia: A Review of the Evidence from Laboratory an Nonlaboratory
     Investigations. In: Sociology and Social Research. Vol. 66
     (1982), S. 387-398 .

A) Inhaltliche Merkmale, Ziele und Hypothesen
Theoretischer Beitrag zur Gewaltforschung. Gewaltdarstellungen im
Fernsehen sind nach Auffassung des Autors von Psychologen, nicht aber
von den Soziologen untersucht worden. An eine Kritik der Designs von
Laborstudien schließt der Autor eine Darstellung "natürlicher" Unter-
suchungsdesigns an, die er in solche unterscheidet, in denen Untersu-
chungsleiter eingreifen - sog. "hands-on"-Feldexperimente und solche,
in denen auf natürliche Weise Experimental- und Kontrollgruppen entstehen. Beide Untersuchungsmethoden werden auf ihre Vor- und Nachteile
überprüft.

054. **Sebastian, R.J., Parke, R.D., Berkowitz, L., West, S.G.:** Film
     Violence and Verbal Aggression: A Naturalistic Study. In: Journal
     of Communication. Vol. 28 (1978), S. 164-173.

A) Inhaltliche Merkmale, Ziele und Hypothesen
Die Untersuchung befaßt sich mit den Effekten von Gewaltdarstellungen.
Die Autoren möchten die Verallgemeinerbarkeit der in Laborversuchen
gewonnenen Ergebnisse auf natürliche Situationen überprüfen. Da Labor-
versuche nur die kurzfristige Wirkung erfassen können, komme es darauf
an, ein Design zu entwickeln, das die Messung kumulativer Effekte ermöglicht. Durch fortgesetzten Kontakt mit Gewaltdarstellungen könnte
z.B. auch eine Habitualisierung bei den Probanden eintreten, die auf-
getretenen Aggressionen sich also verringern.

B) Methoden der Datenerhebung, Forschungsdesign, Stichproben
Feldexperiment mit N = 74 Jungen, die sich über einen längeren Zeitraum in vier Häusern ("cottages") aufhielten.

C) Verwendete Variablen und Operationalisierungen
Innerhalb einer 5-Tage-Woche (Montag bis Freitag) sah eine Gruppe jeweils abends einen aggressiven Film (insgesamt fünf), die andere sah
entsprechend (fünf) nicht-aggressive Filme. Die Jungen der anderen
beiden Gruppen sahen in der Woche entweder nur einen aggressiven oder
einen nichtaggressiven Film am letzten Tag. Es wurden nur Filme aus
der normalen Fernsehproduktion verwendet. Die Jungen einer jeden Gruppe wurden am darauffolgenden Samstag zufällig einer von beiden Bedingungen ausgesetzt, in denen sie vom Versuchsleiter entweder leicht
oder sehr stark geärgert bzw. kritisiert wurden.
Mit Hilfe der 10-Punkte Skala von Mosher (1965) wurde dann das Ausmaß
verbaler Aggressionen ermittelt.

D) Auswertungsmethoden
Varianzanalyse.

E) Ergebnisse und Interpretationen
Die Testpersonen, die die fünf aggressiven Filme gesehen hatten, zeigten signifikant häufiger verbale Aggressivität als diejenigen, die die
nicht-aggressiven Filme verfolgt hatten. Diejenigen, die stärker pro-
voziert worden waren, waren auch deutlich aggressiver als die weniger
stark provozierten. Es konnten allerdings keine eindeutigen Schlußfolgerungen über die unterschiedlichen Effekte einmaligen bzw. mehrmali-
gen Kontaktes mit aggressiven Filmen gezogen werden. Obwohl sich der
Filmeffekt bei der Gruppe mit einmaligem Kontakt deutlicher zeigte,

unterstützen die Befunde nicht die Sättigungs- bzw. Habitualisierungsthese.

055. **Singer, J.L., Singer, D.G., Rapaczynski, W.S.:** Family Patterns
and Television Viewing as Predictors of Childrens' Beliefs and
Aggression. In: Journal of Communication. Vol. 34 (1984), S. 73-
89.

A) Inhaltliche Merkmale, Ziele und Hypothesen
Untersuchung der langfristigen Wirkung von Gewaltdarstellungen auf
Kinder: Wie wirken sich TV-Konsum und das Muster der familiären
TV-Nutzung auf das Verhalten und die Überzeugungen von Kindern aus?
B) Methoden der Datenerhebung, Forschungsdesign, Stichproben
Als Kohortenanalyse angelegte Feldstudie. Interviews mit N = 63 Kindern zu drei verschiedenen Zeitpunkten. Zu Beginn der Untersuchung waren die Kinder vier, am Ende neun Jahre alt. Interviews mit den Müttern.
C) Verwendete Variablen und Operationalisierungen
Unabhängige Variablen, z.B.:
(1) TV-Nutzung von Abenteuerprogrammen (real, fiktiv);
(2) Restriktionen in der TV-Situation;
(3) Elternverhalten (kulturelle Varietät, Erziehungsstil usw.)
Abhängige Variablen:
(1) "Belief"-System: Gerbners "scary world Test";
(2) Physische Aggression: Reaktion des Kindes in verschiedenen Situationen;
(3) Motorische Aktivität: Aushalten von Pausen, Selbstkontrolle, Ruhelosigkeit.
D) Auswertungsmethoden
Multiple Regression zur Feststellung, inwiefern Familienmuster und
TV-Konsum in unterschiedlichem Maße die Ausprägung der abhängigen Variablen bedingen.
E) Ergebnisse und Interpretationen
Hoher TV-Konsum von realistischen Gewaltdarstellungen führt zu späterem aggressiven Verhalten, zu Ruhelosigkeit und zu einer negativen
Überzeugung bezüglich der Eigenschaften der Welt. Von den Medien gehen
somit Langfristwirkungen aus. Dieses Ergebnis läßt sich auch trotz
multipler Kontrolle der anderen Variablen stützen. Etwas schwächere
Wirkungen als das Fernsehen haben die Familienvariablen (Erziehungs-

stil, Disziplinierung, Aktivität der Mutter) auf das spätere Verhalten.

056. **Wober, M.:** Who Views Violence in Britain? In: Journalism Quarterly. Vol. 28 (1978), S. 172-175.

A) Inhaltliche Merkmale, Ziele und Hypothesen
Nutzung von Gewaltdarstellungen. Die Autorin geht einerseits davon aus, daß aktive Fernsehzuschauer ihre Bedürfnisse mit der Programmauswahl abstimmen. Andererseits gebe es Fernsehzuschauer, die ihren selektiven Interessen bei der Programmauswahl nicht folgen, sich eher zufällig verhalten ("random model"). Im folgenden wird untersucht, wie sich die Zuschauer von Fernsehprogrammen, in denen Gewaltdarstellungen vorherrschen, zusammensetzen.
B) Methoden der Datenerhebung, Forschungsdesign, Stichproben
Befragung von 1000 erwachsenen Fernsehzuschauern in London aus dem BBC-Fernsehpanel.
C) Verwendete Variablen und Operationalisierungen
(1) Programmpräferenzen; (2) Umfang der Fernsehnutzung; (3) Anteil der gesehenen Programme, die Gewaltdarstellungen enthalten; (4) Soziodemografie.
D) Auswertungsmethoden
Chi-Square, Häufigkeiten, Partiale Korrelation (Umfang der TV-Nutzung wird kontrolliert).
E) Ergebnisse und Interpretationen
Die Ergebnisse zeigen, daß vor allem junge Zuschauer im Alter von 18 - 34 Jahren einen höheren Anteil von Programmen, die Gewaltdarstellungen enthalten, nutzen, wohingegen ältere Zuschauer weniger oft Gewaltdarstellungen konsumieren. Die Kontrolle des Umfangs der TV-Nutzung zeigt, daß die starken Seher offenbar gezielt Gewaltdarstellungen rezipieren, während dieser lineare Trend für leichte Seher nicht nachweisbar ist. Die Autorin interpretiert diesen Befund dahingehend, daß für die Vielseher eine bewußte Wahl (Selektion) gewalttätiger Darstellungen unterstellt werden kann, während die Wenigseher eher zufällig auf entsprechende Programme stoßen (stochastisches Modell).

4. Vielseherforschung und Kultivierungsanalyse

057. **Blank, D.M.:** The Gerbner Violence Profile. In: Journal of Broadcasting. Vol. 21 (1977), S. 273-279.

A) Inhaltliche Merkmale, Ziele und Hypothesen
Theoretische Diskussion über die Brauchbarkeit der "Violence-Profile" von Gerbner et al. in der Fernsehforschung. Der Autor erläutert, warum seiner Meinung nach "Violence-Index" und "Risk-Ratio" als Mittel der Inhaltsanalyse von TV-Programmen ein falsches Bild von den Programminhalten vermitteln. In einem Folgebeitrag nehmen Gerbner et al. zu der Kritik Stellung (In: Ebenda, S. 280-286).

058. **Buerkel-Rothfuss, N.L., Mayes, S.:** Soap Opera Viewing: The Cultivation Effect. In: Journal of Communication. Vol. 31 (1981), S. 108-115.

A) Inhaltliche Merkmale, Ziele und Hypothesen
Die Autorinnen untersuchen die Beziehung zwischen der Mediennutzung von Soap Operas und den Vorstellungen über Personen und Ereignisse in der Realität. In Anlehnung an Gerbner et al. wird erwartet, daß häufiger Konsum von Soap Operas zu einer entsprechenden Abschätzung von realen Problemen führt, etwa zur Annahme, z.B. Untreue, Scheidung, Abtreibungen, Kriminalität, bestimmte Berufe usw. würden in der Realität überwiegen.
B) Methoden der Datenerhebung, Forschungsdesign, Stichproben
Umfrage bei N = 290 Studenten, wobei Studentinnen im Vergleich zu Studenten in der Mehrheit sind.
C) Verwendete Variablen und Operationalisierungen
(1) Anzahl der pro Woche gesehenen Soap Operas; (2) Schätzung der Anteile von Frauen in der Realität, die bestimmte Berufe (z.B. Ärztin) ausüben, uneheliche Kinder haben, abtreiben usw.; (3) Schätzung der entsprechenden Anteile der Männer; (4) Zufriedenheit und (5) Selbstkonzept (neun bipolare Items).
D) Auswertungsmethoden
Partiale Korrelationen.
E) Ergebnisse und Interpretationen
Vielseher von Soap Operas halten signifikant häufiger die in Soap Operas vorkommenden Probleme für Probleme, die auch in der Realität existieren. Das Vorkommen bestimmter Berufe wird überschätzt. Die typi-

schen Inhalte der Soap Operas spiegeln sich im Bewußtsein der Zuschauer wider und leiten einen Kultivationseffekt ein, der auch bei Kontrolle einer Reihe von Variablen, wie Alter, Leistung, Geschlecht und
Selbstkonzept, erhalten bleibt.

059. **Buerkel-Rothfuss, N.L. et al.:** Learning about the Family from Te-
    levision. In: Journal of Communication. Vol. 32 (1982), S. 191-
    201.

A) Inhaltliche Merkmale, Ziele und Hypothesen
Die Autoren untersuchen den Einfluß von Familienfernsehprogrammen auf
die Wahrnehmung von Familienrollen. Sie legen der Studie einen lern-
theoretischen Ansatz (Modell-Lernen, Bandura) zugrunde. Sie nehmen an,
daß das Fernsehen für Kinder eine wichtige Quelle darstellt, um über
Familienrollen etwas zu lernen.
B) Methoden der Datenerhebung, Forschungsdesign, Stichproben
Befragung von 648 Kindern in Klassenzimmern.
C) Verwendete Variablen und Operationalisierungen
(I) Nutzung von TV-Darstellungen über Familienkommunikation.
(II) Vier Kategorien von Kontext-Variablen: (1) Fernsehinhalt (Dar-
stellung der Interaktionen als Zugehörigkeit/Zusammenhalt, Konflikt,
Rückzug), (2) Einschätzung der Kinder, wie realistisch Filme über Fa-
milien sind, d.h. was sie daraus lernen können, (3) Verhalten der El-
tern (Kontrolle der kindlichen TV-Nutzung, Kommentare, Kritik, gemein-
sames Sehen), (4) Beurteilung des Familienverhaltens von Familien in
der Realität, vier abhängige Variablen zur Operationalisierung des
Kommunikationsverhaltens in der (realen) Familie.
(III) Sechs Kontrollvariablen (z.B. Alter, Rasse, Geschlecht, TV-Ge-
samtnutzung).
Alle Variablen wurden so operationalisiert, daß Indizes gebildet werden konnten.
D) Auswertungsmethoden
Korrelationen (zero-order und Partialisierung 6. Ordnung).
E) Ergebnisse und Interpretationen
Das Sehen von Familienprogrammen korreliert signifikant mit der Überzeugung, daß in realen Familien der Zusammenhalt überwiegt. Dieser Ty-
pus ist nämlich auch in den analysierten Programmen am stärksten ausgeprägt. Wenn Kinder TV-Shows nutzen, in denen es konfliktreich zugeht, dann passiert nicht, daß sie das reale Familienleben als aggressiv charakterisieren. Die Überzeugung, daß es in den Familien kon-

fliktträchtig zugeht, ist nicht signifikant. Es zeigt sich, daß die Kontrolle durch die Eltern den Lernprozeß über soziale Rollen mediatisiert.

060. **Doob, A.N., Macdonald, G.E.:** Television Viewing and Fear of Victimization: Is the Relationship Causal? In: Journal of Personality and Social Psychology. Vol. 37 (1979), S. 170-179.

A) Inhaltliche Merkmale, Ziele und Hypothesen
Ausgangspunkt der Studie ist die Vielseherthese, wonach Personen, die viel fernsehen, ihre Umgebung ängstlicher betrachten, als Personen, die wenig fernsehen. Die Autoren hegen Zweifel an der Gültigkeit dieser These und wollen den kausalen Zusammenhang zwischen Vielsehen und Angst anhand einer Studie überprüfen, die auch das tatsächliche Ausmaß der Kriminalität in der Nachbarschaft kontrollierend berücksichtigt. Die Vielseherthese könne nur dann aufrecht erhalten werden, wenn sie auf Nachbarschaften mit hoher und niedriger Kriminalitätsrate zutreffe.

B) Methoden der Datenerhebung, Forschungsdesign, Stichproben
Aufgliederung der Stadt Toronto in Stadtbezirke mit unterschiedlich starker Kriminalität, Auswahl von geeigneten Stadtbezirken (Innenstadt und Vororte). Mündliche Interviews mit zufällig ausgewählten Residenten der Stadtbezirke.

C) Verwendete Variablen und Operationalisierungen
(1) TV-Nutzung: Anzahl und Typen der gesehenen Programme; (2) 37 Alternativfragen zur Bestimmung der individuellen Angst, insbesondere ein Opfer der Kriminalität zu werden, zur Beurteilung von Kriminalität als generelles Problem usw.

D) Auswertungsmethoden
Faktorenanalyse, Multiple Regression, kanonische Korrelation.

E) Ergebnisse und Interpretationen
Die Ergebnisse der Studie belegen, daß die Vielseherthese kaum Gültigkeit hat, wenn das tatsächliche Auftreten von Kriminalität in der Nachbarschaft kontrolliert wird. Personen nämlich, die in Wohngegenden mit hoher Kriminalität leben, erweisen sich generell als ängstlicher, als Personen, die in Bezirken mit geringer Kriminalität wohnen. Ein besonders hoher Medienkonsum ist in den Bezirken mit hoher Kriminalität zu finden. Die Wirkung des Fernsehens auf die Angst der Respondenten, ein Opfer der Kriminalität zu werden, ist in Bezirken mit geringer Kriminalität ausgesprochen gering. Der Umfang der Mediennutzung

steht also nicht in Beziehung zu dem Ausmaß empfundener Angst, ein Opfer zu werden, wenn andere, grundlegendere Variablen kontrolliert werden. Dagegen zeigt sich, daß das Faktenwissen durch den Umfang der TV-Nutzung eher beeinflußt wird.

061. **Gerbner, G.L., Gross, L. et al.:** TV Violence Profile No. 8: The Highlights. In: Journal of Communication. Vol. 27 (1977), S. 171-180.

A) Inhaltliche Merkmale, Ziele und Hypothesen
Bei dem Beitrag handelt es sich um den jährlichen Bericht der Forschungsgruppe um Gerbner über Ergebnisse der Vielseherforschung und Erkenntnissen in der aktuellen TV-Programmentwicklung bezüglich Gewaltdarstellungen.

B) Methoden der Datenerhebung, Forschungsdesign, Stichproben
Inhaltsanalyse der TV-Programme zur Hauptsendezeit ("prime time"): Feststellung des Anteils von Gewaltdarstellungen in den verschiedenen Programmen der drei Anbieter in den USA; Charakterisierung der Gewalt, Gewalt-Opfer-Relationen;

C) Verwendete Variablen und Operationalisierungen
Befragung von über 2000 Erwachsenen und 600 Kindern.
(1) Unabhängige Variable: Umfang der TV-Nutzung (Viel-, Wenigseher);
(2) Abhängige Variablen: Kultivationsindex (Annahmen über Gewalt und gesetzeswidrige Handlungen in der Gesellschaft); überzeugungen, in einer "schlechten Welt" ("mean world") zu leben, z.B. Vertrauen in andere Personen, Egozentrismus anderer, persönliches Risiko etc.

D) Auswertungsmethoden
Partiale Korrelationen zwischen Umfang der TV-Nutzung und den abhängigen Variablen, mit einer Kontrolle von Geschlecht, Alter, Bildung, Programmnutzung usw.

E) Ergebnisse und Interpretationen
Die Ergebnisse belegen, daß Gewaltdarstellungen auf allen drei Kanälen zugenommen haben, und zwar über alle Programmkategorien und Sendezeiten hinweg. Vielseher überschätzen im Gegensatz zu Wenigsehern den Anteil von Gewalt und gesetzeswidrigen Handlungen in der Gesellschaft und geben deutlich stärker sogenannte TV-Antworten zu den Fragen über die reale Beschaffenheit der Welt (Kultivationseffekt). Die Vielseher, und zwar sowohl Erwachsene als auch Kinder, stehen im Vergleich zu Wenigsehern der Gesellschaft deutlich mißtrauischer gegenüber, sie glauben eher, in einer "schlechten Welt" zu leben. Von den gewalthaltigen

TV-Programmen gehen auf die Vielseher beträchtliche Effekte aus, die sich insbesondere an der TV-gerechten Konstruktion der sozialen Realität verdeutlichen lassen.

062. **Gerbner, G. et al.:** Aging With Television: Images on Television Drama and Conceptions of Social Reality. In: Journal of Communication. Vol. 31 (1981), S. 37-47.

A) Inhaltliche Merkmale, Ziele und Hypothesen
In dem Beitrag untersuchen die Autoren, wie sich das Image, das älteren Menschen in den Fernsehprogrammen zugeschrieben wird, auf die soziale Konstruktion der Zuschauer auswirkt - wie diese die transportierten Images wahrnehmen (Kultivationsstudie).
B) Methoden der Datenerhebung, Forschungsdesign, Stichproben
Inhaltsanalyse der TV-Programme (Rollen, Darstellungen älterer Menschen).
Umfrage bei N = 600 Jugendlichen.
C) Verwendete Variablen und Operationalisierungen
I. Die Inhaltsanalyse legte u.a. folgende Kategorien für die Untersuchung der Darsteller zugrunde: (1) Geschlecht, Rasse, Schicht, Alter, Rollen (Haupt-, Nebenrolle), Programmtyp; (2) Bewertung der Rolle (gut/schlecht, Erfolg/Mißerfolg); (3) Typ der Rolle (z.B. komisch, ernst).
II. Befragung: (1) Umfang der TV-Nutzung; (2) Erhebung von Eigenschaften speziell Älterer (z.B.: "Wann ist ein Mann/ eine Frau alt?").
D) Auswertungsmethoden
Häufigkeiten, partiale Korrelation.
E) Ergebnisse und Interpretationen
Die Ergebnisse der Inhaltsanalyse zeigen das Fernsehen als Spiegel der Konsumgesellschaft: Es zeigt weder eine "Jugend-, noch eine Alterskultur". Mittlere Altersstufen werden im Fernsehen am häufigsten dargestellt, Männer häufiger als Frauen. Die aktiven und erfolgreichen Segmente der Gesellschaft sind überrepräsentiert, Frauen "altern" schneller als Männer. Bei den Männern nimmt der Prozentsatz der erfolgreichen Männer dagegen mit dem Alter zu. Ältere Personen werden respektloser dargestellt. Die Umfrageergebnisse zeigen, daß das Fernsehen ein negatives Image von älteren Personen kultiviert. Das Ausmaß an Negativität in der Einschätzung ist vom Umfang des Fernsehkonsums ("heavy", "light") abhängig. Vielseher "Heavy viewers" schätzen ältere Menschen am negativsten ein.

063. **Gerbner, G. et al.:** Charting the Mainstream: Television's Contri-
butions to Political Orientations. In: Journal of Communication.
Vol. 32 (1982), S. 100-127.

A) Inhaltliche Merkmale, Ziele und Hypothesen
In dem umfangreichen Beitrag wird noch einmal der Ansatz der Forschergruppe deutlich, der einerseits auf Inhaltsanalysen der TV-Programme
im US-Fernsehen beruht, andererseits auf Umfragen bei Respondenten. In
der sogenannten Kultivationsanalyse wird untersucht, welche Wirkungen
das Fernsehen auf die Realitätsvorstellungen und Konzepte des Publikums hat; das Kultivationsdifferential dient zur Berechnung des Ausma-
ßes, in dem vergleichbare Gruppen von Viel- und Wenigsehern TV-Antworten geben. Mit Strömung ("Mainstream") wird eine Tendenz der Vielseher
zu gemeinsamen, homogenen Ansichten, Werten, Überzeugungen beschrieben, die sich deutlich von den vielseitigeren Ansichten usw. der Wenigseher abhebt. In dem neueren Beitrag untersucht die Forschergruppe
um Gerbner nunmehr die Wirkung des Fernsehens auch auf politische
Orientierungen und Einstellungen und leitet damit einen Wechsel innerhalb des bisherigen Paradigmas ein, das sich im wesentlichen auf Gewaltforschung ("violence") und bestimmte kognitive Realitätseffekte
("mean world") bezog. Hinsichtlich möglicher politischer Wirkungen des
Fernsehens wird dem bisherigen Ansatz folgend angenommen, daß das
Fernsehen ein kohärentes Symbolsystem ins Haus der Zuschauer bringe;
dieses System sei so durchdringend, daß selektive Mechanismen der Rezipienten kaum etwas dagegen zu setzen vermöchten: Das Fernsehen - insonderheit "Vielsehen" - müßte daher zu einer politischen Nivellierung
und Homogenisierung der politischen Vorstellungen beitragen. Die Anwendung des Konzeptes "Mainstream" steht somit im Vordergrund der Studie.
B) Methoden der Datenerhebung, Forschungsdesign, Stichproben
(1) Inhaltsanalyse (Datenbank der TV-Programme, z.B. wöchentliche Charakterisierung von über 300 Darstellern).
(2) Verschiedene nationale Umfragen der Jahre 1975, 1977, 1978, 1980
mit insgesamt N = 6020 Personen.
C) Verwendete Variablen und Operationalisierungen
(1) TV-Nutzung (zur Bestimmung von Wenig-, Mittel- und Vielsehergrup-
pen); (2) soziodemografische Merkmale, z.B. SES, Alter usw., aber auch
Parteizugehörigkeit; (3) politische Selbstzuordnung ("self designa-
tion"); (4) Acht Fragen über Einstellungen zur Rassenfrage; (5) Ein-

stellungen zu moralischen Streitpunkten (Homosexualität, Abtreibung, Drogenmißbrauch); (6) Einstellungen zum Kommunismus und zur Meinungsfreiheit; (7) Einstellungen zu ökonomischen Themen (Staatshaushalt, Finanzierung).

D) Auswertungsmethoden

Partiale Korrelationen zwischen dem Umfang der TV-Nutzung und politischen Einstellungen/Überzeugungen (mit Kontrollen).

E) Ergebnisse und Interpretationen

Die allgemein differenzierten und pluralen Ansichten, die Liberale, Moderate und Konservative zur Rassenproblematik haben, werden unter den Vielsehern der drei politischen Richtungen deutlich schmäler: Über alle politischen Gruppen hinweg zeigen Vielseher nämlich eine Konvergenz und Homogenisierung der politischen Ansichten. Am deutlichsten zeigt sich der (Strömungs-) Mainstream-Effekt bei den Liberalen, die durch das Vielsehen nach "rechts" geraten und sich kaum noch von den "normalen" Konservativen und Moderaten unterscheiden. Liberale verteidigen ihre Ansichten nur, wenn sie zu den Wenigsehern gehören. Die Verengung des politischen Spektrums infolge des homogenen Mainstream zeigt sich auch in den verschiedenen anderen politischen (Meinungsfreiheit) und moralischen Urteilen der Vielseher (zu den Themen Homosexualität, Abtreibung usw.). Vielseher nennen sich selbst häufiger als Wenigseher moderat. Der Fernsehkonsum bringt einen Mainstream hervor, der auf eine "harte" Linie fixiert ist, wenn es um Minoritäten, politische Rechte usw. geht. Allein in ökonomischen Fragen wird die harte Linie allerdings infolge hohen TV-Konsums aufgeweicht: Vielseher wünschen höhere Sozialausgaben und niedrigere Steuern, weichen damit von der konservativen Strömung ab.

064. **Gerbner, G. et al.:** Political Correlates of Television Viewing. In: Public Opinion Quarterly. Vol. 48 (1984), S. 283-300.

A) Inhaltliche Merkmale, Ziele und Hypothesen

In der Studie wird die Relation zwischen dem Umfang der täglichen TV-Nutzung und der politischen Selbsteinschätzung untersucht. In Anlehnung an die Kultivierungsthese wird unterstellt, daß TV zur Standardisierung und Homogenisierung politischer Orientierungen beiträgt. TV würde andere soziale, kulturelle und politische Einflüsse überspielen und zu einer Konvergenz politischer Orientierungen bei den verschiedensten Vielsehern beitragen, die mit Ausnahme der TV-Nutzung wenig gemeinsam haben. Demgegenüber würden Wenigseher verstärkt anderen soziokulturellen Einflüssen unterliegen.

B) Methoden der Datenerhebung, Forschungsdesign, Stichproben
Umfrage in verschiedenen Jahren bei N = 14067 Respondenten.

C) Verwendete Variablen und Operationalisierungen
(1) Unabhängige Variable: Durchschnittlicher Umfang der TV-Nutzung.
(2) Abhängige Variable: Politische Selbsteinschätzung (liberale - moderate - konservative Position, 7-Punkte Skala).
(3) 10 Kontrollvariablen, wie z.B. Geschlecht, Alter, Bildung, Beruf, Wohnort (Stadt, Land), Parteizugehörigkeit, Mitgliedschaften etc.

D) Auswertungsmethoden
Partiale Korrelationen.

E) Ergebnisse und Interpretationen
Im Vergleich zu Wenigsehern nehmen Vielseher signifikant häufiger eine politische Position der Mitte ein und vermeiden es, sich als liberal oder konservativ zu bezeichnen. Die Kontrolle des Zusammenhangs durch andere Variablen ergibt keine Änderung des Musters, trifft somit für alle Subgruppen der Population zu. Die Kultivierung homogener, durchschnittlicher politischer Orientierungen wird als Beleg für die Thesen der Vielseherforschung gewertet. Die Umfragedaten der Jahre ab 1982 zeigen eine Tendenz zur konservativen Orientierung auf. Die Ursache dafür wird in einem Wandel der politischen Verhältnisse und ihrer Spiegelung in der TV-Berichterstattung gesehen.

065. Hawkins, R.P., Pingree, S.: Some Processes in the Cultivation Effect. In: Communication Research. Vol. 7 (1980), S. 193-225.

A) Inhaltliche Merkmale, Ziele und Hypothesen
Der Beitrag befaßt sich mit der Vielseherforschung von Gerbner et al., insonderheit mit der Kultivierungshypothese, daß Vielseher Verzerrungen im Fernsehinhalt in ihre Vorstellung von der Realität einbauen. Die Autoren prüfen die These in Australien. Gleichzeitig wurde versucht, die Kultivierungsanalyse zu verbessern.

B) Methoden der Datenerhebung, Forschungsdesign, Stichproben
Untersuchung in Perth/Australien. 1280 Kinder der 2./5./8. und 11. Klassen aus weißen Vororten der Mittel- und Arbeiterklasse wurden interviewt, z.T. in mündlichen Interviews, teils schriftlich. Nach zwei Wochen wurden von N = 1085 Kindern desselben Samples 4-Tage-Aufzeichnungen der Fernsehnutzung erhoben.

C) Verwendete Variablen und Operationalisierungen

(1) Fragen nach Meinungen, Einstellungen, Wissen, Umfang und Inhalten
(Programme) der TV-Nutzung. (2) Die abhängigen Variablen bilden zwei
Sets, von denen das eine sich mit a) Gewalt in der Gesellschaft ("violence") (vier dichotomisierte Fragen nach Gerbner et al.) und das andere sich mit b) Überzeugungen, in einer schlechten Welt ("meanness")
zu leben (sechs Likert-Statements in Anlehnung an Gerbner et al.) be-
faßte. Weitere Variablen bildeten u.a. (3) die Einschätzung der
TV-Realität anhand der Unterscheidung in "Magic Window" und "Soziale
Erwartung" von Hawkins (1977), (4) Vergleich TV in USA/Australien,
(5) sozioökonomischer Status der Eltern, (6) kognitive Fähigkeiten.

D) Auswertungsmethoden

Partiale Korrelationen mit Kontrolle weiterer Variablen.

E) Ergebnisse und Interpretationen

Der Gesamtumfang der TV-Nutzung und die Anzahl TV-verzerrter Reaktionen über Gewalt in Australien korreliert stärker als in den Original-
studien. Vor allem eine starke Nutzung von Krimis, Abenteuerserien und
Kartoons führt zu entsprechenden Wahrnehmungen von Gewalt in der Gesellschaft. Die Überzeugungen, in einer schlechten Gesellschaft
("meanness") zu leben, hängt dagegen eher vom Umfang des globalen
TV-Angebotes ab, ist weniger programmspezifisch. Die Überzeugung zeigt
sich auch nur bei älteren Kindern (Jugendlichen), so daß anzunehmen
ist, daß erst eine Reihe kognitiver Fähigkeiten notwendig sind, wie
sie jungen Kindern noch nicht zur Verfügung stehen, um TV-Inhalte in
Vorstellungen über soziale Realität übersetzen zu können.

066. **Hawkins, R.P., Pingree, S.:** Uniform Messages and Habitual Vie-
    wing: Unnecessary Assumptions in Social Reality Effects. In: Hu-
    man Communication Research. Vol. 7 (1981), S. 291-301.

A) Inhaltliche Merkmale, Ziele und Hypothesen

Studie zur Kultivierung von sozialen Überzeugungen "beliefs", Differenzierung der Vielseherthese. Die Autoren wollen mit ihrer Studie
Kritik an den (impliziten) Aussagen von Gerbner et al. üben, wonach 1.
alle TV-Inhalte eine einheitliche symbolische Botschaft über soziale
Werte in sich bergen würden und 2. die TV-Nutzung essentiell habituell
und nicht selektiv erfolge. Gerbner et al. würden unterstellen, daß
alle Zuschauer dieselben symbolischen Inhalte erhalten würden, und daher nur noch der Gesamtumfang der TV-Nutzung die entscheidende Variable bilde.

B) Methoden der Datenerhebung, Forschungsdesign, Stichproben

(1) 4-Tage-Tagebücher über TV-Nutzung, N = 1085 Kinder in Australien (Stadt).

(2) Programmanalysen.

C) Verwendete Variablen und Operationalisierungen

Abhängige Variablen: Überzeugungen ("beliefs") aus den Arbeiten von Gerbner (vier Items zur Gewalt in der Gesellschaft, drei Items für die Überzeugung, in einer schlechten Welt ("mean world") zu leben.

Unabhängige Variablen: Ergebnisse aus den Tagebuchaufzeichnungen über die Nutzung von Programmen, absoluter Umfang der Nutzung etc.

D) Auswertungsmethoden

Partiale Korrelation zwischen Nutzung bestimmter Programmtypen und den Überzeugungen zu sozialen Werten "social reality beliefs". Hierarchische Regression.

E) Ergebnisse und Interpretationen

Die Tagebuchaufzeichnungen erweisen sich als geeignet im Vergleich zu einer generellen Messung der "recalls", bzw. Umfangs der TV-Nutzung, da die Wirkung einer jeweils unterschiedlichen Programmnutzung und damit Inhaltsunterschiede zum Tragen kommen. Es zeigt sich nämlich, daß die symbolischen Botschaften über die einzelnen Programme hinweg nicht identisch sind. Am besten korrelieren die Überzeugung zu sozialen Werten (Gewalt, schlechte Welt) mit dem Sehen von Abenteuer- und Krimiprogrammen, das Sehen von Cartoons korreliert nur mit den Überzeugungen zur Gewalt in der Gesellschaft. Die Nutzung von "Soap Operas" ist dagegen z.B. nicht auf solche Überzeugungen bezogen. Damit erweist sich der Inhalt als entscheidende Variable, während der bloße Umfang der TV-Nutzung die entsprechenden Überzeugungen nicht erklären kann. Habituelles Sehen an sich führt noch nicht zur Kultivierung, sondern es müssen auch die entsprechenden Inhalte genutzt werden.

067. **Hughes, M.:** The Fruits of Cultivation Analysis: A Reexamination of Some Effects of Television Watching. In: Public Opinion Quarterly. Vol. 44 (1980), S. 287-302.

A) Inhaltliche Merkmale, Ziele und Hypothesen

Der Autor legt eine Reanalyse der Primärdaten der Gerbner-Gruppe vor. Mit Hilfe einer multiplen Klassifikationsanalyse, die im Vergleich zur partialen Korrelation die simultane Kontrolle einer Vielzahl von Variablen ermöglicht, werden die von Gerbner et al. behaupteten Zusammenhänge zwischen dem Umfang der TV-Nutzung und kulturellen Effekten

unglaubwürdig; die Kultivationstheorie wird fragwürdig. Die Ergebnisse
führen den Autor zu dem Schluß, daß die TV-Inhalte stärker berücksichtigt werden müßten und nicht auf den blossen TV-Konsum zu rekurrieren
sei.

068. **Jackson-Beeck, M.J., Sobal, J.:** The Social World of Heavy Television Viewers. In: Journal of Broadcasting. Vol. 24 (1980),
S. 5-13.

A) Inhaltliche Merkmale, Ziele und Hypothesen
Ziel des Beitrages ist es, die Vielseher durch eine Reihe von Merkmalen zu beschreiben: Wer sind die Vielseher? Wie sehen ihre objektiven
sozialen Bedingungen aus? Wie leben sie?
B) Methoden der Datenerhebung, Forschungsdesign, Stichproben
Sekundäranalyse dreier nationaler Umfragen in den USA (Universität
Chicago), N = 4552.
C) Verwendete Variablen und Operationalisierungen
(1) TV-Nutzung: "On the average day, about how many hours do you per-
sonally watch television?" Aufgrund der Frage zum Umfang der TV-Nutzung ließen sich 216 Vielseher, 4111 Durchschnittsseher und 209 Nicht-
seher identifizieren.
(2) Soziodemografische Variablen,   Aktivitäten (Gruppen,   Parteien
etc.).
D) Auswertungsmethoden
Häufigkeiten, t-Test (Vergleich der Sehergruppen).
E) Ergebnisse und Interpretationen
Vielseher zeichnen sich aufgrund von mangelnder Bildung und geringem
Einkommen eher als sozial deprivierte Bürger aus, die extrem hausge-
bunden leben, d.h. nur geringe Außenkontakte zu Beruf, Gruppen, Vereinen etc. besitzen. Überraschenderweise gehört ein hoher Anteil der
Vielseher zu den jüngeren Menschen.

069. **Morgan, M.:** Television and Adolescent's Sex Role Stereotypes: A
Longitudinal Study. In: Journal of Personality and Social Psychology. Vol. 43 (1982), S. 947-955.

A) Inhaltliche Merkmale, Ziele und Hypothesen
In der Studie wird die langfristige Wirkung des TV-Konsums auf die Ge-
schlechterrollen-Stereotypisierung Jugendlicher untersucht. In Anlehnung an die Vielseherforschung werden Konsequenzen des Vielsehens für

die Ausbildung von Geschlechtsrollenstereotypen erfaßt: Je häufiger TV genutzt wird, desto mehr werden die Personen die reale Welt aus der Perspektive der TV-Darstellung von Realität wahrnehmen.

B) *Methoden der Datenerhebung, Forschungsdesign, Stichproben*
Befragung von N = 349 Studenten (2-Jahres-Panel).

C) *Verwendete Variablen und Operationalisierungen*
(1) TV-Nutzung/Vielsehen als unabhängige Variable: "Altogether, about how many hours a day do you usually spend watching TV - including morning, afternoon and evening?"
(2) Die abhängige Variable bildet eine 5-Itemskala der Geschlechter-rollenstereotypisierung.

D) *Auswertungsmethoden*
Partiale Korrelationen zwischen dem Umfang der TV-Nutzung und den Sexismusscores.

E) *Ergebnisse und Interpretationen*
Die Studie zeigt Unterschiede bei den Geschlechtern auf: Bei Mädchen erfolgt die Geschlechtsrollenstereotypisierung in Abhängigkeit vom Umfang der TV-Nutzung ein Jahr später - auch unter Berücksichtigung soziodemografischer Kontrollvariablen und früherer Einstellungen zur Geschlechtsrollenstereotypisierung. Für Jungen läßt sich dagegen keine längerfristige Wirkung der TV-Nutzung auf die Stereotypisierung erkennen. Der Effekt des Fernsehens auf die Stereotypisierung nimmt bei Mädchen mit der Schichtzugehörigkeit zu. In unteren Schichten ist sowohl bei Mädchen wie auch bei Jungen die Geschlechtsrollenstereotypisierung - ganz unabhängig von der TV-Nutzung - deutlich ausgeprägt. Mit der Zugehörigkeit zu höheren Schichten nimmt dagegen bei den Mädchen der Einfluß des Fernsehens auf die Stereotypisierung zu: Verstärkte TV-Nutzung führt zu traditionellem Rollenverständnis, das ohne TV nicht in demselben Maße erfolgen würde. Das Fernsehen hat zur Folge, daß sich Jungen und Mädchen in bezug auf die Stereotypisierung der Geschlechtsrollen langfristig angleichen, erzielt somit einen "Mainstream"-Effekt.

070. **Pingree, S., Hawkins, R.:** U.S. Programs on Australian Television: The Cultivation Effect. In: Journal of Communication. Vol. 31 (1981), S. 97-105.

A) *Inhaltliche Merkmale, Ziele und Hypothesen*
In dem Beitrag versuchen die Autoren festzustellen, welche Kultivations-Wirkung U.S.-Fernsehprogramme im Vergleich zu lokalen und ande-

ren importierten Programmen in Australien haben.

B) Methoden der Datenerhebung, Forschungsdesign, Stichproben

Umfrage bei N = 1280 Kindern in Perth, Australien.

C) Verwendete Variablen und Operationalisierungen

(1) Tagebuchmethode zur Ermittlung des Fernsehkonsums; soziale Realität;

(2) Kulturelle Indikatoren nach Gerbner et al.: a) Gewalt in der Gesellschaft ("violence"), b) Überzeugungen, in einer schlechten Welt zu leben ("mean world");

(3) Soziodemografie u.a.

D) Auswertungsmethoden

Partiale Korrelationen zwischen Indikatoren der sozialen Realität und Art der TV-Nutzung.

E) Ergebnisse und Interpretationen

Die untersuchten Kinder nehmen die Verzerrungen in der TV-Realität des amerikanischen Fernsehens nicht als typische amerikanische Erscheinungen wahr, sondern halten sie auch für Australien relevant. Die Inhalte der U.S. TV-Programme werden zur Realitätskonstruktion eher herangezogen als die der einheimischen TV-Programme bzw. der Importe aus anderen Ländern. Besonders zeigt sich die Dominanz der Wirkung der U.S. TV-Programme auf die Realitätskonstruktion in der Sparte der Abenteuer- und Kriminalfilme.

071. **Wober, J.M.:** Televised Violence and Paranoid Perception: The View from Great Britain. In: Public Opinion Quarterly. Vol. 42 (1978), S. 315-321.

A) Inhaltliche Merkmale, Ziele und Hypothesen

In dem Beitrag geht der Autor von der amerikanischen Vielseherforschung von Gerbner et al. aus, in der sich zeigt, daß Vielseher im Vergleich zu Wenigsehern zu Fragen über die Beschaffenheit der Realität viel stärker Fernsehantworten geben: TV wird als Realitätstest angesehen. In seiner eigenen Studie versucht der Autor, die Bausteine der Vielseherforschung auf englische TV-Verhältnisse zu übertragen.

B) Methoden der Datenerhebung, Forschungsdesign, Stichproben

(1) Umfrage bei einem Quotensample von N = 1113 Erwachsenen in England. (2) Inhaltsanalyse von 380 TV-Programmen, die in einer Woche in England ausgestrahlt wurden.

C) Verwendete Variablen und Operationalisierungen

(1) TV-Nutzung (Umfang; Programmnutzung);

(2) Zwei Fragen aus der "mean world"-Skala von Gerbner et al. und
(3) eine Frage zur Möglichkeit einer Verwicklung in Gewalt ("being a victim of violence");
(4) Soziodemografie.

D) Auswertungsmethoden
Korrelationen zwischen TV-Nutzung ("heavy viewers" und "light viewers") und den abhängigen Variablen (2), (3).

E) Ergebnisse und Interpretationen
Vielseher in England sehen zweimal so viele TV-Programme, die Gewalt enthalten, als Wenigseher. Die Replikation der Bausteine der amerikanischen Vielseherforschung auf England führt allerdings zu einem negativen Befund, da die englischen Vielseher im Vergleich zu den Wenigsehern nicht signifikant häufiger TV-Antworten geben, sich nicht unsicherer fühlen. Der für Vielseher der USA nachgewiesen paranoide Effekt kann für Vielseher aus England nicht bestätigt werden.

5. Realitätskonstruktion und Stereotypisierung

072. **Adoni, H., Mane, S.:** Media and the Social Construction of Reality. Toward an Integration of Theory and Research. In: Communication Research. Vol. 11 (1984), S. 323-340.

A) Inhaltliche Merkmale, Ziele und Hypothesen
Theoretischer Beitrag: Die Autoren versuchen, den wissenssoziologischen Ansatz (Berger, Luckmann; Schütz) in die Medienwirkungsforschung einzubringen. Die Autoren schlagen ein Modell mit zwei Dimensionen vor
- (1) Typ der Realität (objektive, symbolische und subjektive Realität) und (2) Distanz der sozialen Elemente von der direkten Erfahrungsmöglichkeit (nah; entfernt). Gängige Befunde der Medienwirkungsforschung werden in das Modell integriert. Der vorgeschlagene "ganzheitliche" (holistische) Ansatz, den die Autoren verfolgen, eignet sich zu einer breiten Diskussion über die Rolle der Medien im Prozeß der Konstruktion von sozialer Realität.

073. **Anderson,   J.A.:** Research on Children and Television: A Critique.
     In: Journal of Broadcasting. Vol. 25 (1981), S. 395-400.

A) Inhaltliche Merkmale, Ziele und Hypothesen
Theoretischer Beitrag. Der Autor gibt eine Übersicht über die gegenwärtige Forschung zum Thema Kinder und Fernsehen und schlägt Ansätze
vor, die 1. die Konstruktion von Inhaltsbedeutungen und 2. die Konzep-
tion der Fernsehrealität als wichtige Forschungsfelder betonen.

074. **Atkin,   Ch. K.:** Effects of Drug Commercials on Young Viewers. In:
     Journal of Communication. Vol. 28 (1978), S. 71-79.

A) Inhaltliche Merkmale, Ziele und Hypothesen
Untersucht wird die Werbewirksamkeit von Arzneimittelreklame im Fern-
sehen auf die Ansichten Jugendlicher über das Ausmaß von Krankheiten
in der Gesellschaft und die Wirksamkeit von Medikamenten.
B) Methoden der Datenerhebung, Forschungsdesign, Stichproben
Umfrage bei N = 256 Schülern/Studenten.
C) Verwendete Variablen und Operationalisierungen
Aus der Intensität der Aufmerksamkeit gegenüber Arzneimittelwerbung
(Häufigkeit der Rezeption: immer, gewöhnlich, manchmal, nie) und der
TV-Nutzung zu den Zeiten, in denen diese Werbung erscheint, wurde ein
Nutzungsindex ("Exposure-Index") gebildet. Die abhängigen Variablen
bilden verschiedene Wahrnehmungen, Einstellungen, Ansichten, Überzeu-
gungen und Verbrauchergewohnheiten hinsichtlich Krankheiten, Nützlich-
keit von Medikamenten usw.
D) Auswertungsmethoden
Partiale Korrelationen zwischen dem Umfang der Nutzung von TV-Werbung
und den verschiedenen Orientierungen.
E) Ergebnisse und Interpretationen
Arzneimittelwerbung im Fernsehen führt bei den jugendlichen Sehern zu
überzogenen Vorstellungen über das Ausmaß tatsächlicher Krankheiten in
der Gesellschaft und die Verläßlichkeit von Medikamenten. Die Ansichten der Eltern zum Medikamentengebrauch intervenieren in den Wirkungsprozeß.

075. **Balon, R.E.**: Differential Effects of Three Media in a News-Gathe-
ring Situation. In: Journalism Quarterly. Vol. 54 (1977),
S. 498-531.

A) Inhaltliche Merkmale, Ziele und Hypothesen
Der Autor untersucht, welche Wirkungen von den Medien selbst auf den
Entstehungsprozeß von Nachrichten und somit auf die Realitätskonstruk-
tion ausgehen. Dabei wird z.B. auf die besondere Glaubwürdigkeit und
Ausstrahlung des Fernsehens verwiesen, dessen Attraktivität z.B. das
Interviewverhalten im Nachrichtenentstehungsprozeß so beeinflußt, daß
Individuen ihr Verhalten vor der TV-Kamera ändern. In einem Feldexpe-
riment überprüft der Autor folgende Thesen: 1.) In Anbetracht der grö-
ßeren Glaubwürdigkeit des Fernsehens nehmen sich die Interviewten mehr
Zeit als mit anderen Medien. 2.) Es werden geschlechtsspezifische Un-
terschiede hinsichtlich des Umfangs der Antworten angenommen.
B) Methoden der Datenerhebung, Forschungsdesign, Stichproben
In einem Einkaufszentrum wurden Interviews mit 54 Männern und 54 Frau-
en durchgeführt. Das Feldexperiment weist einen (3 x 2) faktoriellen
Aufbau auf, in dem die beanspruchte Zeit für Interviews im Fernsehen,
Radio und in der Zeitung getrennt für Männer und Frauen ermittelt wur-
de. Die Antworten der Befragten wurden anhand eines semantischen Dif-
ferentials beurteilt.
C) Verwendete Variablen und Operationalisierungen
Es wurden Interviewfragen zum Energieproblem gestellt; semantisches
Differential: zur Messung von Faktoren wie Realitätsbezug, Freundlich-
keit, Kooperation.
D) Auswertungsmethoden
Einfache Varianzanalyse, Diskriminanzanalyse.
E) Ergebnisse und Interpretationen
In der Studie ließ sich These 1 bestätigen: TV-Interviews dauerten
länger als die Radio- und Zeitungsinterviews, da die befragten Perso-
nen vor der Kamera anders reagierten. Sie waren kooperativer und gaben
sich besondere Mühe, "phony" zu erscheinen. Die Zeitungsinterviews waren dagegen am realistischsten, die Interviewten aber unkooperativer.
Als Ergebnis könnte man die These formulieren, daß zwischen der (ange-
nommenen) Glaubwürdigkeit des Mediums (TV) und der Glaubwürdigkeit der
Antworten eine inverse Relation besteht. Zwischen Männern und Frauen
bestanden keine Unterschiede im Interviewverhalten.

076. **Blackman,   J.A. et al.:** Newscasts and the Social Actuary. In: Public Opinion Quarterly. Vol. 41 (1977), S. 295-313.

A) Inhaltliche Merkmale, Ziele und Hypothesen
Theoretischer Beitrag. Es werden verschiedene Studien vorgestellt, in denen der Einfluß von Nachrichten auf individuelle Wahrnehmungen (Realitätskonstruktion, gesellschaftliche Effekte) dokumentiert wird. Im Gegensatz zur Hypothese der selektiven Zuwendung geben die Autoren Hinweise, wonach Informationen aus den Medien auf subtile und z.T. unbewußte Weise zum Lernen, zur Revision von kognitiven Elementen und sogar zum Einstellungswandel führen. Gute oder schlechte Nachrichten haben z.B. eine Wirkung auf die individuelle Bereitschaft, Fremden zu helfen, auf die Charakterisierung der gesellschaftlichen Umwelt und die Wahrnehmung anderer. Nachrichten erzeugen somit einen subtilen Wandel in der Perzeption der sozialen Welt und von spezifischen Personen sowie von einem selbst. Deutlich wird auch, daß gerade die unaufdringlichen ("unobtrusive") Nachrichten und Informationen Wirkungen auslösen können.

077. **Elliott,   W.R., Slater, D.:** Exposure, Experience and Perceived TV Reality for Adolescents. In: Journalism Quarterly. Vol. 57 (1980), S. 409-414.

A) Inhaltliche Merkmale, Ziele und Hypothesen
Bei der Studie handelt es sich um einen Beitrag, der die Wirkungen der Massenmedien auf die Vorstellungen und Images von der sozialen Realität untersucht. Soziale Realitätseffekte werden als Ausmaß beschrieben, in dem ein Mediennutzer Ereignisse aufgrund indirekter Informationen aus dem Fernsehen definiert und nicht aufgrund direkter Erfahrung. In der Studie konzentrieren sich die Autoren auf das Thema Polizei und Kriminalität.
B) Methoden der Datenerhebung, Forschungsdesign, Stichproben
Drei Gruppen von Hochschulstudenten, die sich nach dem Grad ihrer direkten Erfahrungen mit Polizei und Kriminalität unterschieden, wurden befragt (begrenzte positive und negative Erfahrungen).
C) Verwendete Variablen und Operationalisierungen
(1) Nutzung einschlägiger TV-Programme, wie z.B. Charlie's Angels, Starsky and Hutch usw.; (2) Alter, Status, Geschlecht; (3) direkte Erfahrungen; (4) Beurteilung der Realitätsnähe der Programme (sehr realistisch bis unrealistisch).

D) Auswertungsmethoden
Korrelation, Multiple Klassifikationsanalyse.

E) Ergebnisse und Interpretationen
Die TV-Programmnutzung löst soziale Realitätseffekte aus, sie hat eindeutigen Einfluß darauf, wie die Realität wahrgenommen wird. Diese Relation wird allerdings durch die direkten Erfahrungen modifiziert. So hält die befragte Gruppe der Studenten, die positive Erfahrungen im Umgang mit der Polizei gemacht hat, die zu dem Thema angebotene TV Realität für weniger wahr als die beiden anderen Gruppen, die entweder keine oder negative Erfahrungen besitzen.

078. **Golding, P., Murdock, G.:** Theories of Communication and Theories of Society. In: Communication Research. Vol. 5 (1978), S. 339-356.

A) Inhaltliche Merkmale, Ziele und Hypothesen
Theoretischer Beitrag. Es wird eine kurze Übersicht über verschiedene Theorieansätze der Kommunikationsforschung gegeben, z.B. Theorie der Massengesellschaft, Funktionalismus, Wissenssoziologie, symbolischer Interaktionismus, Kultursoziologie. Folgender Vorschlag wird von den Verfassern gemacht: Es sollen nicht nur die Botschaften auf ihre Bedeutung hin untersucht werden, sondern auch die sozialen Prozesse, durch die sie konstruiert und interpretiert werden, sowie die Kontexte und Zwänge, die die Konstruktionen formen. Es müsse eine Verbindung zwischen Massenkommunikation und sozialen Strukturen hergestellt werden.

079. **Hofstetter, C.R.:** Bias in Television News Coverage of Political Events: A Methodological Analysis. In: Journal of Broadcasting. Vol. 22 (1978), S. 517-530.

A) Inhaltliche Merkmale, Ziele und Hypothesen
Theoretische Arbeit zur Verzerrung der Nachrichtenberichterstattung über politische Ereignisse. Folgende Verzerrungssituationen werden üblicherweise genannt:
1. Unrechte Täuschung, 2. Verzerren durch Kollektivierung, Aggregation und Diffusion von nur bestimmten Fakten, während andere fehlen, 3. keine Übereinstimmung über grundlegende Werte, Sitten und Überzeugungen.

Im Vergleich zu diesen üblichen Verzerrungen schlägt der Autor einen
alternativen Ansatz vor, in dem Verzerrung als Problem der Selektivität behandelt wird. Charakteristisch für das Selektivitätsproblem im
Zusammenhang mit Nachrichtenberichterstattung ist seine Allgegenwart:
Denn ausgewählt werden muß immer, der Zuschauer erhält immer nur eine
partielle Rekonstruktion und Interpretation politischer Ereignisse.
Die Relevanz berichteter Ereignisse mißt sich stark an ihrem Neuig-
keitswert. Einzigartigkeit, Konflikthaltigkeit, Dramatik und "Human
Interest" sind Kriterien, die die "Rangordnung" einer Nachricht be-
stimmen. Nachrichtenverzerrung als Problem der Selektivität tritt nach
Auffassung des Autors auch deshalb auf, weil Nachrichten stets Impli-
kationen für die grundlegenden Werte der Gesellschaft (z.B. objektiver
Bericht, Advokatenjournalismus) haben, weil der manifeste Inhalt bzw.
Motive der Reporter und die Konsequenzen der Berichterstattung ausein-
anderdriften können und weil es ein unterschiedliches Ausmaß an Selektivität hinweg über verschiedene Gegenstände geben kann. Selektive
Verzerrungen treten auch infolge formal-struktureller Bedingungen der
Medien selbst auf und hängen nicht nur von personalen Merkmalen ab.
Die Messung von Verzerrungen sollte möglichst mit mehreren Instrumen-
ten erfolgen, wobei zumindest drei Dimensionen der Verzerrung zu
beachten sind (Umfang der Berichterstattung, zeitliche Dauer und politische Ebene).

080. **Holloway, S., Tucker, L., Hornstein, H.A.:** The Effects of Social
and Nonsocial Information on Interpersonal Behavior of Males: The
News Makes News. In: Journal of Personality and Social Psychology. Vol. 35 (1977), S. 514-522.

A) *Inhaltliche Merkmale, Ziele und Hypothesen*
Der Beitrag enthält zwei Studien über die Wirkung von sozialen bzw.
nicht-sozialen Informationen, wie sie in normalen Nachrichtensendungen
enthalten sind, auf das interpersonale Verhalten. Die Autoren der Studien legen folgende These zugrunde: Wir erwarten große Unterschiede im
kooperativen bzw. kompetitiven Verhalten gegenüber Fremden nach dem
Kontakt mit guten bzw. schlechten Nachrichten sozialen Ursprungs und
kleinere Unterschiede nach dem Kontakt mit ähnlichen Nachrichten natürlichen Ursprungs (nicht-soziale Information).
B) *Methoden der Datenerhebung, Forschungsdesign, Stichproben*
Zwei Experimente mit N_1 = 91 und N_2 = 108 Studentenanfängern. Die Versuchspersonen wurden einer von vier Nachrichtensendungen (gute bzw.

schlechte soziale/nicht-soziale Informationen) ausgesetzt und gebeten, ein Null-Summen-Spiel aufzunehmen.

C) Verwendete Variablen und Operationalisierungen

(1) Unabhängige Variablen: Soziale Informationen (Handlungen von Menschen, die entweder das Leben anderer retteten oder zum Verlust des Lebens anderer führten); nicht-soziale Informationen (Naturereignisse).

(2) Abhängige Variablen: Kompetitive und kooperative Verhaltensweisen gegenüber völlig unbekannten Personen.

D) Auswertungsmethoden

Parametrische Testverfahren auf Grundlage der Binomialverteilung.

E) Ergebnisse und Interpretationen

In beiden Experimenten zeigte sich folgender Interaktionseffekt: Die Häufigkeit der kooperativen und kompetitiven Verhaltensweisen ist deutlich größer im Falle guter und schlechter Nachrichten, die soziale Informationen enthalten, als im Falle von Nachrichten, die nicht-soziale Informationen darstellen. Soziale Informationen in den Nachrichten beeinflussen damit das Verhalten der Rezipienten.

081. **Klapp, O.:** Meaning Lag in the Information Society. In: Journal of Communication. Vol. 32 (1982), S. 56-66.

A) Inhaltliche Merkmale, Ziele und Hypothesen

Theoretischer Beitrag. Der Autor untersucht den Zusammenhang zwischen Informationsüberladung und Bedeutungsvermittlung. In Anlehnung an Ogburn wird ein "cultural lag" angenommen. Die Bedeutungsvermittlung hält nach Auffassung des Autors nicht Schritt mit der technischen Entwicklung des Informationsangebots. Stellvertretende Erfahrung durch die Medien ersetze nicht die Bedeutungszuweisung in der interpersonalen Kommunikation, da nur letztere *die* Infrastruktur für die Bedeutungszuweisung darstelle. Der Autor diskutiert verschiedene Formen der Kommunikationsstörungen und zeigt theoretisch-methodologische Anschlußmöglichkeiten zur Wissenskluftthese auf.

082. **Neumann, W.R.:** Television and American Culture: The Mass Medium and the Pluralist Audience. In: Public Opinion Quarterly. Vol. 46 (1982), S. 471-487.

A) Inhaltliche Merkmale, Ziele und Hypothesen

Kulturelle Effekte des Fernsehens, Publikumsforschung. Der aus soziologischer Sicht wichtigste Aspekt des Phänomens Fernsehen stellt sich in der Universalität des Mediums dar. Fernsehen, das ist Kultur für die Masse, eine "centrally produced, standardisized and homogenous culture" (Paul Hirsch). Verschiedene Programme sind inhaltlich weitgehend homogen bis identisch. Unter dieser Prämisse untersucht die Studie den Einfluß des Fernsehens auf die kulturelle Nivellierung der amerikanischen Gesellschaft. Vier Fragen sollen empirisch geprüft werden:

1) Wirkt Fernsehen gedankenfördernd?

2) Hängt die Reaktion des Zuschauers von dessen Bildungsstand ab?

3) Variiert das Niveau der Zuschauerreaktionen mit verschiedenen Programmtypen?

4) In welchem Maße wird die Zuschauerreaktion durch Erwartungen und Einstellungen beeinflußt?

B) Methoden der Datenerhebung, Forschungsdesign, Stichproben

Insgesamt 30 verschiedene Programme wurden aus der Hauptsendezeit gewählt, davon 20 kommerzielle und 10 Programme aus dem Bildungsangebot der PBS (Public Broadcast Service). Die Befragten der Stichprobe wurden in drei Subsamples unterteilt (N = 113). Die Befragten des ersten Samples waren zuvor instruiert, sich bestimmte Programme anzusehen. Sie waren vorbereitet (N = 55). Mitglieder des zweiten Samples wurden nur befragt, wenn sich nachträglich herausstellte, daß diese ein bestimmtes Programm gesehen hatten. Hier sollten spontane Reaktionen gemessen werden (N = 24). Das dritte als Kontrollgruppe gedachte Sample bestand ausschließlich aus Hochschulmitgliedern (N = 34). Die Befragungen waren als Tiefeninterviews angelegt, erfolgten aber über Telefon.

C) Verwendete Variablen und Operationalisierung

Die Befragung umfaßte 31 Fragen.

1) Gedanken und Emotionen der Seher über das Programm. Welche Programmelemente gefielen, welche nicht. Hierzu wurden offene, non-reaktive Fragen gestellt.

2) Fragen über prominente Personen, zum Drehbuch u.ä.m.

3) Fragen zur Programmbewertung, zu den Intentionen der Stücke, der Relevanz für das eigene Leben der Seher, sowie soziale und politische Implikationen der Programme.

D) Auswertungsmethoden

Die Antworten und Reaktionen der Befragten wurden auf Magnetband mitgeschnitten und von sechs Codierern ausgewertet. Schwerpunkt der Auswertung lag auf zwei Variablen:

a) Den <u>analytischen</u> Antworten, d.h. Gedanken der Befragten zum Programm selbst, Kommentare zu einzelnen Programmelementen und deren Bezug zum Gesamtprogramm.

b) Den <u>interpretativen</u> Antworten, d.h. Gedanken der Befragten über die Relevanz der Programms für das eigene Leben, für die Gesellschaft und Kultur. Die Auswertung der Antworthäufigkeiten erfolgte durch Varianzanalyse.

E) Ergebnisse und Interpretationen

Ein Viertel der Befragten war nicht in der Lage, über das gesehene Programm zu reflektieren. Bei ihnen war keinerlei Gedankenanregung durch das gesehene Programm feststellbar. Wurde über das Programm reflektiert, nannten die Befragten am häufigsten Aspekte der Programmqualität oder der Relevanz für das eigene Leben. Die Antworten wurden daraufhin nach dem Bildungsstand der Befragten getrennt analysiert. Bezüglich der Bildungsvariable zeigten sich jedoch nur geringe Unterschiede bei den Antworten. Die besser Gebildeten gaben auch nicht mehr analytische oder interpretative Antworten als die weniger gut Gebildeten. Somit kann die These einer möglichen Kulturnivellierung durch die Fernsehprogramme bestätigt werden. Ein weiterer Programmvergleich der kommerziellen – mit den Bildungsprogrammen zeigt, daß die Antwortquoten der Befragten bei kommerziellen Programmen stets höher liegen als für die Bildungsprogramme. Neumann folgert daraus, daß das amerikanische Publikum von den kommerziellen Programmen augenscheinlich stärker gedanklich angeregt wird als von den öffentlichen Bildungsprogrammen und kulturell höherwertige Produktionen im Fernsehen nur schwer zu adaptieren sind. Um die verschiedenen Zuschauerreaktionen differenzieren zu können, bildet Neumann einen Orientierungsindex. Mit Hilfe des Indexes werden die Befragten hinsichtlich ihrer Aktivität und Selektivität unterschieden. Die Daten zeigen, daß der eher zufällig und wahllos rezipierende Fernsehzuschauer eher in der Lage ist, Antworten zu dem von ihm gesehenen Programm zu geben, und nicht, wie angenommen, der eher aktiv selektierende Zuschauer. Die kleinen Stichproben schränken die Gültigkeit der Aussagen allerdings ein.

083. **Ostmann, R.E., Jeffers, O.W.:** TV Police and Family Programs as Reality to Schizophrenic-Labeled Persons. In: Journalism Quarterly. Vol. 58 (1981), S. 65-68.

A) Inhaltliche Merkmale, Ziele und Hypothesen

Bei dem Beitrag handelt es sich um eine Studie, die die Wirkung der

TV-Nutzung auf die Realitätskonstruktion der Zuschauer unter persön-
lichkeitsdifferentiellen Aspekten untersucht. Im Vordergrund steht die
These, daß psychisch gesunde Personen die Realität besser wahrnehmen
als z.B. schizophrene Personen. Schizophrene würden die TV-Realität
für realer halten als nicht-schizophrene Personen.

B) Methoden der Datenerhebung, Forschungsdesign, Stichproben
Zwei Umfragen bei N_1 = 155 und N_2 = 121 erwachsenen Personen. Befragung von N_1 = 28 und N_2 = 35 Schizophrenen.

C) Verwendete Variablen und Operationalisierung
Zwei Dimensionen werden zur Operationalisierung der subjektiv wahrgenommenen Realität herangezogen:
(1) "magic window": Ausmaß, in dem TV für real gehalten wird (Ereignisse, Themen und Darstellungen in den Medien seien realitätsnah).
(2) "Soziale Erwartungen": Die TV-Darstellungen sind der unmittelbaren
sozialen und physischen Umgebung des Empfängers ähnlich (z.B. "Police
officers on TV are like officers you could meet").

D) Auswertungsmethoden
Mittelwertvergleich zwischen den normalen Befragungsgruppen und den
schizophrenen Respondenten, t-Test.

E) Ergebnisse und Interpretationen
Der Vergleich der Antworten zwischen den üblichen Befragten und den
als schizophren bezeichneten Personen macht deutlich, daß letztere die
TV-Realität für wesentlich wahrer halten, als dies die normalen Respondenten tun. Diese unterscheiden stärker auf der Dimension der sozialen Erwartung. Überraschend ist jedoch, daß Schizophrene zwischen
der Realitätsnähe von TV-Familien und TV-Polizei nicht unterscheiden,
war doch anzunehmen, daß der nahe Kontakt zur Familie auch entsprechende Wirkungen auf die Beurteilung der TV-Realität habe.

084. **Pingree, S.:** Children's Cognitive Processes in Constructing So-
    cial Reality. In: Journalism Quarterly. Vol. 60 (1983), S. 415-
    422.

A) Inhaltliche Merkmale, Ziele und Hypothesen
Die Studie befaßt sich mit der Wirkung, die von der TV-Realität auf
das soziale Lernen und die Realitätskonstruktion bei Kindern ausgeht.
Die Autorin geht davon aus, daß die Fähigkeit von Kindern, implizite
Informationen zu erkennen und Schlußfolgerungen zu ziehen, am besten
zu sozialem Lernen aus TV-Sendungen führt.

B) Methoden der Datenerhebung, Forschungsdesign, Stichproben
Längsschnitt-Untersuchung, 3-welliges Panel mit N = 1171 Schülern aus
ländlichen Gebieten. Nach dem ersten Interview wurde ein Experiment
eingebaut, in welchem Befragte eine 17-minütige Filmdarbietung sahen
und beurteilen mußten.

C) Verwendete Variablen und Operationalisierungen

(1) Lieblingssendungen;

(2) Sehgewohnheiten;

(3) Überzeugungen zu sozialen Werten bezüglich Kriminalität, Rollen,
Familie etc. (30 Likert-Skala-Items) in Anlehnung an Gerbner et al.
("social reality");

(4) Liste der am Vortag gesehenen Sendungen;

(5) (Multiple choice)-Fragen zur Beurteilung der Filmvorführung im Experiment, um daraus die unterschiedlichen Fähigkeiten der Kinder zu
messen, Schlußfolgerungen zu ziehen.

(6) Soziodemografie.

D) Auswertungsmethoden
Partiale Korrelation zwischen TV-Nutzung und Überzeugungen zu sozialen
Werten ("social realitiy effects").

E) Ergebnisse und Interpretationen
Die Ausgangsthese wird durch die Ergebnisse der Studie nicht belegt.
Die Korrelationen zwischen der TV-Nutzung und sozialen Vorstellungen
über die Realität ("social reality effects") sind vielmehr bei den
Kindern eindeutiger, die weniger gut in der Lage sind, Schlußfolgerun-
gen zu ziehen.

085. **Semlak, W.D.:** Effects of Media Use on Foreign Students Perceptions of U.S. Political Leaders. In: Journalism Quarterly. Vol.
56 (1979), S. 153-178.

A) Inhaltliche Merkmale, Ziele und Hypothesen
Wirkungs- und Nutzungsstudie zur Wirkung der Berichterstattung der In-
lands- und Auslandsmedien auf ausländische Studenten. Welche Wirkungen
haben TV-Nachrichten, Tageszeitungen, Radionachrichten, ausländische
Zeitungen und Radio im Kurzwellenbereich auf die Vorstellungen ausländischer Studenten über die amerikanischen Politiker?

B) Methoden der Datenerhebung, Forschungsdesign, Stichproben
Interviews mit 95 ausländischen Studenten.

C) Verwendete Variablen und Operationalisierungen
(1) Mediennutzung (4-Punkte-Skala), (2) Einstellung zu amerikanischen
Führern und politischen Institutionen.
D) Auswertungsmethoden
Faktorenanalyse, kanonische Korrelation zwischen den Faktorvariablen
und dem Mediennutzungssatz.
E) Ergebnisse und Interpretationen
Es besteht eine klare Beziehung zwischen der Mediennutzung durch aus-
ländische Studenten und ihren Vorstellungen von den Politikern der
Vereinigten Staaten. Jedoch werden diese Vorstellungen mehr durch die
ausländischen als durch die inländischen Medien geprägt.

086. **Tan, A.S.:** TV Beauty Ads and Role Expectations of Adolescent Fe-
     male Viewers. In: Journalism Quarterly. Vol. 56 (1979), S. 283-
     288.

A) Inhaltliche Merkmale, Ziele und Hypothesen
Bei der Studie handelt es sich um eine Übertragung der Vielseher-Kul-
tivationsforschung auf Probleme der Werbewirkung: Beeinflußt die Fern-
sehwerbung die Vorstellungen der Verbraucher von der sozialen Reali-
tät? These: Personen, die häufig Fernsehwerbung über Schönheit/Mode
sehen, werden die Eigenschaften Sexappeal, Jugend und Schönheit im
Rahmen von vier Rollenbeziehungen - Erfolg im Beruf, Erfolg als Frau,
Erfolg bei Männern, persönliche Rolle - als wichtiger erachten als
Subjekte, die diese Werbungen nicht sehen.
B) Methoden der Datenerhebung, Forschungsdesign, Stichproben
Experiment mit N = 56 Studentinnen. Die 1. Gruppe sieht 15 TV-Spots
("Commercials") mit Inhalten, die in Richtung Sexappeal, Schönheit ge-
hen, die 2. Gruppe sieht 15 TV-Spots ("Commercials") anderer Art.
C) Verwendete Variablen und Operationalisierungen
Abhängige Variablen:
(1) Für jede der vier Rollenrelationen, z.B. Erfolg im Beruf, wird die
Wichtigkeit folgender Eigenschaften anhand einer 5-stufigen Skala ermittelt:
"pretty face, intelligence, sexappeal, hard-working, a youthful appea-
rance, articulate talker, a healthy slim body, a good education, gla-
mour, competence."
(2) "Recall" der Produkte: "List any products, which you remember."
(3) Gefallen an den Werbespots (skaliert): "In general, how well did
you like these commercials?"

(4) Empfundene Werbewirksamkeit der Produkte (skaliert): "How effective do you think these commercials are in selling the products advertised?"

D) Auswertungsmethoden

Varianzanalyse

E) Ergebnisse und Interpretationen

Die Studie zeigt, daß von Fernsehwerbung Kultivierungseffekte ausgehen. Die Rezeption einschlägiger Fernsehwerbung führt dazu, daß Frauen Eigenschaften wie Sexappeal, Jugend und Schönheit als wichtiger im Hinblick auf die Ausübung von zumindest zwei Rollen (persönliche Rolle, Erfolg bei Männern) erachten als Frauen, die diese Fernsehwerbung nicht sehen. Zwischen den Gruppen ergaben sich jedoch kaum Unterschiede in der Beurteilung der Wichtigkeit der genannten Eigenschaften im Rahmen der anderen beiden Rollen (Erfolg im Beruf, Erfolg als Frau). Die Gründe dafür werden in der von der Frauenbewegung ausgehenden Bedeutungsverminderung der Attribute Schönheit und Sex gesehen.

087. **Tan, A.S.:** Television Use and Social Stereotypes. In: Journalism Quarterly. Vol. 59 (1982), S. 119-123.

A) Inhaltliche Merkmale, Ziele und Hypothesen

In Anlehnung an die Arbeit von Lippmann (1922) nimmt der Autor an, daß TV der Konstruktion von sozialer Realität dient, also auch zur Enkulturation und Stereotypisierung beiträgt. In seiner Studie untersucht Tan die Relation zwischen TV-Nutzung und der Bildung von sozialen Stereotypen. Als Beispiel wählt er Stereotype über Amerikaner.

B) Methoden der Datenerhebung, Forschungsdesign, Stichproben

Zwei Gruppen (Chinesen, Amerikaner) wurden über ihre Mediennutzung befragt (N = 114 Chinesen, N = 187 Amerikaner).

C) Verwendete Variablen und Operationalisierungen

(1) Umfang, Häufigkeit und Inhalte der Mediennutzung; (2) Interpersonale Kommunikation und direkter Kontakt; (3) Ermittlung der Stereotype nach Karlins et al. (1969).

D) Auswertungsmethoden

Partiale Korrelation zwischen TV-Nutzung und sozialen Stereotypen.

E) Ergebnisse und Interpretationen

Die Ergebnisse verdeutlichen, daß TV-Nutzung und soziale Stereotypen von Amerikanern zueinander in Beziehung stehen. Die starken TV-Nutzer beider Gruppen schrieben den Amerikanern die Eigenschaften zu, die auch im Fernsehen besonders betont wurden.

088. **Tan, A.S., Kinner, D.:** TV Role Models and Anticipated Social In-
     teraction. In: Journalism Quarterly. Vol. 59 (1982), S. 654-657.

A) Inhaltliche Merkmale, Ziele und Hypothesen
Anwendung des Modells des sozialen Lernens auf die Rassenproblematik.
Viele Studien haben gezeigt, daß Kinder prosoziales Verhalten, das im
Film gesehen wird, nachahmen. Die Autoren legen ihrer Studie folgende
Hypothese zugrunde: Kinder, die ein TV-Programm sehen, das das Ver-
hältnis zwischen den Rassen positiv darstellt, sind eher gewillt, ähn-
liche Interaktionen wie im Film einzugehen, als Kinder, die das Pro-
gramm nicht sahen.
B) Methoden der Datenerhebung, Forschungsdesign, Stichproben
Experiment mit N = 36 schwarzen Kindern.
C) Verwendete Variablen und Operationalisierungen
Verwendung eines Stimulus-Films aus der Serie "Up and Coming". Nach
der Rezeption des Filmes mußten die Kinder einen Fragebogen zum
Selbstbild ausfüllen, um abzulenken, danach wurde der Willen bzw. die
Bereitschaft zur Interaktion mit Schwarzen anhand mehrerer Statements
erfragt.
D) Auswertungsmethoden
Varianzanalyse.
E) Ergebnisse und Interpretationen
Kinder lernen tatsächlich am Modell. Die Versuchspersonen, die den
Film gesehen hatten, der die Interaktion mit Schwarzen positiv dar-
stellte, zeigten eher Bereitschaft zur freundlichen sozialen Interak-
tion als die Teilnehmer der Kontrollgruppe. In der Studie wurde aller-
dings nur nach der Verhaltensabsicht gefragt. Es müßte eigentlich noch
das tatsächliche Verhalten geprüft werden.

089. **Tan, A., Tan, G.:** Television Use and Self-esteem of Blacks. In:
     Journal of Communication. Vol. 29 (1979), S. 129-135.

A) Inhaltliche Merkmale, Ziele und Hypothesen
In dem Beitrag wird die Wirkung der TV-Unterhaltung auf den Stereotypisierungsprozeß untersucht. Der Stereotypisierungsprozeß der TV-Unterhaltung verlaufe zugunsten der Weißen und zuungunsten der Schwarzen. Die Autoren versuchen, die folgende Frage zu beantworten: Führt
Vielsehen bei der schwarzen Bevölkerung zu einem negativen Selbstbild?

B) Methoden der Datenerhebung, Forschungsdesign, Stichproben

Zwei Samples

a) N = 176 Schwarze, Stichprobe in Wohngebieten in Lubbock, Texas;

b) N = 157 Weiße, Telefoninterviews, Stichprobe in Lubbock, Texas.

C) Verwendete Variablen und Operationalisierungen

(1) TV-Nutzung (Nutzung und Aufmerksamkeitsgrad bei folgenden Programmen: nationale Nachrichten, lokale Nachrichten, spezielle Dokumentationen, Krimi- und Abenteuerserien, Filme, Komödien, Musikshows).

(2) Selbsteinschätzung der Schwarzen: Wer ist netter? Wer ist abhängiger? Wer ist fortschrittlicher? (Schwarze, beide gleich, Weiße).

(3) Selbsteinschätzung der Weißen wurde ermittelt durch die "Janis-Field Feelings of Inadequacy Scale".

(4) Kontrollvariablen (Soziodemografie).

D) Auswertungsmethoden

Partielle Korrelationen zwischen TV-Nutzung und Selbstbild mit Kontrolle von Alter, Bildung und anderen Sendungen, Programmen.

E) Ergebnisse und Interpretationen

TV-(Unterhaltungs-)Vielsehen führt zu geringer Selbsteinschätzung bei Schwarzen, nicht aber bei Weißen. Der Grund hierfür ist in der Orientierung der Programme an der weißen Mittelschicht zu sehen. Schwarze werden dagegen nur in niedrigen Statuspositionen gezeigt. Der Studie mangelt es jedoch an einer Inhaltsanalyse, die die tatsächliche Abbildung der Schwarzen im Fernsehen wiedergibt.

6. Sozialisationswirkungen

090. **Atkin, Ch.K.:** Effects of Campaign Advertising and Newscasts on Children. In: Journalism Quarterly. Vol. 54 (1977), S. 503-508.

A) Inhaltliche Merkmale, Ziele und Hypothesen

Die Studie untersucht die politische Sozialisation von Kindern. Es wird angenommen, daß außer der Familie und der Schule auch Medien auf Kognitionen und Affekte der Kinder wirken. Besonders günstige Wirkungsbedingungen würden insbesondere Nachrichten und - bei Wahlen - Anzeigen bzw. Werbespots bieten. Durch ihre einfache, sich immer wiederholende Struktur würden sie motivierend wirken. Folgende These soll geprüft werden: Kinder, die häufiger politische Werbesendungen für einen Kandidaten sehen, wissen mehr über diesen Kandidaten und entwikkeln stärkere affektive Bindungen zu ihm als Kinder, die weniger häu-

fig solche Sendungen sehen. Jüngere Kinder entwickeln vor allem affektive Bindungen, da sie noch nicht so gut in der Lage sind wie ältere
Kinder, die aufgenommenen Informationselemente zu verarbeiten.

B) Methoden der Datenerhebung, Forschungsdesign, Stichproben
120 Interviews mit Schülern.

C) Verwendete Variablen und Operationalisierungen
(1) Nachrichtennutzung "News Viewing": Index aus zwei Fragen über die
Häufigkeit des Sehens nationaler Nachrichten und der Berichterstattung
über die Kandidaten. (2) Häufigkeit des Werbekontaktes mit Kandidaten,
(3) Aufmerksamkeitsgrad. (4) Kognitive Effekte: Wissen über die Kandidaten (z.B. Parteizugehörigkeit der Kandidaten usw.). (5) Affektiver
Effekt: emotionale Bindung an Kandidaten ("How much do you like...?").
(6) Alter, Bildung.

D) Auswertungsmethoden
Partiale Korrelationen zwischen den Indizes der Mediennutzung und den
Kognitionen bzw. Emotionen.

E) Ergebnisse und Interpretationen
Die Ergebnisse zeigen, daß Kinder in beachtlichem Umfang Nachrichten
und Wahlkampfwerbung rezipieren. Es ergeben sich bescheidene bis starke Korrelationen zwischen dem Sehen von politischen Nachrichten und
Wahlkampfwerbung und den Kognitionen bzw. Emotionen. Die partialen
Korrelationen verdeutlichen zudem, daß die Variable Alter kaum interveniert. Offen bleibt in der Studie, in welche Richtung die Kausalität
geht, d.h. wie sich Mediennutzung und die Kognitionen bzw. Emotionen
bedingen. Auch reziproke Wirkungsverhältnisse werden nicht ausgeschlossen.

091. **Atkin, Ch.K. et al.:** Television and Race Role Socialization. In:
     Journalism Quarterly. Vol. 60 (1983), S. 407-414.

A) Inhaltliche Merkmale, Ziele und Hypothesen
Die Stimulus-Response Theorie sozialen Lernens bildet den Ausgangspunkt der Studie mit folgenden Forschungsfragen: Welche soziologischen
und psychologischen Faktoren steuern die Lernprozesse weißer Jugendlicher bezüglich Schwarzer? Inwieweit beziehen weiße Jugendliche Informationen über und Einstellungen zu Schwarzen aus den Medien? Es wurden
folgende Thesen untersucht: 1. Weiße Jugendliche, die Programme für
Schwarze häufig sehen, glauben, daß Schwarze a) mehr Humor haben als
Weiße, b) sich anders verhalten und kleiden als Weiße, c) einen größe-

ren Bevölkerungsanteil als in der Wirklichkeit ausmachen. 2. Die besondere Relation zwischen Mediennutzung und dem Wissen und den Überzeugungen hinsichtlich der Eigenschaften von Schwarzen wird stärker
sein, wenn der direkte Kontakt gering ist, eine hohe Motivation besteht, etwas über Schwarze zu lernen, die Darstellung der Schwarzen im
Fernsehen für real gehalten wird, eine hohe Identifikation mit Schwarzen besteht usw.

B) Methoden der Datenerhebung, Forschungsdesign, Stichproben
N = 316 weiße Studenten und Schüler, vorwiegend aus Arbeitervierteln
(Kontakte mit Schwarzen möglich), wurden schriftlich befragt.

C) Verwendete Variablen und Operationalisierungen
(1) Mediennutzung: Wieviele Sendungen mit schwarzen Darstellern werden
gesehen?
(2) Motivation, aus der TV-Nutzung zu lernen.
(3) Vermutete Realitätstreue des Fernsehens in bezug auf die Darstellung von Schwarzen;
(4) Identifikation mit Schwarzen;
(5) Inhaltsspezifische Stereotype von Schwarzen (Persönlichkeitszüge,
Häufigkeit der Darstellung im Vergleich zur Darstellung von Weißen,
Ähnlichkeit oder Unähnlichkeit).
(6) Überzeugungen hinsichtlich der tatsächlichen Eigenschaften von
Schwarzen (Persönlichkeitszüge, Häufigkeit der Darstellung im Vergleich zu Weißen etc.)

D) Auswertungsmethoden
Korrelationen und standardisierte Regressionskoeffizienten.

E) Ergebnisse und Interpretationen
Das einfache Stimulus-Response-Modell des sozialen Lernens erweist
sich als wenig brauchbar, um aufzuzeigen, wie rassenbezogene Inhalte
den Zuschauer in seinen Vorstellungen beeinflussen. Die Wirkung von
Sendungen über Schwarze ist für Weiße nur begrenzt, da das Prinzip der
selektiven Wahrnehmung ("selective perception") den Wirkungskreis mediatisiert. Bereits vorhandene Überzeugungen lassen sich durch den Medienkonsum einschlägiger Programme kaum verändern.

092. **Atkin, Ch.K., Gantzin, W.**: Television News and Political Socialization. In: Public Opinion Quarterly. Vol. 42 (1978), S. 183-198.

A) Inhaltliche Merkmale, Ziele und Hypothesen
Untersucht wird der Beitrag, den TV-Nachrichten für politisches Wissen, Interesse und interpersonale Diskussion leisten.

B) Methoden der Datenerhebung, Forschungsdesign, Stichproben
Panelbefragung in zwei Wellen: N_1 = 703; N_2 = 200 Grundschüler.
C) Verwendete Variablen und Operationalisierungen
(1) Politisches Wissen: 10 Fragen bezogen auf Themen, politische Persönlichkeiten und langfristige Entwicklungen in der Politik.
(2) Interpersonale Kommunikation: Diskussion der Nachrichten mit Freunden und Eltern.
(3) Aktive Informationssuche im Sinne eines "Mehr Herausfindens".
(4) Medienkontakt ("Exposure"): "How much do you watch the national news programs? Almost every day, sometimes, or almost never?"
D) Auswertungsmethoden
Partiale Korrelationen zwischen Nachrichtensehen, politischem Wissen, Diskussion, Interesse. "Cross-lagged-Korrelation" zur Bestimmung der Kausalität.
E) Ergebnisse und Interpretationen
Mehr als die Hälfte der Kinder sieht gelegentlich oder häufig Nachrichten. Die Mediennutzung trägt zu politischem Wissen, Interesse und zur Informationssuche bei. Allerdings sind Entwicklungsunterschiede der Kinder zu beachten. Interpersonale Diskussionen führen zur verstärkten Nachrichtenaufnahme.

093. **Conway, M.M. et al.:** The News Media in Children's Political Socialization. In: Public Opinion Quarterly. Vol. 45 (1981), S. 164-178.

A) Inhaltliche Merkmale, Ziele und Hypothesen
In der Studie wird untersucht, inwiefern die Medien als sekundäre Sozialisationsagenten fungieren, d.h. zur politischen Information, Partizipation und Einstellungsbildung beitragen.
B) Methoden der Datenerhebung, Forschungsdesign, Stichproben
Befragung von N = 760 Kindern.
C) Verwendete Variablen und Operationalisierungen
(1) Mediennutzung der Eltern, (2) Geschlecht, (3) Alter, (4) Lernmethoden in der Schule; (5) Mediennutzung der Kinder; (6) politisches Wissen, (7) Einstellung zum Parteien- und Wahlsystem und (8) politische Partizipation.
D) Auswertungsmethoden
Pfadanalyse.
E) Ergebnisse und Interpretationen
Die Studie zeigt, daß die Nutzung der Nachrichtenmedien einen Einfluß

auf das politische Wissen der Kinder hat, wobei zu einem gewissen Grad Wechselwirkungen zwischen den beiden Variablen festgestellt werden können. Stärker als Eltern, Erziehungsmethoden in der Schule, Geschlecht und Alter ist der Einfluß der Nachrichtenmedien auf die politischen Einstellungen und das Ausmaß der politischen Partizipation.

094. **Jackson-Beeck, M.:** Interpersonal and Mass Communication in Children's Political Socialization. In: Journalism Quarterly. Vol. 56 (1979), S. 48-53.

A) Inhaltliche Merkmale, Ziele und Hypothesen
Im Vordergrund der Studie steht die Frage, wie Medien- und interpersonale Kommunikation auf die politische Sozialisation von Kindern wirken. Mit Ausnahme einer Studie von Chaffee, Ward, Tipton et al. (1970), die langfristige Medienwirkungen auf das politische Wissen und auf die Kampagnenaktivität der Kinder nachwiesen, wird mit einem stärkeren Einfluß interpersonaler Kommunikation und Diskussion auf die politische Sozialisation gerechnet, Zeitungsnutzung und TV-Nutzung würden in dieser Reihenfolge als wichtige Sozialisationsagenten folgen.
B) Methoden der Datenerhebung, Forschungsdesign, Stichproben
Panelstudie mit einem Sample von N = 191 Kindern über einen Zeitraum von einem halben Jahr.
C) Verwendete Variablen und Operationalisierungen
(1) Medianutzung (getrennt für Tageszeitung/TV in Stunden pro Tag), (2) Häufigkeit interpersonaler Kommunikation mit drei Sozialisationsagenten (Freunde, Familie, Lehrer). (3) Messung von politischer Information (korrekte Antworten zu Fragen über Regierung und politische Führer) und (4) politischen Interesses (Aufmerksamkeitsgrad) als Indikatoren für Sozialisationswirkungen. (5) Soziodemografie, Bildung der Eltern.
D) Auswertungsmethoden
Partiale Korrelationen zwischen den Kommunikations- und politischen Sozialisationsvariablen ("Cross-lag").
E) Ergebnisse und Interpretationen
Zeitungslesen ist ein positiver Faktor für politische Information und für politisches Interesse (vgl. auch Chaffee et al.). Für die politische Sozialisation ist im Durchschnitt die interpersonale Kommunikation nicht so wichtig wie die Massenkommunikation. Kinder aus gehobeneren Schichten verlassen sich dagegen am ehesten auf interpersonale

Kommunikation. TV-Nutzung steht in negativem Zusammenhang mit dem Umfang politischer Information und dem politischen Interesse der Kinder.

095. **Klapper, H.L.:** Childhood Socialization and Television. In: Public Opinion Quarterly. Vol. 42 (1978), S. 426-430.

A) Inhaltliche Merkmale, Ziele und Hypothesen
Ausgangspunkt der Untersuchung bildet eine Kritik der üblichen Wirkungsperspektive, wonach die Medien Kinder sozialisieren. Der Autor vertritt die Auffassung, daß Kinder selbst auch aktiv sind. Die Konsequenzen des Fernsehens für das Kind seien z.T. auch eine Konsequenz des Kindes selbst. Die Perzeption des Kindes definiert den Stimulus, definiert die Umgebung im Sinne von Piaget. Untersucht wird daraufhin, ob Kinder das Fernsehen als Fiktion oder als Realität wahrnehmen.
B) Methoden der Datenerhebung, Forschungsdesign, Stichproben
Befragung von Kindern.
C) Verwendete Variablen und Operationalisierungen
Drei identische Fragenkomplexe zu den Themen Ehrlichkeit, Wahrheit, Gerechtigkeit werden gestellt, jeweils zwei geschlossene und eine offene Frage, z.B.:
(1) "In TV-shows, do the good people mostly always win?" ("Yes", "No").
(2) "How about in real life, do the good people mostly always win?" ("Yes"/"no").
(3) "How do you know?" (offen).
D) Auswertungsmethoden
Häufigkeiten und qualitative Beschreibung der Antworten speziell zur dritten Frage.
E) Ergebnisse und Interpretationen
Die befragten Kinder stimmen der ersten Frage überwiegend zu, während sie der zweiten Frage nicht so häufig zustimmen. Die angegebenen Gründe auf die offene Frage drei sind mannigfaltig und sehr stark vom einzelnen Kind abhängig. Das führt zur Erkenntnis, daß die rezipierten Themenstrukturen aus dem Fernsehen nicht durch Inhaltsanalyse allein oder durch geschlossene Fragen allein bestimmt werden können. Eine Bandbreite von Interpretationen und Übersetzungen bleibt dabei nämlich verborgen. Insgesamt scheint die TV-Realität einen dominanten Einfluß auf die Realitätskonstruktion der Kinder zu nehmen.

096. **Moore, R.L., Moschis, G.P.**: Role of Mass Media and the Family in
Development of Consumption Norms. In: Journalism Quarterly. Vol.
60 (1983), S. 67-73.

A) Inhaltliche Merkmale, Ziele und Hypothesen
Untersuchung des Konsumverhaltens von Jugendlichen und jungen Erwachsenen (Konsumentensozialisation). Es wird angenommen, daß antizipato-
rische Einstellungen von Kindern das spätere Konsumverhalten beein-
flussen. Folgende Variablen bilden die Rahmenkonzeption der Untersuchung: (1) Normative Variablen (Wissen, Einstellungen, Normen), (2)
Schichtungsvariablen (Rasse, Geschlecht, Bildung), (3) Sozialisations-
prozesse (Beziehungen, Sozialisationsquellen, -faktoren).
B) Methoden der Datenerhebung, Forschungsdesign, Stichproben
Querschnittsbefragung (repräsentativ für Geschlecht, Bildung, Ort,
Rasse, sozioökonomischer Status) von 784 Heranwachsenden.
C) Verwendete Variablen und Operationalisierungen
(1) Rollenvorstellung der Konsumenten; (2) Konsumentenverhalten; (3)
Rolle der Eltern für das Konsumverhalten; (4) Motive für das Fernse-
hen, (5) Fernseh- und Zeitungsnutzung.
D) Auswertungsmethoden
Korrelationen, Pfadanalyse.
E) Ergebnisse und Interpretationen
Das Konsumverhalten der Jugendlichen wird hauptsächlich durch Familie/
Eltern geprägt, aber auch durch die Nutzung entsprechender Medienin-
halte in Zeitungen und im Fernsehen. Der Medieneinfluß wird besonders
dann deutlich, wenn die primären Kontakte konsumfreundliche Einstel-
lungen unterstützen.

097. **O'Keefe, G., Lin, J.**: First-Time Voters: Do Media Matter? In:
Journal of Communication. Vol. 30 (1980), S. 122-129.

A) Inhaltliche Merkmale, Ziele und Hypothesen
Politische Sozialisation. Der Zusammenhang zwischen Massenkommunikation und interpersonaler Kommunikation wird am Beispiel von Jungwählern dargestellt.
These: Personen mit positiver Einstellung zum Wählen verlassen sich
mehr auf Massen- und interpersonale Kommunikation als Nichtwähler oder
nur wenig interessierte Wähler. Die erstgenannten Wähler führen auch
mehr Diskussionen mit den Eltern während ihrer Kindheit. Der Faktor
Bildung könnte in diesem Zusammenhang eine wichtige Rolle spielen.

B) Methoden der Datenerhebung, Forschungsdesign, Stichproben
Sekundäranalyse einer nationalen Umfrage potentieller Wähler (N = 1966).

C) Verwendete Variablen und Operationalisierungen
(1) Politisches Interesse: "Wie sehr sind Sie im allgemeinen an Politik interessiert?"
(2) Politisches Vertrauen (negative Form): "Personen wie ich haben keinen Einfluß auf Regierung." (agree, neutral, disagree).
(3) Wählervertrauen: "Jede Stimme ist wichtig."
(4) Interpersonale-, Medienkommunikation: "Wie sehr zählen Sie auf..., um Ihre Meinung über Kandidaten, die Sie wählen wollen, zu bilden? Wie oft haben Sie mit Ihrem Vater über Politik diskutiert?"

D) Auswertungsmethoden
Mittelwertvergleiche, t-Test, Pfadanalyse.

E) Ergebnisse und Interpretationen
Das Kommunikationsverhalten ist wichtig für das Verständnis vom Wählerverhalten. Frühe Diskussion in der Familie ist entscheidend für das Interesse an Politik, Mediennutzung etc. und übt einen aktivierenden Einfluß aus. Für die Einstellung des Wählers sind also Lebenszyklus und Sozialisation wichtig. Die Wählereinstellung ist wiederum für die tatsächliche Wahl wichtig. Zum Großteil ergibt sich die Wählereinstellung aus der Mediennutzung. Jedoch liegt ein eher indirekter Einfluß der Mediennutzung vor.

098. **Wackman, D.B., Wartella, E.:** A Review of Cognitive Development Theory and Research and the Implication for Research on Children's Responses on Television. In: Communication Research. Vol. 4 (1977), S. 203-224.

A) Inhaltliche Merkmale, Ziele und Hypothesen
Theoretischer Beitrag zur Bedeutung der kognitiven Entwicklungstheorie für die Untersuchung der Informationsverarbeitung von Kindern. Die kognitive Entwicklungstheorie wurde bereits in Studien über die TV-Werbewirkung und in der Aggressionsforschung angewandt und wird von den Autoren als eine Ergänzung zur üblichen Lerntheorie angesehen. In Anlehnung an die Stufentheorie von Piaget, in der die Prinzipien Organisation, Akkomodation, Assimilation ("to cope with environment") und das dynamische Gleichgewicht hervorgehoben werden, wird der Informationsverarbeitungsprozeß konzeptualisiert. Es wird unterschieden in:
(1) Perzeptionsprozesse [a] Aufmerksamkeit (Erfassen des Wesentlichen,

Zentralität, Dezentralität, Konzept versus Stimulus), b) visuelles und akustisches Enkodieren ("storage", Integration von Ereignissen)] und (2) Konzeptuelle Prozesse [Stufen der Entwicklung: (präoperational, operational), "Role-taking", moralische Entwicklung]. Es werden Studien zur Werbewirkung und zum prozeßorientierten Lernen vorgestellt, in denen die angeführten Prozesse berücksichtigt werden und die die Brauchbarkeit der kognitiven Entwicklungstheorie demonstrieren.

099. **Williams, F., Smart, M.E., Epstein, R.H.:** Use of Commercial Television in Parent and Child Interaction. In: Journal of Broadcasting. Vol. 23 (1979), S. 229-237.

A) Inhaltliche Merkmale, Ziele und Hypothesen
In der Studie wird untersucht, ob und inwiefern das Fernsehen zur Interaktion zwischen Eltern und Kindern beiträgt, also die Familienkommunikation beeinflußt.
B) Methoden der Datenerhebung, Forschungsdesign, Stichproben
Experiment mit 15 Dyaden, bestehend aus Eltern und Kind, die zufällig drei Gruppen zugewiesen wurden: (1) Eltern-Kind-TV-Interaktion, (2) Eltern-Kind Interaktion, (3) Kontrollgruppe ohne Interaktion. Das vorgeführte Fernsehprogramm (über Spiele) soll die Interaktion fördern, es sollen danach bestimmte Aufgaben gelöst werden.
C) Verwendete Variablen und Operationalisierungen
Tagebuchaufzeichnungen über die Interaktionen zwischen Eltern und Kind (Anzahl, Initiator, Dauer, TV-bezogene Aussagen, Zeitpunkt, Gegenstände bzw. Themen); Videoaufzeichnungen; kurzer Fragebogen mit Fragen zur TV-Nutzung und zu Familienaktivitäten.
D) Auswertungsmethoden
Häufigkeiten, t-Test.
E) Ergebnisse und Interpretationen
Die Ergebnisse belegen zwar keinen starken Einfluß des Fernsehens auf die Interaktion zwischen Eltern und Kindern, die Effekte sind allenfalls von bescheidenem Ausmaß. Angeregt durch das Fernsehen, scheinen die Kinder allerdings elaborierter und weniger egozentrisch zu spielen.

7.   Agenda-Setting: Themenstrukturierungseffekte

100. **Asp,   K.:** The Struggle for the Agenda: Party Agenda, Media Agenda
     and Voter Agenda in the 1979 Swedish Election Campaign.   In: Com-
     munication Research. Vol. 10 (1983), S. 333-355.

A) Inhaltliche Merkmale, Ziele und Hypothesen
Der Autor nimmt einen Vergleich der Agenda von Parteien, Parteizeitun-
gen,   allgemeinen Nachrichtenmedien und Wählern während einer Wahlkam-
pagne (1979) in Schweden vor.
B) Methoden der Datenerhebung, Forschungsdesign, Stichproben
(1) Inhaltsanalyse der Medien, auch der Parteipresse, (2) Umfrage in
Schweden (keine genaueren Angaben).
C) Verwendete Variablen und Operationalisierungen
Agenda-Setting-Frage: "Thinking of this year's election, are there any
issues which are important to you in determining which party you will
vote for on election day?"
D) Auswertungsmethoden
"Matching-Index": = Differenz der Unterschiede in den Häufigkeiten der
Prioritätenfolge/2.
E) Ergebnisse und Interpretationen
Die Parteien stellen sich als "Agenda-Setter" dar, die Medien greifen
dieselben Themen auf wie die Parteien. Besonderes Augenmerk wenden die
Medien, vor allem das Fernsehen, den "clear-cut-issues" zu (Atomare
Rüstung, Steuerpolitik). Parteizeitungen weisen homogene Berichterstattung auf (professionelle Nachrichtenkriterien dominieren). Parteien sind nicht erfolgreich im Setzen der Agenda der eigenen Parteipresse. Fernsehnachrichten greifen Themen auf, die ungünstig für alle
Parteien sind. Für das Publikum stellen Tageszeitungen im Vergleich
zum TV die wichtigsten Themengeber dar. Die Wähler sind weniger interessiert an den "clear-cut-issues", haben z.T. ganz andere Themenprio-
ritäten als die Nachrichtenmedien. Große Unterschiede sind auch innerhalb der Wählerlager vorhanden. Der Autor weist auf weitere Variablen
hin, die die Publikumsagenda mit steuern, z.B. informale Kommunikation, persönliche Erfahrung/Betroffenheit und tatsächliche Realitätsentwicklung.

101. **Atkin, Ch.K., Galloway, J., Nayman, O.B.:** News Media Exposure Po-
     litical Knowledge and Campaign Interest. In: Journalism Quarter-
     ly. Vol. 53 (1976), S. 231-237.

A) Inhaltliche Merkmale, Ziele und Hypothesen
Untersuchung der kausalen Beziehungen zwischen Medienkontakt ("Exposure"), Interesse und Wissen im Zusammenhang mit politischen Kampagnen.
B) Methoden der Datenerhebung, Forschungsdesign, Stichproben
1. Auswertung einer Umfrage (N = 846) (Sekundäranalyse).
2. Primärstudien als jeweils zweiwelliges Panel angelegt: $N_1 = 148$;
$N_2 = 171$.
C) Verwendete Variablen und Operationalisierungen
(1) Massenmedienkontakt ("exposure"): vier Indizes zur Messung lokaler
und nationaler Information.
(2) Politisches Wissen: offene Fragen zu Kampagneninformationen, Wis-
sensitems (Multiple Choice), Beurteilung der Ähnlichkeit der Auffassungen der Kandidaten zu Themen wie Steuern, Sicherheit, Verteidigung
etc.
(3) Interesse an der Kampagne.
D) Auswertungsmethoden
Cross-lagged Korrelation.
E) Ergebnisse und Interpretationen
Während die Sekundäranalyse zu dem Ergebnis kommt, daß zunehmender Medienkontakt zu wachsendem Wissen und erhöhtem politischen Interesse
führt, ergibt die Panelumfrage ein Sowohl als Auch: 1. Interesse und
Wissen bedingen die Zuwendung zu den Medien, 2. diese aber bedingt
auch politisches Wissen und Interesse.

102. **Bechtold, W.E.J., Hilyard, J., Bybee, C.R.:** Agenda Control in the
     1976 Debates: A Content Analysis. In: Journalism Quarterly. Vol.
     54 (1977), S. 674-681.

A) Inhaltliche Merkmale, Ziele und Hypothesen
Der Beitrag untersucht mit Hilfe einer Inhaltsanalyse den Agenda-Setting-Prozeß während einer Präsidentschaftswahlkampfdebatte (1976). Im
Vergleich zu politischer Werbung handele es sich bei derartigen Debatten im TV um eine alternative Informationsquelle. Im Vordergrund der
Studie stehen die Anzahl der gebrachten Themen/Standpunkte ("issues")
und Merkmale ("image") der Kandidaten.

B) Methoden der Datenerhebung, Forschungsdesign, Stichproben
Inhaltsanalyse von drei TV-Debatten zwischen Ford und Carter.

C) Verwendete Variablen und Operationalisierungen
Die Debatten wurden in Abschnitten von 30 Sekunden auf Themensetzung
("issue topics") und Imagekategorien untersucht.

D) Auswertungsmethoden
Häufigkeitsverteilungen.

E) Ergebnisse und Interpretationen
Carter initiierte mehr Gegenstände und Themen als Ford, "verbrauchte"
damit mehr Zeit und kontrollierte so die Debatten stärker. Ein Wechseln in dieser Kontrolle kam dadurch zustande, daß die Reporter oder
die Kandidaten weitere Themen einbrachten. Die Autoren sind der Meinung, daß solche Debatten komplexere Information bieten würden als die
politische Werbung, die sich auf nur wenige Themen beschränke.

103. **Behr, R.L., Iyengar, S.:** Television News, Real World Cues, and
      Changes in the Public Agenda. In: Public Opinion Quarterly. Vol.
      49 (1985), S. 38-57.

A) Inhaltliche Merkmale, Ziele und Hypothesen
Untersuchung der kausalen Beziehungen zwischen Problemen der Wirklichkeit, direkten Erfahrungen im Umgang mit den Problemen und der TV-Berichterstattung: Existiert ein spiegelbildlicher Agenda-Setting-Effekt
oder hängt dieser von anderen Bedingungen ab? Der Untersuchung liegt
ein Zweistufenmodell des Agenda-Setting zugrunde: 1. Zunächst werden
die Effekte der realen Bedingungen auf die TV-Berichterstattung bestimmt und 2. die Effekte der TV-Nachrichten und der realen Bedingungen in ihrer Wirksamkeit auf das öffentliche Problembewußtsein isoliert. Drei aufdringliche Themen stehen im Mittelpunkt der Studie: Beschäftigung, Inflation, Energieversorgung.

B) Methoden der Datenerhebung, Forschungsdesign, Stichproben
Daten aus drei Umfragen: Inhaltsanalyse der TV-Berichterstattung, Sekundärstatistiken.

C) Verwendete Variablen und Operationalisierungen
(1) Offene Fragen nach der Wichtigkeit nationaler Probleme;
(2) Inhaltsanalyse: Anzahl der Beiträge, Titelgeschichten;
(3) Indikatoren der Realitätsentwicklung: z.B. Preisindex, Zinsraten,
Beschäftigungsrate (Arbeitslosigkeit).

D) Auswertungsmethoden
Maximum-Likelihood-Schätzungen.

E) Ergebnisse und Interpretationen
Die TV-Nachrichtenthemen werden durch reale Bedingungen und Ereignisse
determiniert. TV-Nachrichten reflektieren die Lage der Nation. Das öffentliche Themenbewußtsein wird bei den zwei Themen Inflation und
Energieversorgung eindeutig durch die Titelgeschichten beeinflußt. Bei
dem Thema Beschäftigung mediatisieren auch lokale und interpersonale
Quellen: Auch diese führen zu Themenbewußtsein. Neben der Position
eines Themas in den Nachrichten sind auch Präsentationseffekte (Prima-
cy-Effekt der Titelgeschichten) und Statusfaktoren (z.B. Ansprachen
der Präsidenten) zu beachten.

104. **Beniger, J.R.:** Media Content as Social Indicators. The Greenfield
     Index of Agenda Setting. In: Communication Research. Vol. 5
     (1978), S. 437-453.

A) Inhaltliche Merkmale, Ziele und Hypothesen
Der Autor berichtet in dem Beitrag über einen Index, mit dessen Hilfe
kontinuierlich die Medienberichterstattung untersucht werden könne.
Die verwendeten Medienindikatoren ermöglichen es, breite soziale The-
men/Probleme in Komponenten zu zerlegen, die wechselnde Medienberichterstattungen nach sich ziehen, und den Umfang der Medienberichterstattung zu speziellen Problemen zu quantifizieren. Auf diese Weise werden
Trends in der Themensetzung der Medien und in der öffentlichen Meinung
deutlich, wodurch auch soziale Wandlungsprozesse auf Makroebene zum
Vorschein gelangen.

105. **Benton, M., Frazier, P.J.:** The Agenda Setting Function of Mass
     Media at Three Levels of 'Information Holding'. In: Communication
     Research. Vol. 3 (1976), S. 261-274.

A) Inhaltliche Merkmale, Ziele und Hypothesen
Untersuchung unterschiedlicher Ebenen bzw. Komplexitätsstufen der Informationsaufnahme (des -besitzes) im Zusammenhang mit dem Agenda-Setting. Die Medien werden in bezug auf ihre Informationsleistungen am
Beispiel eines Themas über wirtschaftliche Probleme verglichen.
B) Methoden der Datenerhebung, Forschungsdesign, Stichproben
Inhaltsanalyse der Medienberichterstattung und Umfrage bei N = 119 Respondenten, Nähe Universität, verzerrte Stichprobe (hohe Bildung dominiert).

C) Verwendete Variablen und Operationalisierungen
Drei verschiedene Komplexitätsstufen der Informationsaufnahme wurden
unterschieden. Die Erhebung der Informationstiefe erfolgte mit der
"content-free"-Technik von Edelstein: Bildung von Teilproblemen, Be-
schreibung der Lösungsmöglichkeiten, so daß Vergleiche zwischen Me-
dien- und Respondentendarstellung möglich werden.
D) Auswertungsmethoden
Pearson-Korrelationen.
E) Ergebnisse und Interpretationen
Das Agenda-Setting wird auch auf den höheren Ebenen der Informations-
verarbeitung noch eindeutig sichtbar. Die Zeitungen setzen die Agenda
für alle Medien. Das Fernsehen ist viel weniger dazu in der Lage, die
Agenda auf den höheren Komplexitätsstufen zu setzen als die Zeitung.
Das gilt auch für diejenigen Respondenten, die bevorzugt fernsehen, um
Informationen aufzunehmen.

106. **Cook, F.L. et al.:** Media and Agenda Setting: Effects on the
     Public, Interest Group Leaders, Policy Makers, and Policy. In:
     Public Opinion Quarterly. Vol. 47 (1983), S. 16-35.

A) Inhaltliche Merkmale, Ziele und Hypothesen
Untersucht wird die Wirkung eines Ereignisses, das durch investigati-
ven Journalismus (TV) hervorgehoben wird. Den Fokus der Studie bilden
Effekte auf das Publikum bzw. die Öffentlichkeit und auf Politiker.
Bei dem Ereignis handelt es sich um Mißbrauch und Betrug im Zusammen-
hang mit dem "Homehealth-care"-Programm.
B) Methoden der Datenerhebung, Forschungsdesign, Stichproben
Panelumfrage, Experimentaldesign; N_1 = 150 (Seher der Aufklärungssen-
dung), N_2 = 150 (Nichtseher). Pre- und Posttest bei insgesamt N = 250
Personen. Zusätzliche Befragung von 51 Politikern, davon gehören 27
der Regierungselite und 24 spezifischen Interessengruppen an.
C) Verwendete Variablen und Operationalisierungen
Befragung: Kontakt mit dem Programm; geschlossene Fragen nach der
Wichtigkeit des Problems, Beurteilung der Regierungspolitik usw. (meh-
rere Items).
D) Auswertungsmethoden
t-Test, Multiple Regression.
E) Ergebnisse und Interpretationen
Investigative Berichte im Fernsehen beeinflussen die politische Elite
nicht generell, da die Regierungselite sich beeinflußbarer zeigte als

die Interessengruppenführer, die speziellere Interessen verfolgten. Ein deutlicher Agenda-Setting-Effekt wird bei der Öffentlichkeit konstatiert: Die Politiker selbst differenzieren das Problem aber wesentlich stärker als die Öffentlichkeit, für die nur der Mißbrauch im Vordergrund steht. Qualitative Nachuntersuchungen erbringen Hinweise auf eine Symbiose zwischen Journalisten und Politikern bei der Entwicklung und Lösung von Problemen, die dann in den Medien thematisiert werden.

107. **Erbring, L., Goldenberg, E.N., Miller, A.H.:** Front-Page News and Real World Cues: A New Look of Agenda-Setting by the Media. In: American Journal of Political Science. Vol. 24 (1980), S. 16-49.

A) Inhaltliche Merkmale, Ziele und Hypothesen
Untersuchung der Wirkung intervenierender Variablen, insbesondere von Publikumsvariablen auf das Agenda-Setting. Die Autoren üben Kritik am Spiegelbildmodell der Massenmedien, da auch andere Quellen für Themenstrukturierungsprozesse möglich seien: z.B. tatsächliche Realitätsentwicklung, persönliche Erfahrungen, Gruppeneffekte. Die Autoren versuchen, die Wirkung von solchen Kontexteffekten der Realität und der Publikumsfaktoren auf den Agenda-Setting-Prozeß zu bestimmen.

B) Methoden der Datenerhebung, Forschungsdesign, Stichproben
Sekundäranalyse nationaler Umfragen; Sekundärstatistiken; Inhaltsanalyse der Nachrichtenberichterstattung von 94 Tageszeitungen verschiedener Lokalität.

C) Verwendete Variablen und Operationalisierungen
(1) "issue salience": offene Frage nach den wichtigsten Problemen in der Gesellschaft.
(2) Kontexteffekte: aus Statistiken, z.B. lokale Beschäftigungslosigkeit, lokale Kriminalitätsrate.
(3) Unterschiede in der Sensitivität (Betroffenheit) beim Publikum für besondere Themen.
(4) Medienkontakt mit den Themen (Individualdatenniveau).
(5) Ausmaß interpersonaler Kommunikation über die Themen.

D) Auswertungsmethoden
Häufigkeiten, Korrelationen, Regressionen, Maximum-Likelihood-Schätzverfahren.

E) Ergebnisse und Interpretationen
Nur drei von sieben Themen reproduzieren das Spiegelbildmodell: Beschäftigungslosigkeit, Vertrauen in die Regierung und Kriminalität. Ein signifikanter Agenda-Setting-Effekt tritt überhaupt nur beim Thema

Kriminalität auf. Allerdings wirkt der reale Kontext beträchtlich mediatisierend, z.B. beim Thema Kriminalität die lokale Kriminalitätsrate oder beim Thema Beschäftigungslosigkeit die lokale Arbeitslosenquo-
te. Bei diesen Themen interveniert auch die Sensitivität des Publikums
für das Thema - infolge erhöhter Betroffenheit. Sie stiftet erst die
Aufmerksamkeit gegenüber den Medienthemen. Intensive Mediennutzung
kann dagegen die fehlende Sensibilität für ein Thema ausgleichen. Inhaltseffekte werden nicht nur durch reale Entwicklungen, sondern auch
durch interpersonale Kommunikation zurückgedrängt. Die Autoren schlagen aufgrund ihrer Ergebnisse ein "publikumsgesteuertes" Wirkungsmo-
dell vor.

108. **Folkets, J.L.:** William Allen White's Antipopulist Rhetoric as an
     Agenda-Setting Technique. In: Journalism Quarterly. Vol. 60
     (1983), S. 28-34.

A) Inhaltliche Merkmale, Ziele und Hypothesen
Anhand einer qualitativen, interpretativen Inhaltsanalyse einer Zei-
tung in Kansas wird die Berichterstattung (Rhetorik) ausgangs des 19.
Jahrhunderts mit dem Agenda-Setting-Ansatz analysiert.

109. **Gadziola, S.M., Becker, L.B.:** A New Look at Agenda-Setting in the
     1976 Election Debates. In: Journalism Quarterly. Vol. 60 (1983),
     S. 122-126.

A) Inhaltliche Merkmale, Ziele und Hypothesen
Die Autoren untersuchen die Agenda-Setting-Wirkung von Wahlkampfdebatten im Fernsehen. Die Autoren rechnen damit, daß Agenda-Setting-Effekte bei Wahlkampfdebatten im Fernsehen nicht zum Tragen kommen, weil in
den Debatten eher die Positionen der Kandidaten dargestellt und die
Themen selbst nicht ausgeführt werden.
B) Methoden der Datenerhebung, Forschungsdesign, Stichproben
Längsschnittuntersuchung: 5 Panel-Umfragen per Telefon (verschiedene
Samples).
Befragungszeitpunkte:
(1) Vor und nach der ersten Debatte
(2) Vor und nach der zweiten Debatte
(3) Vor der Vize-Präsidenten-Debatte
(4) Vor der letzten Präsidenten-Debatte
(5) Nach der letzten Präsidenten-Debatte.

C) Verwendete Variablen und Operationalisierung
Inhaltsanalyse der Titelseiten großer Tageszeitungen im Untersuchungs-
zeitraum, um die Bandbreite der Themen zu erfassen.
Interviewfragen zu den Themen
(1) Bedeutung der Themen für den Befragten.
(2) Welche Fragen werden mit anderen diskutiert?
(3) Wichtigstes Thema allgemein?
D) Auswertungsmethoden
Korrelation zwischen Inhalt der Titelseiten und Antworten der Inter-
viewten zum jeweiligen Befragungszeitraum. Skalierung. Bedeutung der
Themen.
E) Ergebnisse und Interpretationen
Die Autoren können keinen Agenda-Setting-Effekt von Wahldebatten im
Fernsehen belegen. Drei mögliche Gründe werden angeführt, weshalb es
zu keinem Agenda-Setting-Effekt kam: 1. Die untersuchten Themen entsprechen nicht den Themen, die für die Befragten wichtig waren, 2. die
Inhaltsanalyse erbrachte kein getreues Abbild der Berichterstattung,
3. der Agenda-Setting-Effekt tritt nur bei sehr eng begrenzten In-
haltsbereichen auf und nicht bei einem Spektrum breiter Themen.

110. **Gormley, W.T.:** Newspaper Agendas and Political Elites. In: Journalism Quarterly. Vol. 52 (1975), S. 304-308.

A) Inhaltliche Merkmale, Ziele und Hypothesen
Der Autor untersucht den Beitrag der Presseagenda für das Problembe-
wußtsein der politischen Elite. Es wird vor allem auch zwischen der
Wirkung breiterer Themengebiete und spezifischer Ereignisse unter-
schieden.
B) Methoden der Datenerhebung, Forschungsdesign, Stichproben
Inhaltsanalysen der Presseberichterstattung von fünf Zeitungen (lokal)
über zwei Wochen;
Schriftliche Befragung der (lokalen) Elite, N = 30 Senatoren (Rück-
lauf).
C) Verwendete Variablen und Operationalisierung
25 Probleme und Kontroversen werden auf ihre Berichterstattung auf den
Titelseiten und im Kommentar überprüft ("salience").
Wichtigkeitseinstufung der Probleme durch die Senatoren anhand einer
Skala von 1 bis 10 ("minor", "major importance").
D) Auswertungsmethoden
Rangordnung und Korrelation (Spearman's Rho).

Die Aggregation der Themen ("issues"), ausgedrückt durch die Anzahl
von Titelgeschichten, wird der Aggregation der Wichtigkeitseinstufun-
gen durch die Senatoren gegenübergestellt.

E) Ergebnisse und Interpretationen

Zwischen der Agenda der Zeitungen und der Agenda der Senatoren besteht
eine deutliche Korrelation (.75): Die Medien setzen die breiten "is-
sues". Eine geringe Korrelation besteht allerdings für spezifische
Themen aus dem breiten Spektrum. Hier treten kaum Agenda-Setting-Ef-
fekte auf. Die Zeitungen berichten eher über Kurzfristiges und Kon-
flikthaltiges, während die Senatoren auch längerfristige, dauerhafte
Themen bevorzugen, die in ihre Politik passen ("self-serving"). Die
Zeitungen berichten dagegen weniger substantiell über die einzelnen
Themen. Im Vordergrund steht vielmehr die globale Zusammensetzung der
Themen.

111. **Hofstetter, C.R., Strand, P.J.:** Mass Media and Political Issue
      Perceptions. In: Journal of Broadcasting. Vol. 27 (1983),
      S. 345-358.

A) Inhaltliche Merkmale, Ziele und Hypothesen

Die Autoren untersuchen den Zusammenhang zwischen der Mediennutzung
von Wahlkampfinformation und der Wahrnehmung politischer Themen/
Streitfragen. Folgende Thesen stehen im Vordergrund der Studie:

(1) Mit dem Umfang der Nutzung von politischer Information ("exposure") würden Wahrnehmung und Einnehmen von Positionen in bezug auf
Themen und Standpunkte zunehmen.

(2) Diese Beziehung sei unabhängig vom politischen Interesse und von
den jeweiligen persönlichen Standpunkten (selektive Wahrnehmung).

(3) Mit der Nutzung politischer Information würde das Erkennen der Positionen von politischen Kandidaten zunehmen.

(4) Mediennutzung führe zu diffusen Vorstellungen, die Wahrnehmungen
seien auf alle Autoren bezogen.

B) Methoden der Datenerhebung, Forschungsdesign, Stichproben

Sekundäranalyse verschiedener nationaler Umfragen (1972, 74, 76, 78).

C) Verwendete Variablen und Operationalisierungen

(1) Häufigkeit der Medienkontakte ("exposure") mit verschiedenen Medien (TV, Radio, Zeitung, interpersonale Kommunikation).

(2) Feststellung der eigenen Positionen der Respondenten und der wahrgenommenen Positionen der Kandidaten zu folgenden Themen: Rasseninte-

gration, Wohlfahrt, Verteidigungshaushalt, Polizeiautorität, Bürgerrechte (7-Punkte-Skalen).

(3) Umfang des Interesses an Kampagnen.

(4) Parteizuneigung ("Ideology", "Partisanship").

D) Auswertungsmethoden

Chi-square, Assoziationen.

E) Ergebnisse und Interpretationen

Medien- und interpersonale Kommunikation tragen allgemein dazu bei,
daß die Bürger überhaupt Positionen und Standpunkte haben. Das Halten
von Positionen ist stark von der Mediennutzung abhängig, weniger vom
Interesse an Politik. Die politische Mediennutzung der Bürger ist aber
insgesamt eher als diffus zu bezeichnen. In Abhängigkeit von der Nutzung nehmen die Bürger die Positionen der meisten Kandidaten nämlich
wahr, ohne daß die selektive Wahrnehmung aufgrund von Parteineigungen
bestimmte Kandidatenpositionen ausblockt. Die Mediennutzung führt auch
nicht zum Erkennen bestimmter Positionen, die von den Kandidaten ein-
genommen werden. Die Vorstellungen von den Kandidaten sind also recht
diffus. Zeitungslektüre und interpersonale Kommunikation tragen noch
am besten zum Halten spezifischer Positionen bei. Personen, die lesen
und reden, nennen auch eher Kampagnenstreitpunkte und spezifische Positionen von Kandidaten. Überwiegende Nutzung der TV-Nachrichten und
der Kampagnenwerbung führt dagegen nicht zum Erkennen der unterschiedlichen Positionen der Kandidaten zu den verschiedenen Streitpunkten.

112. **Hubbard, J.L., DeFleur, M.L., DeFleur, L.B.:** Mass Media Influen-
     ces on Public Conceptions of Social Problems. In: Social Pro-
     blems. Vol. 23 (1975), S. 22-35.

A) Inhaltliche Merkmale, Ziele und Hypothesen

Untersucht wird der Einfluß der Massenmedien auf die Wahrnehmung sozialer Probleme. Es geht um den Beitrag der Medien zum Agenda-Setting
und zum Verlauf von sozialen Problemen. Die Agenda der Medien, das
Problembewußtsein der Öffentlichkeit und die Behandlung der Probleme
in öffentlichen Behörden werden miteinander verglichen.

B) Methoden der Datenerhebung, Forschungsdesign, Stichproben

Fallstudie in einer Stadt:

(1) Inhaltsanalyse der lokalen Medien

(2) Umfrage bei N = 123 Bürgern

(3) Auswertung öffentlicher Statistiken.

C) Verwendete Variablen und Operationalisierungen
Probleme: Arbeitslosigkeit, Verbrechen, Transportwege, jugendliche De-
linquenz, Drogen, Alkoholismus, Rassendiskriminierung, Selbstmord, sexuelle Abweichung.
D) Auswertungsmethoden
Rangordnung der Probleme, relative Häufigkeit des Auftretens, Korrelation.
E) Ergebnisse und Interpretationen
Am besten korrelieren noch die Probleme in der öffentlichen Meinung
mit den Statistiken der Ämter. Die Medienberichterstattung liegt dagegen weit außerhalb der Probleme, die bei Ämtern und in der öffentlichen Meinung als wichtigste auftauchen. Das S-R Modell der Massenkommunikation wird ebenso in Frage gestellt, wie die Dependenztheorie.
Ökonomische Bedingungen der Massenmedien - Verkauf von Aufmerksamkeit
nach Kriterien des Neuigkeitswertes - führten zu einer andersgearteten
Thematisierung als in der öffentlichen Meinung. Da in der Studie nur
bereits institutionalisierte Probleme einbezogen worden waren, könnte
es aber sein, daß die Medien in der Anfangsphase der Problemerkennung
eine wichtigere Rolle spielen.

113. **Iyengar, S., Peters, M.D., Kinder, D.R.:** Experimental Demonstra-
     tion of the Not-So Minimal Consequences of Television News Pro-
     grams. In: American Political Science Review. Vol. 76 (1982),
     S. 848-858.

A) Inhaltliche Merkmale, Ziele und Hypothesen
Im Rahmen eines Experimentes zum Agenda-Setting-Effekt wird die Wir-
kung des Themas der Energieverknappung auf die individuellen Problem-
einstufungen untersucht.
B) Methoden der Datenerhebung, Forschungsdesign, Stichproben
Experimentelles Design mit zwei Befragungszeitpunkten (Nullmessung,
Messung des unabhängigen Faktors). Während die Experimentalgruppe
TV-Nachrichten zum Schwerpunktthema Energie sieht, erhält die Kon-
trollgruppe normale TV-Nachrichtenkost. Die Rezeption erfolgte in
einem informalen "setting".
C) Verwendete Variablen und Operationalisierungen
Wichtigkeit von Problemen (Bedeutungsebenen: national, persönlich, in-
terpersonal), Messung der Publikumsagenda durch Punktevergabe; Voraus-
informationen; Persönlichkeitsmerkmale.

D) Auswertungsmethoden
Punktevergleich, Korrelation, t-Test.

E) Ergebnisse und Interpretationen
Die Seher von Nachrichten, die sich einem bestimmten Problem (besonders Energie) widmen, sind von der Wichtigkeit des Problems überzeug-
ter als Seher von normalen Nachrichten. Der Agenda-Setting-Effekt erweist sich auch bei den Personen stärker ausgeprägt, die keine Fähigkeit zur Gegenargumentation besitzen und geringe Anfangsinformation
haben.

114. **Jackson-Beeck, M., Meadow R.G.:** The Triple Agenda of Presidential
     Debates. In: Public Opinion Quarterly. Vol. 43 (1979), S. 173-
     180.

A) Inhaltliche Merkmale, Ziele und Hypothesen
Am Beispiel der Fernsehdebatten im amerikanischen Fernsehen (1960,
1976) untersuchen die Autoren den Grad der Übereinstimmung der Agenda
von Wählern, Politikern und Journalisten.

B) Methoden der Datenerhebung, Forschungsdesign, Stichproben
(1) Inhaltsanalyse der Fernsehdebatten und der dort von Politikern und
Journalisten aufgeworfenen Themen;
(2) Sekundäranalyse nationaler Umfragen.

C) Verwendete Variablen und Operationalisierungen
Klassifikation der in den Debatten gebrachten Themen in einem Schema;
Einordnung der von der Bevölkerung auf eine offene Agenda-Setting-Frage genannten Themen ("What do you think is the most important problem
facing the country today?") in das Schema.

D) Auswertungsmethoden
Rangordnungen, Häufigkeiten, t-Tests.

E) Ergebnisse und Interpretationen
Die Antworten können keine Übereinstimmung in der Agenda von Wählern,
Journalisten und Politikern finden. In den Debatten werfen die Journalisten andere Probleme auf, als die Bevölkerung angibt, Politiker
bringen wiederum andere Themen in die Diskussion als Journalisten fragen, und diese Themen sind nicht "die Themen" der Bevölkerung. Der
Sinn derartiger Debatten sei daher zweifelhaft.

115. Kaid, LL., Hale, K. and Williams, J.A.: Media Agenda Setting of a
Specific Political Event. In: Journalism Quarterly. Vol. 54
(1977), S. 584-587.

A) Inhaltliche Merkmale, Ziele und Hypothesen
Die Autoren wollen den Agenda-Setting-Effekt bei einem spezifischen
lokalen Ereignis - dem Besuch von Präsident Ford in Oklahoma (1974) -
belegen. Die von Ford behandelten Themen bilden die Eigenschaften dieses Ereignisses. Zwei Thesen sollen überprüft werden: 1. Es besteht
eine signifikante Korrelation zwischen den Agenda, wie sie die lokalen
Medien abdecken, 2. Es besteht ein Zusammenhang zwischen der Agenda
der Ereignisse in den Medien und den Ereignissen, die vom Publikum
wiedergegeben werden ("recall").
B) Methoden der Datenerhebung, Forschungsdesign, Stichproben
Inhaltsanalyse der lokalen Berichterstattung. Telefoninterviews mit
N = 166 zufällig ausgewählten Respondenten innerhalb von 72 Stunden
nach dem Besuch von Ford.
C) Verwendete Variablen und Operationalisierungen
Quellen der Information; Welche Themen/Ereignisse werden vom Präsiden-
ten gebracht? offene Agenda-Setting-Frage; Soziodemografie.
D) Auswertungsmethoden
Korrelationen (Spearman Rank-order)
E) Ergebnisse und Interpretationen
Die Autoren können keine der beiden Thesen belegen. Die Rangfolge der
Themen in den Medien und beim Publikum deckt sich nur bei dem allge-
meinen Thema "Wahlkampf". Ein etwas besseres Wiedererkennen ("recall")
ist für Mehrfachnutzer von Medien feststellbar.

116. Lambeth, E.B.,: Perceived Influence of the Press on Energy Policy
Making. In: Journalism Quarterly. Vol. 55 (1978), S. 11-18.

A) Inhaltliche Merkmale, Ziele und Hypothesen
Am Beispiel des Themas "Energiepolitik" wird der Zusammenhang zwischen
Medienberichterstattung und den politischen Institutionen untersucht.
Der eigentliche Agenda-Setting-Effekt der Prestigepresse wird bei der
politischen Elite geprüft.
B) Methoden der Datenerhebung, Forschungsdesign, Stichproben
Schriftliche Umfrage bei N = 114 Schlüsselpersonen (Angehörige der
Elite, Reporter), lokale Studie.

C) Verwendete Variablen und Operationalisierungen
Unabhängige Variablen: (1) Interaktion (Elite/Reporter); (2) Legitima-
tion (Beurteilung der Rolle der Presse); (3) Leistung (Beurteilung der
Berichterstattung, Objektivität etc.); (4) Nützlichkeit (der Pressein-
formationen); (5) Ratgeberrolle der Presse; (6) Eigene Erfahrung der
Elitepersonen mit dem Problem.
Abhängige Variable: Subjektiv wahrgenommener Einfluß (Skala von 0-4).

D) Auswertungsmethoden
Mittelwertvergleiche, einseitige Varianzanalyse.

E) Ergebnisse und Interpretationen
Der Einfluß der Presse wird bei diesem Thema von der Elite als relativ
gering erachtet. Erhöhter Kontakt zwischen Journalisten und Elite
führt nicht zu einer besseren Einschätzung der Presseleistung. Wird
die Presseinformation aber als nützlich für die eigene Arbeit angesehen, dann wird der Presse auch entsprechender Einfluß zugeschrieben.
Gleiches gilt für die Einschätzung der Qualität der Information. Unmittelbare Erfahrung der Befragten mit der Energiefrage führt dagegen
zu einer geringen Einschätzung der Wirksamkeit des Presseeinflusses.

117. **McClure, R.D., Patterson, Th.E.:** Setting the Political Agenda:
Print vs. Network News. In: Journal of Communication. Vol. 26
(1976), S. 23-28.

A) Inhaltliche Merkmale, Ziele und Hypothesen
Die Autoren nehmen einen Medienvergleich zwischen Presse und TV vor,
um die Agenda-Setting-Effekte dieser unterschiedlichen Medien erfassen
zu können.

B) Methoden der Datenerhebung, Forschungsdesign, Stichproben
Eine Inhaltsanalyse der verschiedenen Medienberichterstattungen wird
durch eine dreiwellige Panelumfrage bei N = 626 Personen in Syracuse,
New York, komplettiert.

C) Verwendete Variablen und Operationalisierungen
(1) Nach der Tagebuchmethode werden Umfang ("Viel- und Wenigseher")
und Gewohnheiten der TV-Nutzung ermittelt; (2) Nutzung bestimmter Teile der Lokalzeitung ("Viel- und Wenigleser"). (3) Das Themenbewußtsein
der Befragten wird mit einer geschlossenen Frage (7-Punkte-Skala) erfaßt, und zwar zu den drei Themen "Vietnam", "Korruption" und "Regierungspolitik".

D) Auswertungsmethoden
Häufigkeiten, Korrelationen, t-Test.

E) Ergebnisse und Interpretationen

Vielseher von TV-Nachrichten veränderten ihre Agenda im Vergleich zu Wenigsehern kaum stärker zugunsten der besonders hervorgehobenen Ereignisse. Regelmäßige Zeitungsleser paßten ihre Agenda dagegen deutlich stärker an die Themenstruktur der Zeitungsinhalte an. Der Agenda-Setting-Effekt konnte hier besonders bei den Themen "Vietnam" und "Regierungshaushalt" belegt werden, nicht aber für das Thema "Korruption". Zeitungsleser sind daher empfänglicher für Agenda-Setting-Effekte als die Seher der TV-Nachrichten. Oder anders: Bei allgemein politischen Themen sind Fernsehnachrichten aufgrund ihrer Machart eher wirkungslos. Zeitungen verfügen über traditionelle Mittel der Hervorhebung, die das Auftreten der Agenda-Setting-Effekte begünstigen. Bei sehr konflikthaltigem Material kann das Fernsehen in der Wirkung - v.a. durch die Möglichkeiten der visuellen Präsentation - aufholen.

118. **Miller, A.H., Goldenberg, E.N., Erbring, L.:** Type-Set Politics: Impact of Newspapers on Public Confidence. In: American Political Science Review. Vol. 73 (1979), S. 67-84.

A) Inhaltliche Merkmale, Ziele und Hypothesen

Untersucht wird der Einfluß von Zeitungen und Fernsehen auf das Vertrauen in die Regierung und auf den Glauben an die politische Effizienz.

B) Methoden der Datenerhebung, Forschungsdesign, Stichproben

Inhaltsanalyse der 1. Seiten von 94 Zeitungen, keine Inhaltsanalyse für das Fernsehen; Sekundäranalyse einer Umfrage.

C) Verwendete Variablen und Operationalisierungen

(1) Medienkontakt "Exposure" (Lesen und Sehen politischer Nachrichten), (2) Vertrauen und Glaube an die Effizienz der Politiker.

D) Auswertungsmethoden

Regression, Kausalanalyse.

E) Ergebnisse und Interpretationen

Politisches Vertrauen und Effizienzglaube sind mit der Zeitungsnutzung stärker verbunden als mit der TV-Nutzung. Die TV-Nutzung führt eher zu einer kritischen Haltung gegenüber der Politik und den Politikern. Das Fehlen von TV-Inhaltsdaten läßt allerdings keine weiteren Schlüsse darüber zu, weshalb dies so ist.

119. **Nord, D.P.**: The Politics of Agenda Setting in Late 19th Century
     Cities. In: Journalism Quarterly. Vol. 58 (1981), S. 565-574,
     S. 612.

A) Inhaltliche Merkmale, Ziele und Hypothesen
Mediengeschichtlicher Beitrag, in dem der Autor den Agenda-Setting
Prozeß in den Städten Chicago und St. Louis im ausgehenden 19. Jahr-
hundert untersucht. Im Rahmen einer qualitativen Studie (Inhaltsanalyse, Sekundäranalyse) kommt der Autor zu der Auffassung, daß die dama-
lige Publikumsagenda durch die Medien determiniert wurde und in beiden
Städten verschieden war. Agenda-Setting sei nämlich als ein politischer Prozeß anzusehen: Ob ein Thema ausgeweitet oder unterdrückt wer-
de (Bachrach, Baratz), sei eine Frage der relativen Macht der am politischen Prozeß beteiligten Politiker und Journalisten. Die Studie belegt, daß es sinnvoll ist, den Presseeinfluß über einen längeren Zeitraum zu verfolgen.

120. **Palmgreen, P. and Clarke, P.**: Agenda-Setting with Local and Na-
     tional Issues. In: Communication Research. Vol. 4 (1977),
     S. 435-452.

A) Inhaltliche Merkmale, Ziele und Hypothesen
Agenda-Setting wird für lokale Ereignisse im Vergleich zu nationalen
als schwächer angenommen, da 1. Individuen Probleme im Lokalen unmittelbar beobachten können, 2. lokale politische (informale) Kommunikationsnetzwerke Information bieten, 3. die Medien insgesamt eher nationale Ereignisse thematisieren. Es werden zudem Medienvergleiche ange-
stellt.
B) Methoden der Datenerhebung, Forschungsdesign, Stichproben
Die Medien-Agenda wurde zwei Wochen vor der Befragung mittels Inhaltsanalyse untersucht. Außerdem wurden insgesamt N = 400 Bürger einer
Stadt (Toledo) befragt, davon wurden N_1 = 189 über lokale Probleme und
N_2 = 184 über nationale Probleme interviewt ("Cross-Matched" Samples).
C) Verwendete Variablen und Operationalisierungen
Frage nach den Problemen des Landes (nationale Agenda) bzw. der Stadt
(lokale Agenda), die die Regierung in Washington (national) oder Tole-
do's (lokal) lösen sollte.
D) Auswertungsmethoden
Korrelationen (Pearson's r), Häufigkeiten.

E) Ergebnisse und Interpretationen

Es zeigt sich, daß das lokale Agenda-Setting deutlich schwächer ausgeprägt ist als das nationale. Im lokalen Bereich ist die Zeitung wichtiger als das Fernsehen, im nationalen Bereich ist dagegen das Fernsehen wichtiger. Außerhalb von Wahlkämpfen ist die kommunikative Situation offenbar anders als bei Wahlkämpfen - hier vermittelt das Fernsehen mehr an Themenbewußtsein. Die nationalen Themen Energie und Watergate erreichten zwar eine recht hohe Abdeckung im Fernsehen und in der
Zeitung, im lokalen Bereich sind außer den Medien aber auch andere
(informale) Quellen wichtig. Die Ergebnisse führen die Autoren zu dem
Schluß, daß das Agenda-Setting wohl differenzierter zu behandeln sei.

121. **Peterson, S.:** International News Selection by the Elite Press: A
     Case Study. In: Public Opinion Quarterly. Vol. 45 (1981),
     S. 143-163.

A) Inhaltliche Merkmale, Ziele und Hypothesen

Nachrichtenstudie zum Auswahlverhalten der Presse. Das Selektionsmo-
dell von Galtung und Ruge wird an der "Times" überprüft (Komplementa-
ritäts- und Additivthese).

B) Methoden der Datenerhebung, Forschungsdesign, Stichproben

Inhaltsanalyse von Ereignissen (publizierte, nichtpublizierte).

C) Verwendete Variablen und Operationalisierungen

Faktorenmodell von Galtung, Ruge.

D) Auswertungsmethoden

Häufigkeiten, Chi-quadrat.

E) Ergebnisse und Interpretationen

Die Studie weist einen Mangel an Übereinstimmung zwischen der Welt
außerhalb "world outside" und den "pictures in our head", wie sie die
Presseberichterstattung darstellt, nach. Die Diskrepanz wird zu einem
Großteil durch die Wirkungsweise der Nachrichtenfaktoren erklärt. Die
Ergebnisse sind nach Auffassung des Autors relevant:

1. für das Agenda-Setting und für die Informationsfunktion der Presse
in der Politik.

2. für die neue Kritik der dritten Welt an der Berichterstattung der
westlichen Medien (Unterrepräsentation, nur negative, konfliktreiche
Darstellung).

122. **Pollock, J.C., Robinson, J.L., Murray, M.C.:** Media Agendas and Human Rights: The Supreme Court Decision on Abortion. In: Journalism Quarterly. Vol. 55 (1978), S. 544-548, 561.

A) Inhaltliche Merkmale, Ziele und Hypothesen
Bei der Studie handelt es sich um eine Inhaltsanalyse der Berichterstattung unterschiedlicher Tageszeitungen in verschiedenen Kommunikationsräumen über ein bestimmtes Ereignis ("Human Rights"): Beeinflussen lokale und regionale Gegebenheiten der Kommunikationsräume die Berichterstattung über kritische Ereignisse und Themen oder werden die Themen von den Medien unabhängig vom jeweiligen Kommunikationsraum identisch abgebildet. Gibt es räumlich-sozialstrukturelle Bedingungen für den Agenda-Building-Prozeß?
B) Methoden der Datenerhebung, Forschungsdesign, Stichproben
Inhaltsanalyse von 209 Artikeln aus Zeitungen in fünf Großstädten.
C) Verwendete Variablen und Operationalisierung
Quantitative Maße ("Scores") für Plazierung, Überschrift, Größe der Beiträge usw., drei Kategorien für die Beurteilung des Ereignisses: Legitimation, Nicht-Legitimation, Balance (Janis-Fader Koeffizient).
D) Auswertungsmethoden
Rangordnungen, Korrelationen.
E) Ergebnisse und Interpretationen
Je nach Kommunikationsraum behandeln die Zeitungen das Ereignis unterschiedlich, so daß eine einheitliche Themensetzung im Pressevergleich (Spiegel) nicht festgestellt werden kann. Lokale Faktoren (z.B. Einkommensverhältnisse, Rassenunterschiede, Abortionsraten) determinieren die Berichterstattung. Für den Wandel in der Berichterstattung erweisen sich Homogenität und Heterogenität des Kommunikationsraumes als wichtig. Lokale Faktoren behindern also die Ausprägung eines "nationalen" Agenda-Setting.

123. **Protess, D.L. et al.:** Uncovering Rape: The Watchdog Press and the Limits of Agenda Setting. In: Public Opinion Quarterly. Vol. 49 (1985), S. 19-37.

A) Inhaltliche Merkmale, Ziele und Hypothesen
Am Beispiel des Themas Kriminalität wird der Einfluß des investigativen Journalismus (Printmedien) auf die Bevölkerung und die politischen Entscheidungsträger deutlich.

B) Methoden der Datenerhebung, Forschungsdesign, Stichproben
Quasiexperimenteller Ansatz:
(1) Umfragen (Before-after-Design). N = 347 (Chicago-Innenstadt). N_1 = 170 Leser Zeitung mit der Serie. N_2 = 177 Nicht-Leser.
(2) Befragung von 39 Entscheidungsträgern (Before-after-Design).
(3) Inhaltsanalyse der Presseberichterstattung vor und nach der Seriendarstellung.
C) Verwendete Variablen und Operationalisierungen
Bekanntheit der Serie (aus dem investigativen Journalismus); geschlossene Frage nach den wichtigsten Problemen der Stadt, die Wichtigkeit anderer Probleme eingeschlossen (Tagesstätten, Abwechslungsprogramme, medizinische Versorgung usw.).
D) Auswertungsmethoden
t-Test, Häufigkeiten.
E) Ergebnisse und Interpretationen
Zwar wird die generelle Wichtigkeit der Kriminalität bei den Lesern der Serie besser erkannt als bei den Nichtlesern, es kann aber nur ein geringer Bezug zum Inhalt der Serie festgestellt werden. Die investigativen Reports erreichen nur minimale Wirkung. Das zeigt sich nicht nur bei der Bevölkerung, sondern auch bei den politischen Entscheidungsträgern. Das Ergebnis wird, wie folgt, erklärt: Die Berichterstattung im Fernsehen sei u.U. wirksamer, vor allem, wenn es sich um dramatische und kurzfristige Ereignisse handle. Die Berichterstattung in der Presse sei in diesem Fall inhaltlich zu langweilig aufgemacht gewesen. Das Thema sei auch schon in der Agenda des Publikums vorhanden gewesen.

124. **Semlak, W.D., Williams, W.J.:** Structural Effects of TV Coverage on Political Agendas. In: Journal of Communication. Vol. 28 (1978), S. 114-119.

A) Inhaltliche Merkmale, Ziele und Hypothesen
In dem Beitrag wird die Wirkung struktureller Effekte auf das Agenda-Setting (Publikumsagenda) untersucht, z.B. die Plazierung der Nachrichten ("primacy", "recency"), aber auch die Art der visuellen Darstellung (formale Aspekte), wie z.B. Ton, Video, Front- oder Seitenprojektion etc.
B) Methoden der Datenerhebung, Forschungsdesign, Stichproben
Inhaltsanalyse der TV-Nachrichten und Telefonumfrage bei N = 503 Personen in Bloomington, Indiana.

C) Verwendete Variablen und Operationalisierungen

Inhaltsanalyse: Feststellung der Plazierung und formalen Kriterien; Publikumsbefragung: Ermittlung der Publikumsagenda (persönliche Agenda).

D) Auswertungsmethoden

Rangfolgen, Korrelationen.

E) Ergebnisse und Interpretationen

Die Korrelation zwischen Medien- und Publikumsagenda ist für viele der strukturellen Dimensionen größer im Vergleich zum Gesamt-Agenda-Setting-Effekt der Berichterstattung, d.h. "strukturelle Verzerrungen" führen zu unbeabsichtigten Effekten auf die Problemerkennung und -wahrnehmung. Die Plazierung und visuelle Behandlung der Beiträge/Themen ist daher für das Auftreten von Agenda-Setting-Effekten mit entscheidend.

125. **Shaw, E.F.:** The Agenda-Setting Hypothesis Reconsidered: Interpersonal Factors. In: Gazette. Vol. 23 (1977), S. 230-240.

A) Inhaltliche Merkmale, Ziele und Hypothesen

Während eines Wahlkampfes erfolgt die Untersuchung interpersonaler Faktoren im Angeda-Setting-Prozeß. Neben dem Medieneinfluß wird ein weiterer Einfluß von Referenzgruppen und Organisationsmitgliedschaft angenommen. Den Unterschieden zwischen intra- und interpersonaler Agenda wird ebenso Rechnung getragen.

B) Methoden der Datenerhebung, Forschungsdesign, Stichproben

Panelumfrage bei N = 254 Wählern. Inhaltsanalyse der Zeitungsagenda.

C) Verwendete Variablen und Operationalisierungen

(1) Persönliche Agenda;

(2) Häufigkeit von interpersonalen Diskussionen über Themen;

(3) Übernommene Rolle (Ratgeber, Zuhörer) in der Diskussion;

(4) Identifikation der Diskussionspartner (Kollege, Freund, Familienmitglied);

(5) Wichtigkeit der Themen für formale/informale Gruppen.

D) Auswertungsmethoden

Spearman's Rank-Order Korrelationen zwischen Zeitungsagenda und intra- sowie interpersonaler Agenda.

E) Ergebnisse und Interpretationen

Von Juni bis Oktober steigt das Interesse am Wahlkampf an: 65% der Befragten diskutieren überhaupt politische Themen, 10% versuchen, zu überzeugen, 30% tauschen Meinungen aus. Die Diskussionen erfolgen überwiegend mit Familienangehörigen, weniger mit Freunden oder Arbeitskollegen. Zwischen der Diskussionshäufigkeit und der politischen Mediennutzung (TV und Zeitungen) besteht ein positiver Zusammenhang. Das Informationsbedürfnis ist bei Zuhörern besonders stark. Agenda-Setting-Effekte sind stark bei denjenigen, die Gruppen angehören, für die die "issues" wichtig oder hervorstechend ("salient") sind. Die Autoren belegen einen kumulativen Medieneffekt. Interpersonale Faktoren sind Prädiktoren für Agenda-Setting-Effekte: Je häufiger und aktiver die Partizipation am interpersonalen Netzwerk ist, desto größer ist die Übereinstimmung zwischen der persönlichen Agenda und den Agenda der Medien. Die Wirkungsweise des interpersonalen Faktors wird aber insgesamt nicht ganz klar, da einerseits von den Befragten die soziale Nützlichkeit der Medieninformation erkannt werden kann. Andererseits ist es denkbar, daß die Übernahme der Themen aus der interpersonalen Kommunikation erfolgt. Dies zeigt sich vor allem bei den Zuhörern, die den Agenda-Setting-Effekt zwar am deutlichsten zeigen, aber z.B. geringe Nutzer der Zeitungen sind. Indirekte Effekte sind also nicht auszuschließen.

126. **Sohn, A.B.:** A Longitudinal Analysis of Local Non-Political Agenda Setting-Effects. In: Journalism Quarterly. Vol. 55 (1978), S. 325-333.

A) Inhaltliche Merkmale, Ziele und Hypothesen
Der Autor untersucht das Agenda-Setting in der Lokalkommunikation, und zwar bei nichtpolitischen Themen. Da im lokalen Kommunikationsraum einzelne Ereignisse ja auch direkt beobachtet werden können, wird ein schwächerer Agenda-Setting-Effekt vermutet.
B) Methoden der Datenerhebung, Forschungsdesign, Stichproben
Inhaltsanalyse der einzigen Lokalzeitung einer Kleinstadt (Werbung wurde als Inhalt ausgeschlossen). Jede Seite wurde berücksichtigt. Insgesamt wurden 2011 lokale Nachrichtenstories in 41 Kategorien verkodet.
Panelumfrage bei N = 96 Bewohnern der Kleinstadt, zwei Wellen.
C) Verwendete Variablen und Operationalisierungen
Die Antworten der Befragten auf die offene Agenda-Setting-Frage wurden in die 41 Kategorien eingeordnet; Aufmerksamkeitsgrad und interpersonale Agenda.
D) Auswertungsmethoden
Cross-lagged Korrelation.

E) Ergebnisse und Interpretationen
Diese Kleinstadt-Studie belegt keinen Zusammenhang zwischen dem Themenbewußtsein des Publikums und der Themensetzung der lokalen Tageszeitung, die Leute scheinen aber das, worüber sie sprechen, durch Lesen zu vertiefen.

127. **Stone, G.C., McCombs, M.E.:** Tracing the Time Lag in Agenda Setting. In: Journalism Quarterly. Vol. 58 (1981), S. 51-56.

A) Inhaltliche Merkmale, Ziele und Hypothesen
Die Autoren versuchen, die Verzugszeit für das Auftreten von Agenda-Setting-Effekten zu bestimmen.
B) Methoden der Datenerhebung, Forschungsdesign, Stichproben
(1) Sekundäranalyse von zwei Panelumfragen ("Charlotte"-Studie, "Syracuse"-Studie). (2) Inhaltsanalyse der "Newsweek" und "Times" bis zu sechs Monaten vor und drei Monaten nach Beginn der Feldarbeit für die Umfragen.
C) Verwendete Variablen und Operationalisierungen
Publikumsagenda: "topics as being most important".
D) Auswertungsmethoden
Pearson-Korrelationen zwischen Medienagenda und Publikumsagenda in Abhängigkeit von der Zeit.
E) Ergebnisse und Interpretationen
Es dauert etwa vier bis sechs Monate, bis sich die Medienagenda auf die Publikumsagenda übertragen hat. Die Autoren räumen aber auch ein, daß sie nur eine begrenzte Zahl von Themen ("issues") untersuchen konnten.

128. **Watt, J.H., van den Berg, S.:** How Time Dependency Influences Media Effects in a Community Controversy. In: Journalism Quarterly. Vol. 58 (1981), S. 43-50.

A) Inhaltliche Merkmale, Ziele und Hypothesen
Es handelt sich um eine Studie zur Bestimmung der Verzugszeit für das Auftreten von Agenda-Setting-Effekten. Die Autoren untersuchen in einer Fallstudie die Wirkung der Berichterstattung zum Thema Fluglärm ("Der Fall Concorde").
B) Methoden der Datenerhebung, Forschungsdesign, Stichproben
(1) Sekundäranalyse der Publikumsreaktionen (Beschwerden über Fluglärm. (2) Inhaltsanalyse der Medienberichterstattung.

C) Verwendete Variablen und Operationalisierungen
Messung der Prominenz von Beiträgen über den Fall in Zeitungen und im
Fernsehen; Analyse der Publikumsbeschwerden; Berücksichtigung tatsäch-
licher Gegebenheiten (tatsächlicher Lärm, Außentemperatur usw.).
D) Auswertungsmethoden
Autokorrelationen, Multiple Kreuzkorrelationen.
E) Ergebnisse und Interpretationen
Beim vorliegenden Beispiel zeigt sich ein Agenda-Setting-Effekt in den
Medien nur für die ersten sechs Monate der Berichterstattung, nicht
jedoch in der späteren Zeit. Die Autoren nehmen dies als Beleg für die
Behauptung, daß die Wirkung der Medien eher kurzfristig sei und für
die Phase der Informationsaufnahme gelte, während später Sättigung
("ceiling") erreicht wird.

129. **Weaver, D., Elliott, S.:** Who Sets the Agenda for the Media? A
      Study of Local Agenda-Building. In: Journalism Quarterly. Vol. 62
      (1985), S. 87-94.

A) Inhaltliche Merkmale, Ziele und Hypothesen
Untersuchung der Filterfunktion der Presse im Agenda-Setting-Prozeß -
insonderheit die Beziehung zwischen Quelle und Medium (Interaktions-
prozeß zwischen den gesellschaftlichen Institutionen und der Presse).
Aufklärung des Entstehungsbildungsprozesses von Themen ("agenda-building"). Hinweise auf andere Studien (z.B. Patterson 1980), wonach Politiker andere, breitere Themen ansprechen als die Presse, die eher
klare - "clear-cut-issues" bevorzugt. Untersucht wird am Beispiel der
Lokalkommunikation, ob der Presse eher eine Übertragungs- oder eher
eine Filterrolle im Massenkommunikationsprozeß zukommt.
B) Methoden der Datenerhebung, Forschungsdesign, Stichproben
Fallstudie - Inhaltsanalyse der Dokumente der Gemeindepolitik; Inhaltsanalyse der lokalen Tageszeitung.
C) Verwendete Variablen und Operationalisierungen
19 Kategorien für die einzelnen Themen. Untersuchung in Haupt- (major)
und Nebenthemen (minor) nach der Anzahl der Wortbeiträge.
D) Auswertungsmethoden
Spearman's Rho für die Feststellung der Korrelationen.
E) Ergebnisse und Interpretationen
Über den Zeitraum von einem Jahr decken sich die den Lesern der Zei-
tung präsentierten Themen überwiegend mit den Themen der Gemeindepolitik, so daß die Presse gewissermaßen "spiegelbildlich" zur Politik be-

richtet. Bei 12 von 19 Themenbereichen spielt die Presse eher eine Übertragungsrolle, während bei sieben Themenbereichen eine Filterfunktion nachweisbar ist. In den letzten Fällen werden im Pressemedium unabhängige Urteile über die Relevanz der Gegenstände gezogen. Nachrichtenwerte und selektive Prozesse werden als Ursachen für die abweichende Themenstrukturierung diskutiert.

130. **Williams, W. jr., Larsen, D.L.:** Agenda-Setting in an Off-Election Year. In: Journalism Quarterly. Vol. 54 (1977), S. 744-749.

A) Inhaltliche Merkmale, Ziele und Hypothesen
In der Studie wird der gesamte Agenda-Setting-Effekt der Medien in einem Kommunikationsraum außerhalb eines Wahljahres untersucht. Bei dem Kommunikationsraum handelt es sich um einen ländlichen Kommunikationsraum, mit drei nichtlokalen TV-Stationen, sechs Radiostationen, einer Zeitung sowie einem Kabelprogramm.
B) Methoden der Datenerhebung, Forschungsdesign, Stichproben
Inhaltsanalyse der Medien nach den erst- und zweitwichtigsten nationalen und lokalen Themen. Rezipientenbefragung (N = 300) der persönlichen Agenda (erst- und zweitwichtigste lokale und nationale Probleme).
C) Verwendete Variablen und Operationalisierungen
Weitere Variablen bilden die Mediennutzungshäufigkeit (score von 1-12), die präferierten Quellen und das politische Wissen (Kenntnisse von Regierungspersonen).
D) Auswertungsmethoden
Korrelationen zwischen Medien- und persönlicher Agenda.
E) Ergebnisse und Interpretationen
Die Medien sind in der Lage, die Agenda außerhalb von Wahlen zu setzen. Die Agenda-Setting-Funktion der Massenmedien wird jedoch nur für lokale Themen nachgewiesen. Die Bedingungen des betreffenden Kommunikationsangebotes intervenieren: Die lokale Zeitung setzt am besten die Agenda sowohl für lokale als auch für nationale Themen. Im Vergleich dazu sind die elektronischen Medien relativ unwirksam. Die Medienpräferenzen spielen ebenso eine Rolle, da spezifische Medienpublika und Zielgruppen unterschiedliche Themenstrukturierungen aufweisen.

131. **Williams, W., Semlak, W.D.:** Campaign 76: Agenda Setting During
the New Hampshire Primary. In: Journal of Broadcasting. Vol. 22
(1978), S. 531-540.

A) Inhaltliche Merkmale, Ziele und Hypothesen
Die Autoren wollen untersuchen, wie die Medien den "dynamischen" Prozeß des Agenda-Building beeinflussen. Dabei wird auch dem Einfluß
einer Reihe von vorausgehenden und intervenierenden Variablen Rechnung
getragen.
B) Methoden der Datenerhebung, Forschungsdesign, Stichproben
(1) Telefoninterviews mit einem Random-sample in Central Illinois
(N = 503).
(2) Inhaltsanalyse der Tageszeitung und von drei TV-Abendnachrichten-
programmen.
C) Verwendete Variablen und Operationalisierungen
(1) Vorausgehende Variablen: Engagement bzw. "Commitment" und "Involvement", bürgerliche Aktivität, Interesse an nationalen Fragen, Stimm-
absicht, Meinungsführerschaft.
(2) Intervenierende Variablen: Medienpräferenz (Quellen), Mediennutzung.
(3) Ermittlung der persönlichen Agenda mit offenen Fragen.
D) Auswertungsmethoden
Korrelation zwischen vorausgehenden, intervenierenden Variablen und
Medienagenda.
E) Ergebnisse und Interpretationen
Die Medien erweisen sich als ziemlich ineffektiv beim Setzen der persönlichen Agenda während der Wahl. Die Autoren können keine statistisch signifikanten Zusammenhänge zwischen vorausgehenden und intervenierenden Variablen und der persönlichen Agenda der Wähler finden.
Unentschiedene Wähler haben allerdings eine unstabilere Agenda als
Wähler, die sich bereits entschieden haben, wen sie wählen werden. Befragte, die sich mehr mit der Wahl befassen, sind "frühe Entscheider"
im Sinne des Diffusionsmodells und setzen ihre Agenda entsprechend
früh. Ebenso verhalten sich interessierte Wähler.

132. **Winter, J.P., Eyal, C.H.:** Agenda Setting for the Civil Rights Issue. In: Public Opinion Quarterly. Vol. 45 (1981), S. 376-383.

A) Inhaltliche Merkmale, Ziele und Hypothesen
Die Autoren versuchen den "optimalen" Zeitrahmen für das Auftreten von

Agenda-Setting-Effekten zu bestimmen. Die sogenannte Verzugszeit zwischen Medienberichterstattung und Publikumsagenda wird untersucht.

B) Methoden der Datenerhebung, Forschungsdesign, Stichproben
Sekundäranalyse von 27 Umfragen, die Auswertung bezieht sich auf die "perceived community" Agenda-Setting-Frage zum Thema Bürgerrechte. Inhaltsanalysen der Vorderseite der "Times" auf Artikel zum selben Thema wurden jeweils mit unterschiedlichen Verzugszeiten bis zu 6 Monaten vor den betreffenden Umfragen durchgeführt.

C) Verwendete Variablen und Operationalisierungen
Agenda-Setting-Frage ("perceived community"): "What is the most important issue facing the American people today?"

D) Auswertungsmethoden
Pearson's Korrelation; Partiale Korrelationen (die Wirkung der jeweils früheren Monate wird auspartialisiert), Varianzanalysen.

E) Ergebnisse und Interpretationen
Am Beispiel des Themas "Bürgerrechte" erweist sich eine Verzugszeit von vier bis sechs Wochen als optimale Spanne, bis der Thematisierungsprozeß sich voll auf das Publikumsbewußtsein ausgewirkt hat, das Themenbewußtsein also so weit fortgeschritten ist, daß es sich in Umfragen widerspiegelt.

8. Wissens- und Kommunikationskluft

133. **Brantgärde, L.:** The Information Gap and Municipal Politics in Sweden. In: Communication Research. Vol. 10 (1983), S. 357-373.

A) Inhaltliche Merkmale, Ziele und Hypothesen
Die Wissenskluftthese wird in Schweden untersucht. Für das Entstehen einer Wissenskluft scheint auch das Thema ("issue") selbst entscheidend zu sein. Es gilt nicht nur "Wissen" abzufragen, vielmehr muß auch die Bereitschaft, sich zu informieren (Interesse) und die Verbreitung von Informationen (durch Organisationen) untersucht und geprüft werden. Der Autor nimmt an, daß lokale Themen interessanter für das Publikum sind als nationale und zu geringeren Kluften führen. Die Studie konzentriert sich auf ein lokales Thema, nämlich die "Gemeindereform".

B) Methoden der Datenerhebung, Forschungsdesign, Stichproben
Umfrage bei N = 2700 Respondenten

C) Verwendete Variablen und Operationalisierungen
(1) Presse- und TV/Radionutzung ("exposure") bezüglich ausländischer,

nationaler, lokaler Ereignisse und Themen als Indikator für Interesse;
(2) Bildung der Befragten; (3) Wissen über nationale, lokale Themen,
Personen etc.; (4) Politische Aktivität (Mitgliedschaften, Engagement).

D) Auswertungsmethoden
Kreuztabellen.

E) Ergebnisse und Interpretationen
Nimmt man die Mediennutzung ("exposure") als einen Indikator für Interesse, so zeigt sich, daß sich Gebildete mehr für nationale und internationale Ereignisse interessieren, während weniger Gebildete sich
eher für lokale und regionale Ereignisse erwärmen. Dennoch ist auch
die erste Gruppe über lokale Themen recht gut informiert (z.B. über
Wahlkampfthemen). Unabhängig von der Bildung trägt die aufgewendete
politische Aktivität deutlich zur Verringerung von Wissensklüften bei:
Aktive sind generell informierter. Da aber die Aktivität in Vereinen,
politischen Gruppen etc. kennzeichnend für Gebildetere ist (Sozialak-
tive), verläuft die Entwicklung dennoch in Richtung Ungleichheit. Der
Autor interpretiert diese Ungleichheit nicht als Wissens-, sondern als
Einflußkluft ("influence gap").

134. **Cohen, A.A., Adoni, H.:** Television Economic News and the Social
     Construction of Economic Reality. In: Journal of Communication.
     Vol. 28 (1978), S. 4-61.

A) Inhaltliche Merkmale, Ziele und Hypothesen
Der Beitrag befaßt sich mit der Wirkung der Medien auf das Verständnis
ökonomischer Zusammenhänge und die Meinungsbildung über ökonomische
Themen. Drei Forschungsfragen stehen im Vordergrund:
(1) In welchem Umfang werden die ökonomischen Konzepte und Informationen, die die Medien - speziell TV - präsentieren, vom Publikum verstanden?
(2) In welchem Umfang tragen die präsentierten Informationen zu einem
subjektiven Gefühl des Verstehens der angebotenen Informationen bei?
(3) Verbessern die Informationen die Bereitschaft zur Meinungsbildung
über ökonomische Fragen?
B) Methoden der Datenerhebung, Forschungsdesign, Stichproben
Umfrage bei N = 532 Erwachsenen.
C) Verwendete Variablen und Operationalisierungen
(1) Einstellungen zur ökonomischen Situation und der Regierungspolitik
(Finanzpolitik); (2) Subjektives Gefühl des Verstehens ökonomischer

Angelegenheiten; (3) Messung des objektiven Wissens über ökonomische
Konzepte und ökonomische Angelegenheiten (z.B. Lebenshaltungskosten-
Index, Nationalprodukt usw.) anhand offener Fragen: (4) Wissensbedürf-
nisse; (5) Soziodemografie; (6) Mediennutzung.

D) Auswertungsmethoden
Korrelationen.

E) Ergebnisse und Interpretationen
Das objektive Wissen der Befragten über ökonomische Angelegenheiten
ist relativ gering; das gilt vor allem für Frauen und die unteren
Schichten. Das Informationsbedürfnis nach ökonomischen Themen ist dagegen groß. Die Berichterstattung über Wirtschaftsthemen in den Zeitungen wird verstärkt von Männern, Gebildeteren und Personen mit hohem
Einkommen wahrgenommen. Die TV-Nutzung zu dieser Thematik ist ausge-
glichener. Sowohl die Personen, die ökonomisches Verständnis zeigen,
als auch diejenigen Personen, die wenig wissen, gehen in ihrem subjektiven Eindruck davon aus, daß sie objektives Wissen besitzen. So führt
der falsche Eindruck, der in der zweiten Personengruppe herrscht, zu
einer "narkotisierenden Dysfunktion" der Medien. In ökonomischen Dingen muß daher mit einer Wissenskluft gerechnet werden.

135. **Dervin, B.:** Communication Gaps and Inequities: Moving Toward a
Reconceptualization. In: Voigt, M.J., B. Dervin (eds): Progress
in Communication Sciences. 1980, S. 73-107.

A) Inhaltliche Merkmale, Ziele und Hypothesen
Umfassender theoretischer Beitrag zur Wissenskluftthese und zu generellen Problemen der Kommunikationsforschung. Die Autorin erweitert
die Wissenskluftthese zur These der Kommunikationskluft und erläutert
den Kontext, in dem die Ideen der Kluften angesiedelt sind: Die traditionellen Vorstellungen über Kommunikationskluften gehen von Defiziten
beim Empfänger aus: "The gap is real; yes, it is caused by the fact
that some groups within society are less able and less willing to take
in information." (S. 79). Im Anschluß daran werden Deckeneffekte erläutert, und es wird auf Kommunikationsstrategien verwiesen, mit deren
Hilfe Kluften überwunden werden können. Dies führt zu einer Diskussion
von Mängeln im Informations- und Quellensystem. Schließlich wird auf
Meßprobleme hingewiesen, insonderheit auf die Gegenüberstellung von
beobachter- und nutzerorientierten Prädikatoren der Informationsver-
wendung. Die Autorin stellt abschließend zumindest zwei grundsätzliche
Ansätze zur Behandlung des Wissenskluftproblems vor:

1. Die Individualisierung des Wissenskluftproblems. Es wird behauptet,
der Empfänger sei selbst schuld an dem Problem. Dieser Ansatz verweist
auf die Machtstrukturen der Kommunikation bzw. auf die Möglichkeit,
Ungleichheiten zu überwinden. Die Forderung lautet daher, daß Kommunikation empfängerorientiert sein müsse. Die Literatur zu dieser Thematik wird als pragmatische Literatur bezeichnet.
2. Die zweite Richtung verweist auf unangemessene Annahmen über das
Wesen der Information. Es wird die Frage aufgeworfen, welche Probleme
Individuen haben und welche Informationen sie zu ihrer Lösung eigentlich benötigen. Die Literatur zu dieser Thematik wird als philosophi-
sche Richtung bezeichnet.

136. **Ettema, J.S., Kline, F.G.:** Deficits, Differences, and Ceilings.
     Contingent Conditions for Understanding the Knowledge Gap. In:
     Communication Research. Vol. 4 (1977), S. 179-202.

A) Inhaltliche Merkmale, Ziele und Hypothesen
Die Autoren nehmen in ihrem theoretischen Beitrag eine Reformulation
der Wissenskluftthese vor und machen Vorschläge zur Theorieentwick-
lung. Interesse und Motivation, Informationen zu erwerben, seien entscheidende Variablen für das Auftreten von Wissenskluften. Zu beachten
sei auch die jeweils unterschiedliche kommunikative Fähigkeit von Respondenten. Die reformulierte These lautet (S. 188):
"as the infusion of mass media information into a social system increases, segments of the population motivated to acquire that information and/or for which that information is functional tend to acquire
the information at a faster rate than those not motivated or for which
it is not functional, so the the gap in knowledge between these segments tends to increase rather than decrease."
Im Rahmen der theoretischen Entwicklung zur Erklärung des Phänomens
nennen die Autoren drei kausale Faktoren: (1) Unterschiede in den kommunikativen Fähigkeiten; (2) Unterschiede in der Motivation, Wissen zu
erwerben und/oder Ausmaß, in dem die Information als funktional erscheint; (3) das Auftreten von Deckeneffekten. Letztere werden unterschieden in Deckeneffekte, die durch die verwendete Methode (Artefak-
te) entstehen, tatsächliche ("true") Deckeneffekte (Informationsmaxi-
mum ist erreicht) und auferlegte ("imposed") Deckeneffekte, die durch
den Inhalt (manche haben schon genügend Vorwissen, so daß knappe Information zum Verständnis reicht) oder das Publikum (subjektives Gefühl, bereits informiert zu sein) selbst zustande kommen. Eine Theorie

des Wissenskluftphänomens enthält somit mindestens drei Parameter, die heranzuziehen wären, wenn das Auftreten von Wissensklluften erklärt wird.

137. **Ettema, J.S., Brown, J.W., Luepher, R.V.:** Knowledge Gap Effects in a Health Information Campaign. In: Public Opinion Quarterly. Vol. 47 (1983), S. 516-527.

A) Inhaltliche Merkmale, Ziele und Hypothesen
Im Vordergrund der Studie steht die Behauptung, daß das Interesse an Information durch persönliche Motivation bzw. Betroffenheit und nicht durch sozioökonomische Bedingungen zustande kommt und Wissensklluften durch Interesse und Motivation eingeebnet werden. Am Beispiel einer Gesundheitskampagne über Herzkrankheiten werden die Zusammenhänge geprüft.

B) Methoden der Datenerhebung, Forschungsdesign, Stichproben
Feldexperiment. Panel-Längsschnittuntersuchung mit jeweils N = 100 Personen in zwei Gemeinden (Experimental-, Kontrollgruppe). Befragungen zu drei Zeitpunkten: vor, während und nach der Kampagne.

C) Verwendete Variablen und Operationalisierungen
(1) Medienkontakt mit Kampagneninhalten; (2) Einstellungen und Verhaltensweisen im Zusammenhang mit (möglichen) Herzkrankheiten; (3) Wissensstand über Zusammenhänge zwischen Herzkrankheiten und Essen/Rauchen (10 Fragen, Index des Wissens); (4) Soziodemografie.

D) Auswertungsmethoden
Varianzanalysen, Regressionsanalyse.

E) Ergebnisse und Interpretationen
Die Kampagne führte nicht zu einer Erweiterung der Wissenskluft zwischen den Segmenten unterschiedlicher Bildung, sondern verringerte die Kluft. Die Motivation, Information zu erwerben, erwies sich als wichtiger, die Kluft mediatisierender Faktor: Alter und die Angst, eine Herzattacke zu erleiden ("perceived threat") bildeten keine signifikanten Prädikatoren des Wissens vor Beginn der Kampagne, aber signifikante Prädikatoren in der postkommunikativen Phase. Die Motivation, Information zu erwerben, ist ein wichtiger Faktor, der den Wissenskllufteffekt kontrolliert - in diesem Falle wichtiger als der Faktor Bildung.

138. **Galloway,   J.J.:**   The   Analysis and Significance of Communication
     Effects Gaps.   In: Communication Research. Vol. 4 (1977), S. 363-
     386.

A) Inhaltliche Merkmale, Ziele und Hypothesen
Der Autor untersucht die Wissenskluft im Kontext der Diffusionsfor-
schung am Beispiel eines Innovationsprogramms in einem Entwicklungs-
land. Von besonderem Interesse sei die Wirkungsweise der interpersonalen Kommunikation. Interpersonale Diffusion hänge von strukturellen
Interaktionsmöglichkeiten ab,   wobei die Konsensus-Theorie (z.B. Par-
sons) eine Verkleinerung von Wissenskluften und die Konflikttheorie
(z.B. Rex) eine Vergrößerung der Wissenskluften nahelegen: Strukturell
bedingte,   unterschiedliche Möglichkeiten zur Interaktion und Kommunikation tragen im zweiten Fall zur Erhöhung der Wissenskluft bei: Wenn
sich Wissenskluften erweitern,   dann seien die Diskontinuitäten in der
Kommunikation zwischen gesellschaftlichen Schichten ausgeprägt. Verzö-
gern sich Wissenskluften, dann würden die "Grenzen" interpersonaler
Kommunikation durchlässiger (z.B. durch heterophile Kommunikation bzw.
"weak ties"). Der Autor untersucht den Diffusionsprozeß von 15 Innovationen in einem Dorf in Indien.
B) Methoden der Datenerhebung, Forschungsdesign, Stichproben
Dreiwellige Panelumfrage bei N = 192 Dorfbewohnern.
C) Verwendete Variablen und Operationalisierungen
(1) Wissen über jede Innovation; (2) Adoption der Innovation; (3) 35
unabhängige Variablen (sozioökonomische Merkmale, politische und Ein-
stellungsvariablen; Informationsvariablen, z.B. Mediennutzung, Kontakt
mit Agenten, Partizipation).
D) Auswertungsmethoden
Konfigurationsanalyse zur Bestimmung der gesellschaftlichen Schichten
("substrata"); Häufigkeiten.
E) Ergebnisse und Interpretationen
Obwohl der Autor die mögliche Wirkung von (sozial-)strukturell beding-
ten Schichtvariablen ("substrata") auf das Auftreten von Kommunikationsklüften hervorhebt, zeigt sich in der Studie, daß eine Erweiterung von Wissenskluften nicht durch sozioökonomische Variablen, sondern durch die Informationsvariablen zustande kommt. Informationsvariablen definieren Personen mit "reicher" Informationsumgebung und
Personen mit "armer" Informationsumgebung. Die jeweilige Umgebung erklärt die Wissensklufterweiterung am besten. Die Sequenzanalyse macht
darüber hinaus deutlich, daß sich im Zeitablauf bereits vorhandene

Wissenskluften eher verringern als erweitern. Adoptions-Kluften bleiben dagegen im Zeitablauf weitgehend stabil.

139. **Gaziano, C.**: The Knowledge Gap. An Analytical Review of Media Effects. In: Communication Research. Vol. 10(1983), S. 447-486.

A) Inhaltliche Merkmale, Ziele und Hypothesen
Übersichtsartikel über die neuere Wissenskluftforschung. 58 Studien
mit relevanten Daten werden reanalysiert. Die theoretischen und methodischen Unterschiede der Studien werden herausgearbeitet. Daraus ergeben sich Schlußfolgerungen über Medieneffekte und Wissensdisparitäten
sowie auch über die Bedingungen, unter denen Wissensklufen entstehen
können. Die z.T. widersprüchlichen Ergebnisse der verschiedenen Studien werden erklärt.

140. **Gaziano, C.**: Neighborhood Newspapers, Citizens Groups and Public
Affairs Knowledge Gaps. In: Journalism Quarterly. Vol. 62 (1985),
S. 556-566, 599.

A) Inhaltliche Merkmale, Ziele und Hypothesen
Untersuchung des Wissenskluffeffektes in bezug auf sublokale (Nachbarschaften) Themen am Beispiel der Nachbarschaftszeitungen und nachbar-
schaftlich organisierter Aktivitäten. Es wird angenommen, daß die Wissenskluft geringer ausfällt, wenn hinter den Themen größere organi-
sierte Aktivitäten stehen. Unter der Annahme hoher organisierter Aktivitäten wird die Nachbarschaftspresse den Themen mehr Aufmerksamkeit
widmen, so daß die Wissenskluft zwischen den sozioökonomischen Schichten abnimmt.
B) Methoden der Datenerhebung, Forschungsdesign, Stichproben
Inhaltsanalyse zweier Pressemedien ("neighborhood papers"); Umfrage
bei N = 239 Personen (Blockverfahren in Nachbarschaftszonen);
Informantengespräche bei N = 52 Organisationsmitgliedern.
C) Verwendete Variablen und Operationalisierungen
Vier Themen werden untersucht: (1) Wohnungsprobleme, (2) Wirtschaft/
Beschäftigung, (3) Schulen, (4) Kriminalität. Wissen wird als Wahrneh-
mung ("attention") und vertieftes Wissen ("indepth knowledge") mit of-
fenen Fragen erhoben; Bildung als Indikator für sozioökonomische
Schicht; als unabhängige Variable dienen der (1) Umfang organisierter
Aktivitäten bezüglich der Themen und (2) der Umfang der Berichterstat-

tung über die Themen. Die Berichterstattung ist bei den Themen Wohn-
probleme, Kriminalität besonders stark ausgeprägt.

D) Auswertungsmethoden
Cramer's V; Pearson-Korrelationen.

E) Ergebnisse und Interpretationen
Große Gruppenaktivitäten führen einerseits zu höheren Wissensbeständen
in allen Bevölkerungsteilen, andererseits vergrößert sich trotzdem die
Wissenskluft. Diese ist bei den stark beachteten Ereignissen (Woh-
nungsprobleme/Kriminalität) größer als bei den Ereignissen, denen weniger Aktivität zuteil wird. Obwohl die Nachbarschaftszeitungen zu
einem relativ großen Wissen auch in den unteren Schichten beitragen,
verbuchen die gebildeteren Leser größere Wissensgewinne als die weniger gebildeten. Die Autorin der Studie erklärt dies mit der häufigeren
Gruppenmitgliedschaft der Personen mit höherer Bildung. Diese würden
an den Gruppen und Organisationen in der Nachbarschaft stärker parti-
zipieren, in denen über die Ereignisse und Themen weitere Informationen präsent werden.

141. **Genova, B.K.L., Greenberg, B.S.:** Interests in News and the Know-
     ledge Gap. In: Public Opinion Quarterly. Vol. 43 (1979), S. 79-
     91.

A) Inhaltliche Merkmale, Ziele und Hypothesen
Untersuchung der Motivationsfaktoren im Zusammenhang mit dem Auftreten
der Wissenskluft. Das Interesse an Nachrichten und Information könnte
zu einer Einebnung der Kluften führen. Die Nützlichkeit der Information wird unterschieden in soziale Nützlichkeit und persönliche Nützlichkeit (Relevanz, Betroffenheit). Untersucht wird der Einfluß von
Interesse im Vergleich zu Bildung auf das Wissen über Nachrichten. Hohes Interesse an Nachrichten korreliere stärker mit dem Wissen als geringes Interesse. Eine rasche Informationsaufnahme wird den Interessierten unterstellt, so daß sich anfänglich die Wissenskluft erweitert.

B) Methoden der Datenerhebung, Forschungsdesign, Stichproben
Panelbefragung im Gebiet von 15 Gemeinden Michigans (N = 253), Telefoninterviews.

C) Verwendete Variablen und Operationalisierungen
Zwei Ereignisse: Streik der nationalen Fußballiga; Anklage Nixons.
Variablen: a) Persönliches Interesse an den Ereignissen, soziales In-

teresse/Nützlichkeit; b) tatsächliches und strukturelles Wissen über
die Ereignisse; c) Bildung.

D) Auswertungsmethoden
Korrelationen.

E) Ergebnisse und Interpretationen
Das Nachrichten-Interesse-Wissens-Modell wird bestärkt. Spezielles Interesse an Ereignissen führt eher zur Informationsaufnahme als sozioökonomische Faktoren, wie z.B. Bildung, vor allem bei der Aufnahme
komplexer Information.

142. **Lovrich, N.P.**, **Pierce, J.C.**: "Knowledge Gap" Phenomena. Effect of
    Situation-Specific and Transsituational Factors. In: Communica-
    tion Research. Vol. 11 (1984), S. 415-434.

A) Inhaltliche Merkmale, Ziele und Hypothesen
Der Beitrag untersucht zwei gegensätzliche Erklärungen des Wissenskluftproblems. Während der eine Ansatz von situationsunabhängigen, sozioökonomischen Unterschieden im Publikum ausgeht, konzentriert sich
der zweite auf situationsgebundene Eigenschaften der Empfänger, insbesondere die themengebundene persönliche Motivation zum Wissenserwerb.
Am Beispiel eines politischen Themas ("Wasservorrat"), das in einer
bestimmten Region Bedeutung hatte, wird die Brauchbarkeit der beiden
Erklärungsversuche getestet.

B) Methoden der Datenerhebung, Forschungsdesign, Stichproben
Schriftliche Umfrage bei N = 718 Bewohnern von Idaho; Telefonzusatzin-
terviews.

C) Verwendete Variablen und Operationalisierungen
(1) Fünf Motivfaktoren dienten der Ermittlung, inwieweit Befragte zur
situations- und themengebundenen Informationsaufnahme tendieren:
a) themengebundenes Verhalten ("Wasserverwendung"); b) Engagement/Be-
troffenheit in der Wasserpolitik; c) Zufriedenheit mit der Politik;
d) Prioritäten; e) Extremität umweltbezogener Einstellungen. (2) Vier
Wissensfragen zur Ermittlung des Wissensumfanges bzw. -levels; (3) Sozioökonomische Variablen (SES): Einkommen, Bildung, Besitz.

D) Auswertungsmethoden
Korrelationen, Multiple Regression.

E) Ergebnisse und Interpretationen
Die Studie belegt nur geringe Erklärungskraft der situationsungebunde-
nen, sozioökonomischen Variablen und der situationsspezifischen Motivfaktoren für das Auftreten von Wissensunterschieden. Bei dem unter-

suchten Beispiel zeigen sich nämlich bereits deutliche Deckeneffekte.
Für das Auftreten von Wissensunterschieden erweisen sich jedoch situa-
tionsspezifische Faktoren - die Motivationen, Wissen zu dem Thema zun
erwerben - als bedeutsamer im Vergleich zu den SES-Faktoren. An der
Theorie, daß Wissenskluften durch sozioökonomische Variablen (v.a.
Bildung) entstehen, werden somit erhebliche Zweifel deutlich. Die Multiple Regression zeigt sogar eine Verbesserung der R^2 Werte dort, wo
die SES Faktoren ihr Schwergewicht haben: Erhöhte Motivation gleicht
den Effekt der sozioökonomischen Benachteiligung aus. Die Autoren emp-
fehlen für praktische Anwendungen, in niedrigen sozioökonomischen
Schichten die Instrumentalität von Wissen zu verdeutlichen, damit Wis-
sensunterschiede egalisiert werden können.

143. **Neumann, R.W.:** Patterns of Recall among Television News Viewers.
In: Public Opinion Quarterly. Vol. 40 (1976), S. 115-123.

A) Inhaltliche Merkmale, Ziele und Hypothesen
Der Autor untersucht den Einfluß der unterschiedlichen Typen von Nach-
richten im Fernsehen auf die Erinnerung bzw. den Recall der Responden-
ten. Er nimmt an, daß die Bildung unterschiedliche Recalls bedingt
(Wissenskluften) und auch die Komplexität der Nachrichten (einfach,
komplex) zu einer unterschiedlichen Rezeption führt. Motivationen und
Sehgewohnheiten bedingen den Rezeptionserfolg zusätzlich.
B) Methoden der Datenerhebung, Forschungsdesign, Stichproben
Telefonumfrage bei N = 232.
C) Verwendete Variablen und Operationalisierungen
(1) Recall bzw. Erinnerung an Nachrichten, gestützt ("aided") und un-
gestützt ("unaided"). (2) Soziodemografische Merkmale; (3) Motivatio-
nen: z.B. Entspannung ("relaxation") versus Informationspflicht ("keep
informed"); (4) Mediennutzungsgewohnheiten.
D) Auswertungsmethoden
Korrelationen, Mittelwertvergleich.
E) Ergebnisse und Interpretationen
Die Studie belegt generell geringe Nachrichtenkenntnisse der Zuschauer. Ungestützt können über die Hälfte der Respondenten keine Nachrichten nennen, während eine Stützung zu etwas besseren Ergebnissen führt.
Für die Erinnerung ist die Bildung der Rezipienten nicht so entscheidend wie die Motivation, "informiert zu sein". Personen, bei denen
diese Motivation im Vordergrund steht, verfügen über eine bessere
Nachrichtenkenntnis als Personen, bei denen das Entspannungsmotiv do-

miniert. Einfache Nachrichten werden im Vergleich zu abstrakten besser gelernt. Aber eine hohe Motivation gleicht hier Wissensklüfte eher aus als das Ausmaß an Bildung.

9. Systemeffekte, Dependenztheorie, Schweigespirale

144. **Becker, L.B., Whitney, D.C.:** Effects of Media Dependencies. Audience Assessment of Government. In: Communication Research. Vol. 7 (1980), S. 95-120.

A) Inhaltliche Merkmale, Ziele und Hypothesen
Bei dem Beitrag handelt es sich um die Anwendung der Dependenztheorie auf den Inter-Mediavergleich. TV-abhängige Personen (dependente) haben geringere politische Kenntnisse und negativere Urteile und Einstellungen als zeitungsabhängige Personen. Die unterschiedlichen Präsentationsstile und formalen Angebotsweisen werden als Ursache für diese Unterschiede angesehen. Zwei Hypothesen stehen im Vordergrund der Studie:
1. Zeitungsdependenz ist positiv verbunden mit Wissen, Verständnis und Vertrauen in die Regierung. TV-Dependenz steht in negativem Zusammenhang mit diesen Variablen.
2. Diese Zusammenhänge sind auf lokaler Ebener stärker auffindbar als auf nationaler.
B) Methoden der Datenerhebung, Forschungsdesign, Stichproben
Telefoninterviews mit N = 548 Haushaltsvorständen in Columbus/Ohio.
C) Verwendete Variablen und Operationalisierungen
(1) Die Mediendependenz wird über vier Fragen ermittelt: Welches Medium ist die wichtigste Informationsquelle, tägliche Nutzung pro Medium, Aufmerksamkeit, Nutzung des jeweiligen Alternativmediums (TV oder Zeitung);
(2) Wissensindex: vier Fragen zu lokalen und vier Fragen zu nationalen Angelegenheiten (Punktescores);
(3) Einstellung: u.a. Vertrauen in Politik und Politiker.
D) Auswertungsmethoden
Multiple Korrelation, Pfadmodell, Varianzanalyse.
E) Ergebnisse und Interpretationen
Dependenz wirkt sich deutlicher aus als bloßes "exposure". Die Abhängigkeit von Zeitungen ist insgesamt größer als vom Fernsehen. Über Lokalpolitik ist das Wissen generell größer als über nationale Themen.

Das Vertrauen in Lokalpolitiker ist höher als in Regierungsvertreter auf nationaler Ebene. Die Ausgangsthese, wonach TV-Dependenz im Vergleich zu Zeitungsdependenz schwächere Ergebnisse ergibt, konnte bestätigt werden. Die Wirkungen der TV-Dependenz werden im Lichte der Wissenskluftthese interpretiert. Die Motive, die die jeweils unterschiedliche Dependenz begünstigen, sollten in weiteren Studien untersucht werden.

145. **Buss, T.F., Hofstetter, C.R.:** Communication, Information and Participation During An Emerging Crisis. In: The Social Science Journal. Vol. 18 (1981), S. 81-91.

A) Inhaltliche Merkmale, Ziele und Hypothesen
Untersuchung der kommunikativen Effekte, die Krisen auslösen. Der Untersuchung liegt als Beispiel eine Massenentlassung zugrunde, die sich im vorliegenden Fall allmählich entwickelte. Es wird unterstellt, daß Betroffenheit zu erhöhter medialer und interpersonaler Kommunikation führt. Die verstärkte Kommunikation vergrößert das politische Wissen und intensiviert die Partizipation.
B) Methoden der Datenerhebung, Forschungsdesign, Stichproben
Zwei Umfragen: (1) Experimentalgruppe: N = 281 Stahlarbeiter mit unterschiedlichem Beschäftigungsstatus. (2) Kontrollgruppe: N = 80 Automobilarbeiter, die nicht von der Krise betroffen sind.
C) Verwendete Variablen und Operationalisierungen
Variablen: Interpersonale Diskussion, Mediennutzung, Organisationszugehörigkeit, Index politischer Information, politische Partizipation.
D) Auswertungsmethoden
Korrelation, Multiple Regression.
E) Ergebnisse und Interpretationen
Die Kommunikationsvariablen stehen mit den abhängigen Variablen politische Information und politische Partizipation zwar im Zusammenhang, es ergeben sich aber kaum Unterschiede zwischen den Stahlarbeitern mit unterschiedlichem Beschäftigungsstatus. Dagegen ist zwischen Stahlarbeitern und den Automobilarbeitern ein deutlicher Unterschied festzustellen, was die Information und Partizipation angeht. Die Stahlarbeiter sind informierter und engagierter - offenbar wird eine emergente Krise kollektiv verarbeitet.

146. **Comstock, G.:** The Impact of Television on American Institutions.
In: Journal of Communication. Vol. 28 (1978), S. 2-12.

A) Inhaltliche Merkmale, Ziele und Hypothesen
Theoretischer Beitrag älterer Studien (Review) zum Einfluß des Fernsehens auf Familienleben, die Sozialisation, Kirche, Religion, Normen,
Freizeitverhalten und Politik. Der Autor kommt u.a. zu folgenden Auffassungen: Das Fernsehen trage zur Imagebildung und zur Vermittlung
stellvertretender Erfahrungen bei und stelle auf diese Weise einen
wichtigen Sozialisationsagenten dar. Gewaltdarstellungen im Fernsehen
könnten zu aggressivem Verhalten führen, müßten aber nicht immer Gesetzesverletzungen nach sich ziehen. Das Fernsehen würde zu einer Homogenisierung der Normen und zu einer Veränderung des Freizeitverhaltens führen.

147. **Hornik, R.C.:** Mass Media Use and the 'Revolution of Rising Frustrations'. A Reconsideration of the Theory. In: Communication
Research. Vol. 4 (1977), S. 387-414.

A) Inhaltliche Merkmale, Ziele und Hypothesen
In der Studie wird die These von Lerner untersucht, wonach Massenmedien in Entwicklungsländern zu erhöhten Erwartungen (z.B. hinsichtlich
ökonomischen Wachstums) führen, die in der Realität schwerlich eingelöst werden und so Frustrationen auslösen. Der Beitrag der Massenmedien zur Modernisierung bildet den Rahmen für die Studie.
B) Methoden der Datenerhebung, Forschungsdesign, Stichproben
Längsschnittuntersuchung, Panel; Umfrage bei 900 Studenten aus Salvador, sechs Untersuchungswellen.
C) Verwendete Variablen und Operationalisierungen
(1) Mediennutzung, TV-, Radiobesitz; (2) Status und Bildungsaspiration; (3) Wunsch, anders als die Eltern zu leben, (4) in der Stadt zu
leben, (5) Interesse an nicht-instrumenteller Information, (6) Risikobereitschaft usw.
D) Auswertungsmethoden
Korrelationen.
E) Ergebnisse und Interpretationen
Die Mediennutzung, bzw. auch der Besitz von TV und Radio, führen zu
erhöhten Ansprüchen an Bildung und Beruf (Status). Der Wunsch, in der
Stadt zu leben, nimmt mit wachsendem TV-Konsum ab. Der Grund dafür
wird in einer mangelnden Unterstützung durch die unmittelbare Umgebung

gesehen: Die Medien haben nur dann Einfluß auf die Erwartungen, wenn
andere Elemente in der unmittelbaren Umgebung diesen Wandel unterstützen.

148. **McLeod, J.M. et al.**: Decline and Fall At the White House. A Lon-
    gitudinal Analysis of Communication Effects. In: Communication
    Research. Vol. 4 (1977), S. 3-22.

A) Inhaltliche Merkmale, Ziele und Hypothesen
Der Beitrag untersucht die kommunikativen Effekte, die der Watergate-
Skandal auslöste. Medieneffekte sollten sich u.a. zeigen in einem erhöhten Informationslevel bezüglich des Skandals und Einstellungsänderungen gegenüber Nixon. Da aber politische Einstellungen und Verhaltensweisen dauerhafter Natur seien (Einstellungen zu Parteien, zu Politik usw. bilden einen breiten Zusammenhang), müßten die längerfristigen Effekte der Medienzuwendung isoliert werden.
B) Methoden der Datenerhebung, Forschungsdesign, Stichproben
Interviews mit 389 Wählern in Madison, hoher Anteil von Jungwählern.
Paneldesign mit drei Meßzeitpunkten (politische Kampagnen 1972, 1974,
in der Mitte der Anhörungen 1973).
C) Verwendete Variablen und Operationalisierungen
(1) Generelle politische Orientierungen (Interesse, Parteibindung, po-
litisches Vertrauen etc.); (2) politisches Verhalten (Partizipation,
Kampagnenpartizipation, Wählerverhalten); (3) Watergate-Orientierun-
gen; (4) Medienkontakt (TV und Radio/Fernsehen) und interpersonale
Diskussion über das Ereignis, insonderheit Zuwendung zu TV- und Radio-
berichterstattung über die Anhörung zum Skandal.
D) Auswertungsmethoden
Regressionsanalysen.
E) Ergebnisse und Interpretationen
Watergate hatte keine massiven Effekte auf die Gesellschaft. Obwohl
Anti-Nixon Einstellungen unter den Panelmitgliedern zunahmen und Vertrauen in die Regierung zu einem wichtigen Thema im Wahlkampf wurde,
gibt es kaum eine Evidenz für Änderungen in den generellen politischen
Orientierungen, wie z.B. Vertrauen in den Staat etc. Watergate war
auch kein so bedeutendes Kommunikationsereignis, wie man annehmen
könnte. Die Autoren finden geringe Belege für einen massiven Anstoß
der Medienberichterstattung oder interpersonaler Diskussion über Watergate. Besonders die Verfolgung von Radio- und TV-Berichterstattung
über die Anhörung ergibt kaum kommunikative Effekte. Vielmehr erweisen

sich die Darstellungen in Zeitungen und Magazinen als wesentlich wir-
kungsvoller. Zeitungslektüre und interpersonale Diskussion der Anhörungen hatten stärkeren Effekt auf jüngere Wähler, während die übliche
Printmediennutzung und die Motivationen, die Medien zu nutzen, zu Konsequenzen für ältere Wähler führten.

149. **McLeod, J.M., McDonald, D.G.:** Beyond Simple Exposure. Media
Orientations and their Impact on Political Processes. In: Communication Research. Vol. 12 (1985), S. 3-33.

A) Inhaltliche Merkmale, Ziele und Hypothesen
Untersuchung der unabhängigen Variablen der Mediendependenz. Intermedia-Vergleich. Anstatt Mediendependenz, die zu stark in der Systemtheorie verhaftet sei, verwenden die Autoren den Begriff "Medienorien-
tierung" und subsumieren darunter die für das betreffende Medium auf-
gewendete Zeit, Zuwendung zu speziellen Inhalten, Verläßlichkeit, Aufmerksamkeit, Motivation (Suche von Gratifikationen). Als abhängige
(Wirkungs-)Variablen verwenden die Autoren politische Kognitionen,
Einstellungen und Verhaltensweisen.
B) Methoden der Datenerhebung, Forschungsdesign, Stichproben
Telefoninterviews mit N = 589 Wählern einer Stadt in Wisconsin.
C) Verwendete Variablen und Operationalisierungen
(I) Abhängige Variablen: (1) Wissen über ökonomische Tatsachen (aus
den Nachrichten); (2) Einstellung zu politischen Akteuren; (3) Politi-
sche Partizipation.
(II) Medienorientierungen: (1) Mediennutzung von TV und Zeitungen; (2)
Nutzung spezifischer Inhalte; (3) Medienvertrauen; (4) gesuchte Motive
(Umweltkontrolle und Kommunikationsnützlichkeit.
(III) Soziodemografie.
D) Auswertungsmethoden
Hierarchische Regressionsanalysen; Partiale Korrelationen.
E) Ergebnisse und Interpretationen
Einfacher Medienkontakt ("simple exposure") kann Medienwirkungen nicht
erklären. Zeitungen haben stärkere Effekte als das Fernsehen. Das
Fernsehen trägt in gewissem Maße zur Erosion des politischen Systems
bei. Fernsehnutzung besteht zu einem Großteil aus der Zuwendung zu Un-
terhaltungsprogrammen, während Nachrichten und Dokumentationen in ge-
ringerem Umfang genutzt werden. Zeitungen dienen einer positiven politischen Integrationsfunktion. Die Nutzung von Zeitungen führt zu erhöhtem politischen Wissen und politischer Partizipation. Das Vertrauen

des Publikums in das jeweilige Medium korreliert mit den Wirkungsmög-
lichkeiten des betreffenden Mediums. Die Suche von Gratifikationen
steht - unabhängig von der Mediennutzung selbst - mit dem Wirkungsprozeß im Zusammenhang.

150. **Miller, M.M., Reese, S.D.:** Media Dependency as Interaction. Ef-
     fects of Exposure and Reliance on Political Activity and Effica-
     cy. In: Communication Research. Vol. 9 (1982), S. 227-248.

A) Inhaltliche Merkmale, Ziele und Hypothesen
Untersuchung zum Inter-Mediavergleich: Zwischen TV und Presse seien
strukturelle Unterschiede vorhanden, die sich auch im jeweiligen Inhalt, der in den jeweiligen Medien transportiert wird, ausprägen. Dies
hätte wiederum zur Folge, daß die Abhängigkeit (Dependenz) von einem
bestimmten Medium bestimmte Effekte nach sich zieht. Es wird angenommen, daß vorwiegende TV-Nutzung mit geringem politischen Vertrauen und
geringer politischer Aktivität einhergeht, während vorwiegende Zeitungsnutzung zu positiveren Relationen führt. Da die Mediennutzung
sich aber häufig überschneide, sei 1. die Relation zwischen politischem Vertrauen/politischer Aktivität und der Zuwendung zu einem der
beiden Medien auch von der Zuwendung zum jeweiligen Alternativmedium
abhängig (Medieninteraktion). 2. Die Relation wird positiver sein,
wenn die Zeitung das Medium darstellt, auf das sich Rezipienten verlassen und 3. negativ, wenn Fernsehen das Medium ist, auf das man sich
vorwiegend verläßt. Mediendependenz wird somit als ein interaktives
Konzept eingeführt.
B) Methoden der Datenerhebung, Forschungsdesign, Stichproben
Repräsentative nationale Umfrage bei N = 2402 Respondenten.
C) Verwendete Variablen und Operationalisierungen
Acht Items zur Messung der (1) politischen Aktivität (Partizipation);
(2) politisches Vertrauen ("efficacy") wurde mit fünf Items erfaßt
(z.B. Politik ist kompliziert, Politiker kümmern sich nicht um die
Probleme der Bevölkerung usw.); (3) Häufigkeit der Nutzung von Nachrichten im Fernsehen (4-Punkte-Skala); (4) Häufigkeit der Zeitungslektüre, politischer Teil (4-Punkte-Skala); (5) Vertrauen/Verläßlichkeit
der Medien ("reliance"): "What do you rely on most for information
about politics? - newspapers or television?" (6) Drei Kontrollvariablen: Alter, Bildung, Einkommen.

D) Auswertungsmethoden

Multiple Regression (zur Überprüfung der Effekte der Medienvariablen auf die politischen Wirkungsvariablen).

E) Ergebnisse und Interpretationen

Personen, die sich vorwiegend auf das Fernsehen verlassen, zeichnen sich durch geringere politische Aktivität und geringeres Vertrauen in die Politik aus als Personen, die sich mehr auf die Zeitung verlassen. Vertrauen in ein Medium ist nicht nur ein valides Kriterium für die Mediennutzung, sondern es zeigt sich zudem, daß Personen, die sich einem Medium anvertrauen, auch besser dazu in der Lage sind, Informationen aus diesem Medium zu extrahieren.

151. O'Gormann, H., Garry, S.L.: Pluralistic Ignorance. - A Replication and Extension. In: Public Opinion Quarterly. Vol. 40 (1976), S. 449-458.

A) Inhaltliche Merkmale, Ziele und Hypothesen

Untersuchung der pluralistischen Ignoranz. Pluralistische Ignoranz bezeichnet eine Über- oder Unterschätzung der Meinungsverteilung in der Bevölkerung, Gruppe etc., bezieht sich also auf Misperzeptionen der Umwelt. So können z.B. moralische Prinzipien mit geringer allgemeiner Unterstützung beträchtlichen Einfluß haben, wenn sie für die Prinzipien der Majorität gehalten werden. Der Autor verwendet für seine Untersuchung die Rassenproblematik (Segregation, Desegregation). Zwar sei eine liberale Tendenz zur Desegregation feststellbar, aber in der Bevölkerung bestünde eine Tendenz zur Überschätzung der Segregation.

B) Methoden der Datenerhebung, Forschungsdesign, Stichproben

Sekundäranalysen von nationalen Umfragen in den USA.

C) Verwendete Variablen und Operationalisierungen

(1) Persönliche Einstellung zur Rassenfrage; (2) Wie denken die anderen in diesem Land? Die Diskrepanz der Prozentverteilungen (1) und (2) gibt das Ausmaß der pluralistischen Ignoranz an.

D) Auswertungsmethoden

Häufigkeitszählungen.

E) Ergebnisse und Interpretationen

Die Anteile derjenigen, die eine Mehrheit für die Rassentrennung vermuten, sind größer als die Anteile derjenigen, die für die Rassentrennung selbst sind. Es ist also eine Diskrepanz feststellbar, nämlich eine Tendenz zur Überschätzung der Segregation. Dabei zeigt sich außerdem, daß Personen mit konservativen Werthaltungen die Rassenurteile

anderer Bevölkerungsmitglieder besonders stark mißverstehen bzw. verzerren.

152. **Shoemaker, P.J.:** The Perceived Legitimacy of Deviant Political
     Groups. Two Experiments on Media Effects. In: Communication Re-
     search. Vol. 9 (1982), S. 249-286.

A) Inhaltliche Merkmale, Ziele und Hypothesen
Der Beitrag hat einerseits zum Ziel, das Konzept der Legitimität zu
messen, andererseits soll die Hypothese getestet werden, daß die
US-Medien zwar über deviante politische Gruppen berichten, die Berichterstattung aber darauf hinauslaufe, diese Gruppen als lächerlich
und exzentrisch darzustellen. Die Folge sei, daß abweichende Gruppen
im Publikum als nicht-legitime Zusammenschlüsse angesehen werden. Würden die Gruppen eine seriöse und faire Berichterstattung erfahren,
dann würden sie auch eher für legitim gehalten.
B) Methoden der Datenerhebung, Forschungsdesign, Stichproben
Zwei Experimente mit N_1 = 82 und N_2 = 178 Studenten, in denen jeweils
die Wirkung von beiden Varianten der Berichterstattung auf die Legiti-
mität untersucht werden. Politisches Spektrum (rechts/links) und Länge
der Artikel werden mit behandelt.
C) Verwendete Variablen und Operationalisierungen
Indikatoren für Legitimität: Bewertung, Legalität, Transparenz der
Ziele, Organisation, Stabilität.
D) Auswertungsmethoden
Faktorenanalyse, Varianzanalyse.
E) Ergebnisse und Interpretationen
Die Autorin kann ihre These stützen. Die Art und Weise, wie abweichende politische Gruppen in den Medien dargestellt werden, beeinflußt die
Beurteilung ihrer Legitimität. Es zeigt sich allerdings auch, daß die
vermutete Parteiorientierung der Gruppen in den Wirkungsprozeß inter-
veniert, und zwar so, daß rechte Gruppierungen durch eine negative Be-
richterstattung stärker ins Zwielicht geraten als linke Gruppierungen.
Die Autorin diskutiert die Konsequenzen ihrer Ergebnisse schließlich
im Lichte von Kriterien der journalistischen Berichterstattung (Objektivität der Berichterstattung versus Ziele und Werte der Reporter,
Nachrichtenwerte, die die Exzentrizität von Ereignissen hervorheben).

153. **Taylor,** G.: Pluralistic Ignorance and the Spiral of Silence. In: Public Opinion Quarterly. Vol. 46 (1982), S. 311-335.

A) Inhaltliche Merkmale, Ziele und Hypothesen
Schweigespirale, Theorie pluralistischer Ignoranz: Untersuchung zur Korrektheit der Wahrnehmung der öffentlichen Meinung. Ausgangspunkt der Untersuchung ist die Frage, inwiefern Personen ihre Umwelt korrekt wahrnehmen. Es wird unterstellt, daß Personen glauben, daß andere Personen Objekte so wahrnehmen wie sie es selbst tun ("Looking glass perception"). Dabei können Probleme in der Akkuranz der Wahrnehmung von Minoritäts- bzw. Majoritätspositionen auftreten. Pluralistische Ignoranz beschreibt eine Situation, in der eine Minoritätsmeinung als Meinung der Mehrheit wahrgenommen wird und vice versa (O'Gorman, Garry 1976). Die Schweigespiraltheorie zeigt ganz klare Unterschiede zwischen privaten Meinungen und öffentlicher Meinung auf. Aus beiden Ansätzen leitet der Autor der Studie fünf Hypothesen ab:
(1) Diejenigen, die glauben, daß es einen <u>Trend</u> in der Unterstützung ihrer eigenen Position gibt, äußern ihre Meinung eher als umgekehrt.
(2) Diejenigen, die glauben, daß die Mehrheit auf ihrer Seite ist, äußern ihre Meinung eher als umgekehrt.
(3) Diejenigen, die die Mehrheitsposition favorisieren, glauben, daß die Mehrheit ihre Position stützt.
(4) Diejenigen, die die Mehrheitsposition favorisieren, glauben, daß im Trend ihre Position unterstützt werden wird.
(5) Diejenigen, die die Mehrheitsposition favorisieren, drücken ihre Meinung eher aus.
B) Methoden der Datenerhebung, Forschungsdesign, Stichproben
500 Interviews in Waukegan über öffentliche Meinung zu aktuellen Themen (Umweltverschmutzung, nukleare Rüstung).
C) Verwendete Variablen und Operationalisierungen
Persönliche Meinung (Karte mit zwei gegensätzlichen Positionen, einer soll der Befragte zustimmen); politische Bedeutung der Themen; Einschätzung der prädominanten Ansicht, d.h. der Mehrheitspositionierung; Abschätzung des zukünftigen Trends in der öffentlichen Meinung.
D) Auswertungsmethoden
Häufigkeiten.
E) Ergebnisse und Interpretationen
Sowohl die Majorität als auch die Minorität sind sicher in der Unterstützung durch die öffentliche Meinung. Beide Gruppen schätzen die öffentliche Meinung aus der Looking-Glass-Perspektive ein. Die Sicher-

heit der Mehrheit in der Beurteilung des Trends ist jedoch größer, sie
hängt allerdings auch vom Thema ab. Die subjektive Wahrnehmung von Unterstützung erleichtert Meinungsbekundungen. Damit wird die Theorie
der Schweigespirale durch die Beobachtungen, die auf der Basis der
Theorie der Pluralistischen Ignoranz gemacht wurden, gestützt.

10. *Publikums- und Nutzungsforschung*

10.1 *Mediennutzung*

154. **Barwise, T.P., Ehrenberg, A.S.C.:** Glued to the Box?: Patterns of
     TV Repeat-Viewing. In: Journal of Communication. Vol. 32 (1982),
     S. 22-29.

A) Inhaltliche Merkmale, Ziele und Hypothesen
Die Autoren untersuchen, wie stark ausgeprägt das wiederholte Sehen
bestimmter Programme bzw. Programmfolgen im US-Fernsehen, wie z.B.
Nachrichtensendungen, soaps usw., ist.
B) Methoden der Datenerhebung, Forschungsdesign, Stichproben
Sekundäranalyse von Daten aus der Fernsehforschung (N = 18.000), Tage-
buchmethode.
C) Verwendete Variablen und Operationalisierungen
Der Anteil der Wiederholungsseher (% of "repeat viewing") wird unter-
sucht.
D) Auswertungsmethoden
Prozentauszählungen.
E) Ergebnisse und Interpretationen
Nur etwa die Hälfte der Seher eines Programmes bleibt bei diesem Programm konsequent. Entscheidender als das jeweilige Programm scheint
die Verfügbarkeit zum Zeitpunkt des Nutzungstermins zu sein. Die Programmloyalität ist somit nicht sehr hoch. Andere Aktivitäten erscheinen den Zuschauern oft wichtiger als Fernsehen, das eher die "Lücken
zwischen anderen Aktivitäten" füllt. Wenn Programme kontinuierlich gesehen werden, dann sprechen die Daten dafür, daß es sich um Favoriten-
programme handelt.

155. **Chaffee, S.H., Choe, S.Y.:** Newspaper Readings in Longitudinal
     Perspective: Beyond Structural Constraints. In: Journalism Quar-
     terly. Vol. 58 (1981), S. 201-211.

A) Inhaltliche Merkmale, Ziele und Hypothesen
Nutzungsstudie. Es werden die Bedingungen untersucht, die zum Lesen
von Tageszeitungen führen. Dazu werden drei Bedingungen unterschieden:
(1) strukturelle Bedingungen, wie z.B. Status, Alter, (2) sich verän-
dernde situative Bedingungen, insonderheit Änderungen im Lebenszyklus,
Mobilität, Unterbrechung in Gewohnheiten durch Berufswechsel etc. und
(3) persönliche Bedingungen, wie z.B. Dispositionen, Interessen. Die
drei Bedingungen seien - in eventuell unterschiedlichem Maße - aus-
schlaggebend für den Leserschaftsstatus.
B) Methoden der Datenerhebung, Forschungsdesign, Stichproben
Sekundäranalyse einer nationalen Panelumfrage. Bildung von vier Teilgruppen: (1) Stabile Nicht-Leser, (2) Leser, (3) neue Leser, (4) Verlust der Leserschaft.
C) Verwendete Variablen und Operationalisierungen
Die genannten drei Bedingungen wurden aus verschiedenen Variablen, die
der Umfrage zugrunde lagen, operationalisiert und mit den vier Teilgruppen konfrontiert.
D) Auswertungsmethoden
Multiple Diskriminanzanalyse.
E) Ergebnisse und Interpretationen
Strukturelle Bedingungen erklären das Nicht-Lesen der Zeitungen am
besten, während situative Bedingungen am besten für den generellen Leserschaftsstatus verantwortlich sind. Persönliche Faktoren (Aktivitäten, Interesse) bedingen, ob jemand ein Leser wird oder das Lesen aufgibt. Die große Bedeutung, die nach den Ergebnissen der Studie den
situativen Faktoren für den Leserschaftsstatus zukommt, weist darauf
hin, daß der Verlust an Leserschaft nicht an der Zeitung oder am Indi-
viduum liegen muß.

156. **Collins, J., Abel, J.D.:** Activation as News Exposure Predictor.
     In: Journalism Quarterly. Vol. 62 (1985), S. 316-320.

A) Inhaltliche Merkmale, Ziele und Hypothesen
Mediennutzungsverhalten, Informationsverarbeitung, Annahme: Aktivierung bestimmt die Nutzung von Nachrichtensendungen. Mit der Aktivierung nimmt die Nutzung entsprechender Medien (Nachrichtensendungen

im nationalen, lokalen TV, im Kabel-TV, Lokalzeitungen, Nachrichtenma-
gazine) zu.

B) Methoden der Datenerhebung, Forschungsdesign, Stichproben
Telefoninterviews mit N = 431 Erwachsenen in Lansing/Mich.

C) Verwendete Variablen und Operationalisierungen
Unabhängige Variable: Aktivierung - Messung mit Pearson's NES-Skala
(21 statements, die Aktivitäten betreffen).
Abhängige Variable: Mediakonsum in Minuten; zusätzlich: Soziodemografie.

D) Auswertungsmethoden
Multiple Regression.

E) Ergebnisse und Interpretationen
Die Nachrichtenrezeption wird durch Alter und Einkommen weitaus besser
erklärt als durch das Ausmaß an Aktivierung. Nur bei lokalen TV-Nachrichten kann Aktivierung als wesentliche Variable im Rezeptionsprozeß
angesehen werden.

157. **Csikszentmihalyi, M., Kubey, R.:** Television and the Rest of Life:
     A Systematic Comparison of Subjective Experience. In: Public Opi-
     nion Quarterly. Vol. 45 (1981), S. 317-328.

A) Inhaltliche Merkmale, Ziele und Hypothesen
Untersuchung der subjektiven Erfahrungen der Respondenten, die sie mit
dem Fernsehen machen: (1) In welche anderen Aktivitäten ist das Fernsehen eingebettet, (2) wie unterscheidet sich die Fernsehnutzung von
den anderen Aktivitäten und (3) wie ist das Fernsehen auf die soziale
Situation (z.B. Familie) bezogen? Qualitative Nutzerstudie.

B) Methoden der Datenerhebung, Forschungsdesign, Stichproben
100 Erwachsene/Arbeiter werden mit Hilfe eines technischen Abrufgerä-
tes ("radio controlled electronic paging devices") über ihre affekti-
ven und kognitiven Reaktionen auf das Fernsehen befragt. Die Selbstberichte erfolgen nach Zufallsauswahl in einer Periode ("Experience Sam-
pling Method").

C) Verwendete Variablen und Operationalisierungen
Selbstbericht über Aktivitäten, Stimmung und kognitive Kontrolle der
Umgebung. Die Aktivität Fernsehnutzung wird innerhalb des typischen
sozialen Kontextes (Familie, Alleinempfang) untersucht und den üblichen anderen Aktivitäten (Arbeiten, Essen, Lesen) gegenübergestellt.

D) Auswertungsmethoden
Häufigkeiten.

E) Ergebnisse und Interpretationen

Fernsehnutzung erscheint als eine gering herausfordernde Tätigkeit, die nur geringen kognitiven Aufwand erforderlich macht. Fernsehen ist eng bezogen auf Gefühle der Entspannung, Passivität und Entfremdung. TV-Nutzung geschieht auch häufig im Verbund mit anderen Aktivitäten.

158. **Gantz, W., Zohoori, A.R.:** The Impact of Television Schedule Changes on Audience Viewing Behaviors. In: Journalism Quarterly. Vol. 59 (1982), S. 265-272.

A) Inhaltliche Merkmale, Ziele und Hypothesen

Nutzungsstudie zur Frage, wie das Fernsehen in den täglichen Ablauf integriert wird, wenn sich der Programmzeitplan ändert.

B) Methoden der Datenerhebung, Forschungsdesign, Stichproben

Telefon-Panelumfrage in zwei Wellen bei N = 161. Neutrale Kontrollgruppe zum zweiten Zeitpunkt.

C) Verwendete Variablen und Operationalisierungen

Der Studie lag eine regionale Verlegung des Abendprogrammes um eine Stunde zugrunde.

(1) Mediennutzung ("exposure") von lokalen, nationalen Nachrichten, Spätnachrichten, Abendunterhaltung.

(2) TV-Nutzungsdauer/Tag (Einschaltzeit).

(3) Schlafenszeit.

D) Auswertungsmethoden

Häufigkeiten, Chi-Square-Test.

E) Ergebnisse und Interpretationen

Aufgrund der Programmänderung legten die Fernsehzuschauer ihren TV-Sehplan so, daß er mit der Hauptsendezeit zusammenfiel. Das Fernsehen wurde später ausgeschaltet als zuvor, so daß die Personen die Unterhaltung zu Ende sehen konnten. Bei den Spätnachrichten und Spätunterhaltungen nahm dagegen die Zuschauerzahl ab. Damit zeigt sich, daß die individuelle TV-Programmgestaltung davon abhängt, ob der Programmplan in die verfügbare oder nicht-verfügbare Zeit paßt.

159. **Himmelweit, H., Swift, B.:** Continuities and Discontinuities in Media Usage and Taste: A Longitudinal Study. In: Journal of Social Issues. Vol. 32 (1976), S. 133-156.

A) Inhaltliche Merkmale, Ziele und Hypothesen

Mediennutzung. Langzeitstudie zum Zusammenhang von Mediennutzung,

Freizeitgewohnheiten, Lebenszyklus etc. Wirkungen auf Einstellungen,
Geschmack und Werte.

B) Methoden der Datenerhebung, Forschungsdesign, Stichproben

Panelumfrage (Kohortenstudie). Ausgehend von 600 Interviews mit Jungen
zwischen 13-14 Jahren im Jahr 1951 wurden 1962 450 Interviews mit
24-25 jährigen und 1970 246 Interviews mit den dann 32-33 jährigen Erwachsenen geführt. Die Befragten gehörten überwiegend der Mittelschicht und der Arbeiterklasse an.

C) Verwendete Variablen und Operationalisierungen

Welche Aktivitäten wurden aufgegeben bzw. zurückgestellt, um eine bestimmte Fernsehsendung zu sehen; Umfang der TV-Nutzung; Inhalte der
TV-Nutzung; kognitive und emotionale Reaktionen; Einstellungsänderungen; Soziodemografie.

D) Auswertungsmethoden

Korrelationen; Regressionsanalyse.

E) Ergebnisse und Interpretationen

Insgesamt zeigt sich, daß Fernsehen nicht vordergründig als Freizeit-
gestaltung gesehen wird. Bei Personen der Arbeiterklasse und mit nie-
drigem sozialen Status steigt der TV-Konsum nach der Heirat jedoch
stark an. Die Medien bestimmen den individuellen Geschmack. Es besteht
eine außerordentliche Vorliebe für "schnelle Stimulation" durch entsprechende Fernsehsendungen. Mit dem Übergang von der Jugend auf die
Phase des Erwachsenseins werden die Vorlieben für Fernsehprogramme jedoch auch differenzierter, realitätsorientierte Inhalte werden z.T.
gegenüber Fantasieinhalten stärker bevorzugt.

160. **Jeffres, L.:** Cable TV and Viewer Selectivity. In: Journal of
     Broadcasting. Vol. 22 (1978), S. 167-177.

A) Inhaltliche Merkmale, Ziele und Hypothesen

In der Studie wird untersucht, ob die Selektivität des Publikums nach
Einführung des Kabelfernsehens zunimmt. Nutzen-Belohnungsansatz, Ent-
scheidungsansatz. Untersuchung der Motive.

B) Methoden der Datenerhebung, Forschungsdesign, Stichproben

Schriftliche Interviews mit N = 200 Subskribenten des Kabelfernsehens,
als Panelumfrage in zwei Wellen, variierende Stichprobengrößen
(200/86).

C) Verwendete Variablen und Operationalisierungen

(1) Unterscheidung von Medienwahl ("Media-Seeking") und Programmwahl
("Content-Seeking") in Anlehnung an den Nutzen- und Belohnungsansatz.

Die Motive werden für Medium und Programminhalte getrennt erhoben.
(2) Gründe und Relevanz fortgesetzter Nutzung bestimmter Programminhalte.

D) Auswertungsmethoden

Häufigkeiten, t-Test.

E) Ergebnisse und Interpretationen

Nach Erhalt des Kabelanschlusses zeigt sich eine generelle Abnahme der
Fernsehnutzung und eine Zunahme der Selektivität. Während die unspezifische Mediennutzung leicht zunimmt, fällt die inhaltsspezifische Mediennutzung ("content-seeking") ab. Allerdings sei in dem betreffenden
Fall das Kabelfernsehen noch zu kurz eingeführt, um alle Fragen beantworten zu können. Ungeklärt bleibt die Frage, wie groß das Fernsehan-
gebot sein muß, damit die gezielte Programm- und Inhaltssuche ("In-
halts-seeking") zunimmt. Auch müßten individuelle Differenzen in weiteren Studien stärker berücksichtigt werden.

161. **Lull, J.:** The Social Uses of Television. In:Human Communication
     Research. Vol. 6 (1980), S. 197-209.

A) Inhaltliche Merkmale, Ziele und Hypothesen

Der Nutzen- und Belohnungsansatz wird vertieft durch den Rückgriff auf
symbolischen Interaktionismus und Ethnomethodologie. Es wird ein neuer
methodischer Ansatz vorgeschlagen, um die "soziale Nutzung" zu erfassen, die in den üblichen Typologien der Gratifikationsforschung enthalten ist. Der Ansatz fußt auf Ethnographie, teilnehmender Beobachtung, Informantenbefragung und Tiefeninterviews. Am Beispiel der Mediennutzung im Kontext der Familienkommunikation wird eine Typologie
"relationaler Nutzung" von TV erarbeitet, die folgende Typen von Kommunikation enthält:
(1) Erleichterung der Kommunikation;
(2) Zugehörigkeit durch Kommunikation/Vermeidung von Kommunikation;
(3) soziales Lernen und
(4) Kompetenz/Dominanzrelationen.

162. **McIlwraith, R.D., Schallow, J. R.:** Adult Phantasy Life and Pat-
     terns of Media Use. In: Journal of Communication. Vol. 33 (1983),
     S. 78-91.

A) Inhaltliche Merkmale, Ziele und Hypothesen

Mediennutzung von erregenden Inhalten (Arousal). Annahme, daß bestimmte Persönlichkeitsfaktoren - insbesondere die Phantasien Erwachsener ("innere Welt") - eine entsprechende Mediennutzung begünstigen: (1) Personen mit "leerem Kopf" (ohne eine Ausprägung von Phantasien, Träumen, Fähigkeiten, sich selbst zu unterhalten) sehen TV-Nutzung als "para-fantasy"-Aktivität an. (2) Personen mit unbefriedigenden Phantasien, z.B. Obsessionen, also mit "vollem Kopf" versuchen ihre negativen Affekte über TV-Nutzung zu reduzieren (J. Singer). Verstärkte Nutzung erregenden Materials führe zur Gedankenblockierung.

B) Methoden der Datenerhebung, Forschungsdesign, Stichproben
Befragung von N = 219 Studenten.

C) Verwendete Variablen und Operationalisierungen
Verschiedene Checklisten zum Mediennutzungsverhalten (Programme, Inhalte); hochstandardisiertes Skaleninventar zur Messung der "inneren Welt" (Phantasien), Rollenverhalten. Inhaltsanalyse der angegebenen Programme.

D) Auswertungsmethoden
Faktorenanalysen (Varimax der Checklisten und Skalen). Kanonische Korrelation der Phantasiefaktoren und Mediennutzungsfaktoren (zusammengesetzte Faktorscores).

E) Ergebnisse und Interpretationen
Personen, die in hohem Maße erregende Medieninhalte konsumieren, zeichnen sich durch eine unbefriedigende "innere Welt" aus und besitzen stereotype maskuline Persönlichkeitseigenschaften. Obsessionen, Maskulinität begünstigen den Konsum von Inhalten, in denen Sex, Kriminalität und Sport vorkommen, Informationen werden vernachlässigt. Obsessionen, Alltagsprobleme etc. führen auch zu einer generell hohen TV-Nutzung. Die emotionalisierende Wirkung der Medienbeiträge blockiere den "vollen Kopf".

163. **Medrich, E.A.:** Constant Television: A Background to Daily Life. In: Journal of Communication. Vol. 29 (1979), S. 171-176.

A) Inhaltliche Merkmale, Ziele und Hypothesen
Nutzungsforschung: Untersuchung der Dauerfernsehhaushalte, in denen das Gerät überwiegend am Nachmittag und am Abend eingeschaltet ist. Die Bedingungen für das Dauerfernsehen werden u.a. auf geringe Kontrolle (durch die Eltern bei Kindern), auf ein unkritisches Verhältnis zum Medium etc. zurückgeführt.

B) Methoden der Datenerhebung, Forschungsdesign, Stichproben
Umfrage bei N = 764 Kindern in Oakland, Calif. und N = 269 Müttern.

C) Verwendete Variablen und Operationalisierungen

Frage zur Feststellung des Dauerfernsehhaushaltes; Lesefähigkeit der Kinder; Soziodemografie; Zeitbudget.

D) Auswertungsmethoden

Häufigkeiten, Korrelationen.

E) Ergebnisse und Interpretationen

Dauerfernsehhaushalte finden sich vor allem in den Innenstädten. Fernsehen wird hier als fester Begleiter über den ganzen Tag hin genutzt. Kinder sehen hier ohne Kontrolle durch die Eltern - auch am Abend. Ihre Lesefähigkeit ist begrenzt. Die Untersuchung belegt, daß Dauerfernsehhaushalte ein Unterschichtenphänomen zu sein scheinen.

164. **Perloff, R.M., Quarles, R.C., Drutz, M.:** Loneliness, Depression and the Uses of Television. In: Journalism Quarterly. Vol. 60 (1983), S. 352-356.

A) Inhaltliche Merkmale, Ziele und Hypothesen

Bei dem Beitrag handelt es sich um eine Motivationsstudie, die in Anlehnung an den Nutzen- und Belohnungsansatz die Rahmenbedingungen der TV-Nutzung untersucht. Es wird angenommen, daß zwei verschiedene Typen von Variablen mit der TV-Nutzung verknüpft sind, 1. äußere, exogene Umstände und 2. innere, endogene Stimmungen. Die Wirkungsweise sei so, daß äußere Umstände innere Dispositionen und damit indirekt die TV-Nutzung eher beeinflussen würden als umgekehrt.

B) Methoden der Datenerhebung, Forschungsdesign, Stichproben

Interviews mit N = 150 alleinstehenden Studenten, Querschnittsanalyse.

C) Verwendete Variablen und Operationalisierungen

1. Exogene Variablen: Zahl der Verabredungen; Zahl der Freunde; Demografie.

2. Endogene Variablen: Unzufriedenheit mit sozialen Beziehungen; Depression (Skala mit drei Items).

3. TV-Nutzung: Zeitaufwand für TV, TV-Gratifikationen.

D) Auswertungsmethoden

Überprüfung der Kausalbeziehungen durch die "Patheval"-Methode (Pfadanalyse).

E) Ergebnisse und Interpretationen

Subjektive Dispositionen beeinflussen die TV-Nutzung stärker als situative, exogene Variablen. Situationale Variablen wirken auf Umfang und Art der TV-Nutzung eher indirekt über die subjektiven Dispositionen. Situative Faktoren sind für die TV-Nutzung daher nicht unerheblich, denn sie erhöhen die Wahrscheinlichkeit, daß dispositionale Prozesse in Gang kommen.

165. **Poindexter, P.M.:** Daily Newspaper Non-Readers. Why They Don't
      Read? In: Journalism Quarterly. Vol. 56 (1979), S. 283-288.

A) Inhaltliche Merkmale, Ziele und Hypothesen
Nutzungsstudie, Publikumsforschung. Beschreibung der Nicht-Zeitungs-
Leser. Es werden zunächst Studien beschrieben, in denen die Nicht-Zei-
tungs-Leser charakterisiert werden, z.B. als Personen, die geringes
Einkommen haben, wenig gut in das soziale und lokale Leben integriert
sind, die die Kosten vermeiden, mit der Zeitung unter inhaltlichen und
formalen Aspekten nicht zufrieden sind etc. Auf die subjektiven Gründe
des Nicht-Zeitung-Lesens bezieht sich die Autorin der Studie.
B) Methoden der Datenerhebung, Forschungsdesign, Stichproben
In einer zweiwelligen Umfrage werden Nicht-Zeitungs-Leser in mehreren
Städten der USA befragt.
C) Verwendete Variablen und Operationalisierungen
In der ersten Welle wurden die Gründe für das Nicht-Lesen offen erfragt, in der zweiten Welle wurde eine standardisierte Liste der möglichen Gründe vorgegeben; außerdem wurden soziodemografische Merkmale
erfaßt.
D) Auswertungsmethoden
Häufigkeiten, Faktorenanalyse.
E) Ergebnisse und Interpretationen
Die Nicht-Zeitungs-Leser bilden zwei Gruppen: (1) Typischen Nicht-Le-
sern der Tageszeitung (jüngere Personen, ältere, Personen mit niedri-
gem Einkommen) stehen atypische Nicht-Leser gegenüber (mittleres Alter, gehobene Bildung). Während atypische Nicht-Leser Mangel an Zeit
und Kritik am Inhalt als Gründe anführen, weshalb sie Nicht-Leser
seien, geben die typischen Nicht-Leser an, andere Medien (TV, Radio)
zu bevorzugen.

166. **Poindexter, P.M.:** Non-News Viewers. In: Journal of Communication.
      Vol. 30 (1980), S. 58-65.

A) Inhaltliche Merkmale, Ziele und Hypothesen
Publikums- und Nutzungsforschung: Untersuchung der Nicht-Nachrichten-
Seher anhand soziodemografischer Daten und einer Skala, die den me-
dienbezogenen Grad der Bürgerpartizipation mißt (McCombs).

B) Methoden der Datenerhebung, Forschungsdesign, Stichproben
Sekundäranalyse (1221 Interviews).

C) Verwendete Variablen und Operationalisierungen
Skala (Guttman) zur Messung der Partizipation: 1) Eine große Zahl der
Nachrichten ist nicht wichtig genug, um auf dem Laufenden zu bleiben,
2) so viele andere Leute folgen den Nachrichten, daß es nichts aus-
macht, ob ich das tue oder nicht, 3) es ist wichtig, über aktuelle
Ereignisse und Nachrichten informiert zu sein, 4) wir haben alle die
Pflicht, uns über aktuelle Ereignisse und Nachrichten zu informieren.
Soziodemografie.

D) Auswertungsmethoden
Häufigkeiten, Chi-Quadrat, Korrelationen.

E) Ergebnisse und Interpretationen
Mit Hilfe der Skala gelingt es, Nachrichten-Seher und Nicht-Nachrich-
ten-Seher zu differenzieren. Damit wird deutlich, warum junge Erwachsene den größten Anteil an Nicht-Nachrichten-Sehern bilden. Bei ihnen
ist diese Partizipations-"Pflicht" (noch) nicht ausgeprägt. Insgesamt
ein Drittel der Respondenten gehört zu den Mitgliedern der verschiedenen Nicht-Nachrichten-Seher-Gruppen. Bildung und Einkommen sind weitere Variablen, die die verschiedenen Nicht-Nachrichten-Seher-Gruppen
differenzieren.

167. **Roberts, C.L.**: Attitudes and Media Use of the Moral Majority. In:
   Journal of Broadcasting. Vol. 27 (1983), S. 403-410.

A) Inhaltliche Merkmale, Ziele und Hypothesen
Nutzungsstudie. Im Vordergrund der Studie steht die Frage, inwiefern
sich die Anhänger einer religiösen Organisation - die offiziell gegen
Kriminalität und Sex im Fernsehen ist - von der Bevölkerung hinsichtlich ihrer Mediennutzung und Einstellung bezüglich derartiger Inhalte
unterscheiden.

B) Methoden der Datenerhebung, Forschungsdesign, Stichproben
Telefonumfrage bei N = 390 (drei Segmente).

C) Verwendete Variablen und Operationalisierungen
Häufigkeit der Nutzung bestimmter Programme (4-Punkte-Skala); Einstellung zu moralischen Fragen.

D) Auswertungsmethoden
Varianzanalyse

E) Ergebnisse und Interpretationen
In allen untersuchten Segmenten ist die Mediennutzung bezüglich Pro-

grammen,   die Kriminalität und Sex enthalten, ähnlich. Die Bevölkerung
sieht allein etwas weniger häufig religiöse Programme. Die Einstellungen zu moralischen und religiösen Fragen differieren in den Segmenten
beträchtlich.

168. **Salomon,   G., Cohen, A.A.:** On the Meaning and Validity of Televi-
     sion Viewing.   In: Human Communication Research.   Vol. 4 (1978),
     S. 265-270.

A) Inhaltliche Merkmale, Ziele und Hypothesen
Die Autoren legen einen theoretisch-methodischen Beitrag zum Begriff
TV-Nutzung vor.   Die TV-Nutzung sei ein Konstrukt, das üblicherweise
folgende Operationalisierungen zuläßt:
(1) TV-Nutzung als sozial-situationelle Variante (z.B. in der Fami-
liensituation);
(2) TV-Nutzung als Entscheidungs- und Selektionsverhalten (z.B. in Abhängigkeit vom Zeitbudget);
(3) TV-Nutzung als Rezeption und Übertragung von Inhalten/Botschaf-
ten.
Die Autoren kritisieren ferner, daß eine Interpretation von TV-Nutzung
als Zeit- und Entscheidungsverhalten nicht hinreichend sei, denn
Medieninhalte könnten nur dann Wirkung erzielen, wenn sie von den
Rezipienten wahrgenommen werden. Von besonderer Bedeutung sei die Fähigkeit zur Wahrnehmung. Die Gewinnung und Decodierung von Wissenselementen aus TV-Programmen im Rahmen von Rezeptionsvorgängen sei daher
vornehmlich zu untersuchen, um den Begriff der TV-Nutzung in der Wirkungsforschung sinnvoll verwenden zu können.

169. **Tankard,   J.W.,   Harris, M.C.:** A Discriminant Analysis of Televi-
     sion Viewers and Nonviewers. In: Journal of Broadcasting. Vol. 24
     (1980), S. 399-411.

A) Inhaltliche Merkmale, Ziele und Hypothesen
Im Rahmen einer Nutzungsstudie versuchen die Autoren TV-Nutzer von
TV-Nichtsehern zu unterscheiden. Sie nehmen an, daß eine Diskriminanz-
funktion, die Lebensstilvariablen benützt, zur Unterscheidung von Se-
hern und Nichtsehern führt.
B) Methoden der Datenerhebung, Forschungsdesign, Stichproben
Sekundäranalyse: Ein Subsample von N = 57 Sehern und 57 Nichtsehern
aus einer nationalen Umfrage wird untersucht.

C) Verwendete Variablen und Operationalisierungen

Die Untersuchung basiert auf einer Lebensstilanalyse, die 43 Variablen mit ordinalem Niveau umfaßt.

D) Auswertungsmethoden

Diskriminanzanalyse.

E) Ergebnisse und Interpretationen

Nichtseher unterscheiden sich von Sehern u.a. durch eine größere Anzahl von sozialen Mitgliedschaften, kleinere Familien, größere Zahl von Teenagern im Haushalt und ein höheres Einkommen. Nichtseher sind allgemein glücklicher, aber weniger zufrieden mit dem Familienleben und haben feste religiöse Ansichten, wenngleich sie auch die konfessionellen Dienste weniger oft beanspruchen.

170. **Wakschlag, J.J., Greenberg, B.S.:** Programming Strategies and the Popularity of Television Programs for Children. Human Communication Research. Vol. 6 (1979), S. 58-68.

A) Inhaltliche Merkmale, Ziele und Hypothesen

Untersuchung der Popularität von Programmen in Abhängigkeit von Programmstrategien wie z.B. Konterprogramme (Sendungen, die sich von denen des Wettbewerbers unterscheiden), Blockprogramm (ähnliches Programm), Erbungseffekt (davor, danach), Sendezeitpunkt, Vertrautheit (spinoffs), Kanaltreue etc. Blöcke können Konterprogramme sein (z.B. ein Block: Abenteuer; ein Block Situationskomödie) und führen zu einer Segmentation des Publikums.

B) Methoden der Datenerhebung, Forschungsdesign, Stichproben

Umfrage bei Kindern in Michigan (N = 867).

C) Verwendete Variablen und Operationalisierungen

(1) Programmtypen: Abenteuer, Action, Drama, feature-Film, Situationskomödie, Sport, Vermischtes (Programme der Vor- und Hauptfernsehzeit).

(2) Programmpopularität: Checkliste der Programme.

D) Auswertungsmethoden

Korrelation, Multiple Regression.

E) Ergebnisse und Interpretationen

Nach den Ergebnissen der Studie sind Kinder keine kühnen Seher. Determinanten der Programmpopularität sind vielmehr Vertrautheit mit dem Programm und dem Zeitpunkt der Sendezeit. Neue Programme sind weniger populär als wiederkehrende. Neue Programme brauchen Zeit bis zur Aufnahme. Konter- und Blockprogrammstrategien richten wenig aus, um den Prozeß zu beschleunigen.

171. **Weber, L.J., Fleming, D.B.**: Media Use and Student Knowledge of
　　　Current Events. In: Journalism Quarterly. Vol. 60 (1983),
　　　S. 356-358.

A) Inhaltliche Merkmale, Ziele und Hypothesen
In der Studie wird der Zusammenhang zwischen Mediennutzung und Wissensstand von Studenten bezüglich aktueller Ereignisse untersucht.
Welches Wissen haben Studenten, welche Informationsquellen nutzen sie,
bestehen geschlechtsspezifische Unterschiede?
B) Methoden der Datenerhebung, Forschungsdesign, Stichproben
Schriftliche Interviews in Quizform mit 24 Fragen zum politischen und
wirtschaftlichen Geschehen der letzten zwei Wochen. Zufallsstichprobe
aus vier Schulbezirken mit 2000 Schülern.
C) Verwendete Variablen und Operationalisierungen
(1) Demographische Daten;
(2) Persönliche Interessen;
(3) Wissen über aktuelles Zeitgeschehen;
(4) Mediennutzungsverhalten, Einstellungen zum Fernsehen und zu den
Print-Medien.
D) Auswertungsmethoden
Häufigkeiten.
E) Ergebnisse und Interpretationen
Männliche Schüler erreichen zwar bessere Testergebnisse als weibliche.
Es besteht also ein augenfälliger Unterschied zwischen den Geschlechtern. Beide Gruppen wissen aber generell recht wenig über aktuelle politische und gesellschaftliche Ereignisse. Studenten beider Geschlech-
ter beziehen ihre Informationen vorwiegend aus dem Fernsehen und erst
in zweiter Linie aus den Tageszeitungen. Jungen sehen lokale und nationale TV-Nachrichten und lesen die tägliche Tageszeitung häufiger
als Mädchen. Schüler, die Zeitung lesen, haben ein besseres Wissen als
reine TV-Nutzer.

172. **Whithney, D.C.**: Status Inconsistency and Attention to Public
　　　Affairs in Mass Media. In: Journalism Quarterly. Vol. 57 (1980),
　　　S. 138-141.

A) Inhaltliche Merkmale, Ziele und Hypothesen
Nutzungsstudie, Publikumsforschung. Zwei Hypothesen stehen im Vordergrund der Studie:

(1) Personen mit inkonsistentem sozialen Status wenden sich den Medieninformationen über öffentliche Angelegenheiten stärker zu als Personen mit konsistentem Status.

(2) Diese Relation trifft für Print-Medien stärker zu als für andere Medien.

B) Methoden der Datenerhebung, Forschungsdesign, Stichproben

Nationale Umfrage, Sekundäranalyse von N = 1348 Interviews.

C) Verwendete Variablen und Operationalisierungen

Statusinkonsistenz wurde operationalisiert als unterschiedliche Rangordnung auf jeweils verschiedenen Statusebenen; Index der Aufmerksamkeit gegenüber Artikeln in Zeitungen und Magazinen sowie Programme im Hörfunk und im Fernsehen.

D) Auswertungsmethoden

Korrelationen, Nicht-parametrische Testverfahren.

E) Ergebnisse und Interpretationen

Sowohl die erste als auch die zweite These lassen sich stützen. Personen mit inkonsistentem Status wenden sich den Medieninhalten stärker zu als Personen mit konsistentem Status. Allerdings gibt es auch Veränderungen in der Grundlinie, die zu beachten sind. So wenden sich gering Informierte vor allem dem Medium Fernsehen zu, während stark Informierte eine Diät aus allen Medien bevorzugen. Die stärkere Print-Mediennutzung der Personen mit inkonsistentem Status läßt sich daher auch durch die generell hohe Mediennutzung erklären.

10.2 Gratifikationsforschung ("uses and gratifications approach")

173. **Bantz, C.R.:** Exploring Uses and Gratifications: A Comparison of Reported Uses of Television and Reported Uses of Favorite Program Type. In: Communication Research. Vol. 9 (1982), S. 352-379.

A) Inhaltliche Merkmale, Ziele und Hypothesen

Der Nutzen- und Belohnungsansatz wird für einen Vergleich von Medium (TV) und Programm herangezogen. Zwei Forschungsfragen sollen beantwortet werden: (1) Unterscheiden sich die Gratifikationen, die Personen mit dem Medium Fernsehen verbinden von Gratifkationen, die sie von bestimmten bevorzugten Fernsehprogrammen erhalten? (2) Können die Faktorlösungen für Medium und Programm repliziert werden?

B) Methoden der Datenerhebung, Forschungsdesign, Stichproben
Zwei Umfragen bei Schülern und Studenten mit selbst auszufüllendem
Fragebogen:
1. Umfrage (N = 270): 142 Personen erhielten die Mediumversion und 128
die Programmversion.
2. Umfrage (N = 446): 227 erhielten die Mediumversion, 219 die Programmversion.

C) Verwendete Variablen und Operationalisierungen
37 Items (Gratifikationen) wurden in Anlehnung an Greenberg (1974)
verwendet, um die Motive der Nutzung von Medium ("I watch TV") bzw.
Programm ("I watch my favorite program") zu ermitteln; Soziodemografie.

D) Auswertungsmethoden
Faktorenanalyse, Produkt-Moment-Korrelationen zwischen den Faktoren.

E) Ergebnisse und Interpretationen
Für die Mediumversion erhielt der Autor der Studie vier Faktoren, für
die Programmversion fünf Faktoren, die jeweils den Nutzen der Zuwendung beschreiben. Eine Ähnlichkeit zwischen den Faktorlösungen für
Medium und Programm ergibt sich immerhin bei drei Faktoren: Umweltkontrolle, Unterhaltung und Voyeurismus (Sexualität). Dabei treten kaum
Differenzen in den die Faktoren zusammensetzenden Items auf. Nicht re-
plizierbar und nicht stabil erweisen sich die anderen Faktoren Geselligkeit und leichte Verfügbarkeit. Hier sind auch die Unterschiede in
der Faktorzusammensetzung am größten. Generell besteht nach den Ergebnissen der Studie aber ein Mangel in der differenzierten Beurteilung
von Medium und Programm seitens des Publikums. Es wird vorgeschlagen,
in künftigen Studien stärker die Relationen zwischen Medium und Inhalt
zu untersuchen.

174. **Becker, L.B.:** Measurement of Gratifications. In: Communication
     Research. Vol. 6 (1979), S. 54-73.

A) Inhaltliche Merkmale, Ziele und Hypothesen
In dem theoretisch-methodischen Beitrag werden Strategien der Messung
von Gratifikationen vorgestellt. Der Autor unterscheidet (1) Inferenz-
methoden, (2) Selbstbericht und (3) experimentelle Manipulation. Anhand von empirischen Studien wird die Anwendbarkeit der Meßmethoden
diskutiert.

175. **Blumler, J.G.:** The Role of Theory in Uses and Gratifications. In: Communication Research. Vol. 6 (1979), S. 9-36.

A) Inhaltliche Merkmale, Ziele und Hypothesen
Theoretischer Beitrag über die Bedeutung der verschiedenen Ansätze innerhalb der Gratifikationsforschung. Der Autor diskutiert das Konzept des aktiven Publikums ("utility", Intentionalität, Selektivität, Widerspenstigkeit) und gibt Hinweise auf die intervenierende Rolle der Gratifikationen im Wirkungsprozeß. Außerdem wird auf die möglichen Ursprünge von Bedürfnissen verwiesen.

176. **Bock, H., de:** Gratification, Frustration During a Newspaper Strike and a TV Blackout. In: Journalism Quarterly. Vol. 57 (1980), S. 61-78.

A) Inhaltliche Merkmale, Ziele und Hypothesen
Der Autor untersucht, welche Frustration im Publikum beim Ausfall von Zeitung (infolge eines Streiks) und Fernsehen erfolgen. Die Reaktionen des holländischen Publikums werden mit denen des New Yorker Publikums verglichen, die in einer anderen Studie (Berelson und Kimball) ermittelt wurden.
B) Methoden der Datenerhebung, Forschungsdesign, Stichproben
Es wurden Telefoninterviews mit einem repräsentativen Sample von Panelmitgliedern der üblichen Medienforschung (N = 364 für Zeitung, N = 388 für TV) durchgeführt.
C) Verwendete Variablen und Operationalisierungen
Sechs Gratifikationen stehen im Vordergrund der Studie: (1) Information, (2) sozialer Nutzen ("Prestige"/interpersonale Kommunikation), (3) Entspannung), (4) Zeitfüller, (5) Gewohnheit und (6) Sicherheit. Die Nichterfüllung dieser Gratifikationen durch den Ausfall der Zeitung und des Fernsehens wurde als "Frustration" interpretiert. Außerdem wurde die Mediennutzung (Umfang/Medienpräferenz) ermittelt.
D) Auswertungsmethoden
Chi-Quadrat-Test, Multiple Regressionsanalyse.
E) Ergebnisse und Interpretationen
Die Frustrationen und Irritationen sind bei den deprivierten Zeitungslesern größer als bei den TV-Nutzern. Für Zeitungsleser ist das Informationsbedürfnis am wichtigsten, während Fernsehzuschauer eher beklagen, daß sie Probleme mit dem Ausfüllen der verfügbaren Zeit haben. Bei beiden Nutzergruppen sind Rituale und Gewohnheiten wichtig. Die

Ergebnisse der Studie decken sich mit denen von Berelson und Kimball
(New York). Die Frustrationen von Gratifikationen infolge eines Me-
dienausfalls sind demnach kulturunspezifisch.

177. **Compesi, R.J.:** Gratifications of Daytime TV Serial Viewers. In:
      Journalism Quarterly. Vol. 57 (1980), S. 155-158.

A) Inhaltliche Merkmale, Ziele und Hypothesen
Bei dem Beitrag handelt es sich um eine Gratifikationsstudie zur Nutzung von Fernsehserien (Soap Operas). Während der Inhalt von Fernsehserien im Rahmen von "content"-Analysen gut untersucht ist, ist über
das Publikum von TV-Serien noch nicht allzuviel bekannt. Mit dieser
Thematik haben sich nur Herzog, Warner & Henry sowie Blumler, Brown
und McQuail befaßt. Die Fernsehschauer von Serien würden demnach einige besondere Gratifikationen beziehen, wie z.B. "Escape" von Langewei-
le, persönliche Identitätsfindung, Realitätsexploration, Rollen- und
Werteverstärkung, Geselligkeit usw.
B) Methoden der Datenerhebung, Forschungsdesign, Stichproben
N = 259 Seher des Fernsehprogrammes "All my children" wurden schrift-
lich befragt. (N_1 = 187 weibliche und N_2 = 72 männliche Zuschauer).
C) Verwendete Variablen und Operationalisierungen
52 Gratifikationsitems, die die Gratifikationsdimensionen der Typologie von Blumler et al. abdecken, dienten zur Messung der Reaktionen
(5-stufige Likert-Skala) auf die Serie.
D) Auswertungsmethoden
Faktorenanalyse.
E) Ergebnisse und Interpretationen
Die Serie wird von den Zuschauern vor allem aus einem Unterhaltungsbedürfnis und als Forum sozialen Austausches genutzt; die Serie macht
viel Spaß. Sie hat aber überraschend wenig Bedeutung für die Realitätsfindung und dient nicht als Ratgeber. Auch als "soziales Kompensa-
tionsmittel" (infolge Isolation) wird sie nicht herangezogen. Allerdings weisen die Zielpersonen durchwegs einen hohen Bildungsstand auf;
es wird vermutet, daß in niedrigeren Bildungsschichten eventuell auch
Gratifikationen, wie z.B. Realitätsfindung, von Bedeutung sein können.

178. **Eastman, S.T.:** Uses of Television Viewing and Consumer Life
     Styles: A Multivariate Analysis. In: Journal of Broadcasting.
     Vol. 23 (1979), S. 491-500.

A) Inhaltliche Merkmale, Ziele und Hypothesen
In der Studie wird der Zusammenhang zwischen den Gratifikationen der
Fernsehnutzung und den verschiedenen Lebensstilen der Konsumenten un-
tersucht.

B) Methoden der Datenerhebung, Forschungsdesign, Stichproben
N = 1795 schriftliche Interviews mit repräsentativ ausgewählten Personen einer Stadt im Staat Ohio.

C) Verwendete Variablen und Operationalisierungen
(1) 42 Statements: "I watch television, because ...";
(2) 85 Statements aus einem Life-Style-Fragebogen von Tigert;
(3) Mediennutzung;
(4) Soziodemografie.

D) Auswertungsmethoden
Faktorenanalyse und kanonische Korrelation zwischen "Use Factors" und
"Life Style Factors".

E) Ergebnisse und Interpretationen
Die Studie zeigt, daß die Motive der Fernsehnutzung in verschiedenen
Segmenten der Bevölkerung unterschiedlich sind. Vier unterschiedlichen
Konsumententypen entsprechen vier verschiedene Motivationskomplexe.
Entsprechend dem jeweiligen Konsumentenlebensstil sind deutliche Prä-
dispositionen der TV-Nutzung erkennbar. Der Lebensstil variiert also
mit den Gratifikationen. Die Segmentation kann auch für Wirkungsstu-
dien von Bedeutung sein.

179. **Galloway, J.J., Meek, F.L.:** Audience Uses and Gratifications. An
     Expectancy Model. In: Communication Research. Vol. 8 (1981),
     S. 435-449.

A) Inhaltliche Merkmale, Ziele und Hypothesen
Die Autoren der Studie versuchen den Nutzenansatz mit der kognitiven
"Erwartungs-Wert-Theorie" zu verbinden. Das Konzept der "Erwartung"
und der Feedbackprozeß zwischen Gratifikationssuche und -erhalt werden
in einem Modell integriert, dessen zentralen Elemente die individuellen Erwartungen ("expectancy") über die Folgen von Verhalten sind sowie die Gewichtungen bzw. Wertungen ("value"), die mit diesen Folgen
assoziiert werden. Die speziellere Verhaltensweise "Zuwendung zu einem

Medium oder einem Medieninhalt" ist demnach gleich der Summe des Pro-
dukts von Erwartung (E_i) und Bewertung (V_i) der verschiedenen Gratifikationen. Die Mediennutzung (M) stellt sich also als Funktion dieses
Produktes dar:

$$M = \sum_{i=1}^{n} E_i \cdot V_i$$

In einer kleineren Studie versuchen die Autoren ihr Modell zu testen.
Drei Forschungsfragen stehen im Mittelpunkt:
(1) Sind die EV-Werte (Produkt von Erwartung und Bewertung) der Gratifikationen eines fortgesetzt gesehenen Programmes größer als für alternative, nicht-gesehene Programme?
(2) Sind Veränderungen in den EV-Werten verbunden mit fortgesetztem
Sehen bzw. Nicht-Sehen von Programmen?
(3) Korrelieren die Erwartungswerte (E) - allein betrachtet - mehr
oder weniger stark mit dem fortgesetzten Sehen als die kombinierten
EV-Werte?
B) Methoden der Datenerhebung, Forschungsdesign, Stichproben
Explorative Studie/Dreiwellige Panel-Befragung mit 30 Studenten, wovon
nur 18 stabile Panel-Mitglieder ausgewiesen werden.
C) Verwendete Variablen und Operationalisierungen
Zwei zeitgleich ausgestrahlte Fernsehprogramme wurden miteinander ver-
glichen ("MASH" und "The world around us"). Gemessen wurden: (1) Nut-
zung der beiden TV-Programme; (2) Erwartung (E) des Ergebnisses der
TV-Nutzung: Sieben Gratifikationen, 7-Punkte-Skala; (3) Wichtigkeit/
Bewertung (V) des Ergebnisses der Nutzung; Sieben Gratifikationen,
7-Punkte-Skala.
D) Auswertungsmethoden
Für jedes Programm wurden die Produkte aus den Erwartungen (E) und den
Bewertungen (V) der Gratifikationen addiert und verglichen.
E) Ergebnisse und Interpretationen
Die Daten zeigen eine deutliche Beziehung zwischen den EV-Werten und
dem späteren Sehverhalten. So ergeben sich signifikante Korrelationen
zwischen fortgesetztem Sehen eines Programms und dem Ausmaß der gemes-
senen EV-Werte. Veränderungen in den EV-Werten sind mit verändertem
Sehverhalten verbunden. Die EV-Werte spiegeln also auch verändertes
Sehverhalten (Programmauswahl) wider. Ein ähnliches Resultat ergibt
sich, wenn man lediglich die getrennt gemessenen Erwartungswerte (E)
zugrunde legt. Erhöhte Erwartungen steigen ebenso mit fortgesetztem
Sehen des Programms an. Insgesamt erweist sich das "Erwartungs-Wert-

Modell" bezüglich medialer Gratifikationen für die Vorhersage künftigen Sehverhaltens als sinnvoll und praktikabel. Nicht übersehen werden
sollte jedoch, daß die vorliegende Studie mit einem Sample von nur 18
Befragten allenfalls illustrativen Charakter besitzt.

180. **Gantz, W.:** How Uses and Gratifications Affect Recall of Television News. In: Journalism Quarterly. Vol. 55 (1978), S. 664-672,
681.

A) Inhaltliche Merkmale, Ziele und Hypothesen
In der Studie wird untersucht, welcher Zusammenhang zwischen der Nut-
zermotivation und der Rezeption bzw. dem "Recall" von Nachrichtensendungen besteht. Dazu werden vier Nutzertypen nach ihrem Motivations-
verhalten unterschieden: (1) Ablenkungsmotivierte Nutzer, (2) Informa-
tionsnutzer, (3) durch beide Motivationssets motivierte Nutzer,
(4) Nutzer, die keine der beiden Motivationssets ihrer Rezeptionsent-
scheidung zugrunde legen. Es soll festgestellt werden, welcher Nutzertyp die Nachrichten am besten wiedergeben kann.
B) Methoden der Datenerhebung, Forschungsdesign, Stichproben
Telefoninterviews mit N = 536 Personen, die die nationalen Abendnachrichten von CBS sehen.
C) Verwendete Variablen und Operationalisierungen
(1) Häufigkeit der TV-Nachrichtennutzung; (2) Aufmerksamkeit bei der
Zuwendung; (3) Wissensbestand; (4) Recall von Nachrichtenitems (Index); (5) Häufigkeit interpersonaler Kommunikation; (6) Einstellung
der Freunde zur gesellschaftlichen Verpflichtung des "Informiert-
seins"; (7) Demografie; (8) Die Motivationen, die Abendnachrichten zu
nutzen, wurden mit 10 Gratifikationsitems (Skala 1-100) gemessen.
D) Auswertungsmethoden
Faktorenanalyse der Motivationen, Multiple Korrelation der Motivationsfaktoren und des Recalls von Nachrichten.
E) Ergebnisse und Interpretationen
Für die Wiedergabe der Nachrichtenitems spielen soziodemografische
Merkmale eine deutlich geringere Rolle als z.B. die Aufmerksamkeit
während der Zuwendung. Zuschauer, die von ihrer Nutzer-Motivation her
Informationssucher darstellen, verfügen über die beste Nachrichten-
kenntnis. Zuschauer, die nur gelegentlich Nachrichten sehen (4), wissen immerhin noch mehr als Zuschauer, die zum Nutzertyp (3) zählen
oder Nachrichten vorwiegend aus dem Ablenkungs-/Abschaltmotiv (1) her-

aus sehen. Die Zuschauer, die zur Informationsaufnahme motiviert sind
(2), lernen somit am besten aus Nachrichtensendungen.

181. **Garramore, G.M.:** Motivation and Selective Attention to Political
     Information Formats. In: Journalism Quarterly. Vol. 62 (1985),
     S. 37-44.

A) Inhaltliche Merkmale, Ziele und Hypothesen
Untersuchung des Zusammenhanges zwischen formalen Eigenschaften der
Medien bzw. des herausgegebenen Formats (Live, Bericht, Kommentar) und
der Publikumsselektivität. Es wird angenommen, daß die Motivationen -
Kontrolle der Umwelt/Hilfestellung bei Wahlen - mit einem höheren Maß
an formatbezogener Selektivität ("editorial format") einhergehen als
vergleichsweise z.B. das Ablenkungsmotiv. Weitere intervenierende Variablen, wie z.B die angenommene Wichtigkeit der Wahl und das Interesse an Politik, könnten ebenso in einem positiven Zusammenhang mit der
Selektivität stehen.
B) Methoden der Datenerhebung, Forschungsdesign, Stichproben
Telefonumfrage bei N = 226 Erwachsenen (während des Präsidentschafts-
wahlkampfes 1984) aus Michigan.
C) Verwendete Variablen und Operationalisierungen
(1) Motivationen, die Wahlkampagne zu verfolgen; (2) Wichtigkeit/Rele-
vanz der Wahl; (3) Interesse an Politik; (4) Form der Berichterstattung (Live, Kommentar, Bericht etc.); (5) Demografie.
D) Auswertungsmethoden
Korrelationen; Partiale Korrelationen zur Kontrolle von vier demogra-
fischen Merkmalen; Faktorenanalyse.
E) Ergebnisse und Interpretationen
Personen wenden sich der Kampagneninformation selektiv zu, indem sie
sich am Format der Botschaft orientieren, während die Herkunft der
Botschaft eher von sekundärer Bedeutung ist. Das Ausmaß der Selektivität ist stärker, wenn hinter der Nutzung die Motivationen Umweltkon-
trolle/Hilfestellung bei der Wahl stehen. Das Ablenkungsmotiv ist für
die Selektivität nicht nachweisbar. Die Aufmerksamkeit gegenüber
Live-Berichten und Reportagen ist größer als gegenüber Kommentaren,
wenn die Motivationen Umweltkontrolle/Wahlinformation im Vordergrund
stehen. Neben den Motivationen stehen aber auch das generelle Interesse an Politik und z.T. die angenommene Relevanz der Wahl im Zusammenhang mit der Selektivität.

182. **Greenberg, B.S. et al.:** The Soaps: What's On and Who Cares? In: Journal of Broadcasting. Vol. 26 (1982), S. 519-536.

A) Inhaltliche Merkmale, Ziele und Hypothesen
Der Autor untersucht sowohl die Inhalte als auch die Motive der Zuschauer von "Seifenopern" ("Soap Operas"). Der zweispännige Untersuchungsansatz fußt auf einer Inhaltsanalyse und Publikumsbefragung. Es wird angenommen, daß die Nutzung von Seifenopern 1. zu einer Übertragung der Probleme, die in Seifenopern vorkommen, auf die Realität führt (Agenda-Setting), 2. zu wachsendem Vertrauen, anderen bei Problemen zur Seite stehen zu können ("adviser role"), führt und 3. die Zufriedenheit mit dem eigenen Leben verringert. Diese drei Effekte würden durch eine Reihe mediatisierender Variablen verstärkt: z.B. durch das Ausmaß, in dem die Inhalte für real gehalten werden, der Inhalt nützlich erscheint und die Zuwendung einer physischen und emotionalen Bindung ("involvement") an die Programme gleichkommt.

B) Methoden der Datenerhebung, Forschungsdesign, Stichproben
(1) Inhaltsanalyse von 14 verschiedenen Soap Operas;
(2) Interviews mit N = 405 repräsentativ ausgewählten Personen in Lansing, Michigan.

C) Verwendete Variablen und Operationalisierungen
I. Variablen der Inhaltsanalyse: (1) Demografische Merkmale und soziale Rollen der Darsteller in Soap Operas; (2) Art der Probleme, die den einzelnen Episoden zugrunde liegen; (3) spezifische Verhaltensweisen und Konversationsformen.
II. Variablen der Umfrage: (1) Umfang der Mediennutzung ("exposure") bezüglich der 14 Soap Operas (Unterteilung in Nichtseher [174], Seher [136] und ausgesprochene 'Fans' [95]); (2) Programmbindung; (3) Nützlichkeit der Programme; (4) Realitätsnähe; (5) Motive der Nutzung; (6) Index des Agenda-Setting, der Ratgeberrolle und der Lebenszufriedenheit.

D) Auswertungsmethoden
Häufigkeiten, Korrelationen

E) Ergebnisse und Interpretationen
Mit dem Umfang der Nutzung von Soap Operas nimmt die Programmbindung zu und die Inhalte werden als realitätsnah und nützlich erachtet. Soaps werden vor allem gesehen, weil sie aufregend sind, zur Entspannung und zum Zeitvertreib beitragen und Geselligkeit bieten. Für die Annahme direkter Effekte der Nutzung gibt es jedoch keine Belege. Das häufige Sehen von Soaps führt nicht dazu, daß geglaubt wird, reale

Probleme besser lösen oder anderen Rat geben zu können. Die Seher von
Soap Operas halten die überwiegend dargestellten Probleme (Gesundheit,
Heirat, Romantik) auch nicht für die Probleme des Landes. Die Lebenszufriedenheit nimmt ebenso nicht ab. Die Fans von Soap Operas akzep-
tieren nicht einfach den Inhalt der Soap Operas als realistisch und
nützlich.

183. **Hur, K.K., Robinson, J.P.:** A Uses and Gratification Analysis of
Viewing 'Roots' in Britain. In: Journalism Quarterly. Vol. 58
(1981), S. 582-588.

A) Inhaltliche Merkmale, Ziele und Hypothesen
In der Studie wird der Nutzen- und Belohnungsansatz mit der Wirkungsforschung verbunden. Es wird angenommen, daß seriöse Unterhaltung, die
auf Fakten, Geschichte und sozialen Problemen beruht, Effekte auf Seher anderer Kulturen besitzt. Arbeitshypothese ist, daß die Seher Erfahrungen während der Zuwendung machen und eine Reihe von Gratifikationen beziehen.
B) Methoden der Datenerhebung, Forschungsdesign, Stichproben
Umfrage bei N = 1258 Panelmitgliedern der BBC.
C) Verwendete Variablen und Operationalisierungen
(1) Umfang der Nutzung der amerikanischen Serie "Roots"; (2) Messung
von 23 Gratifikationen zur Serie "Roots"; (3) Reaktionen auf die Sendung, insbesondere Rassenurteile, Einstellungen, Verhaltensweisen und
(4) soziodemografische Merkmale.
D) Auswertungsmethoden
Faktorenanalyse der Sehergratifikationen und -reaktionen und Korrelation der Faktoren.
E) Ergebnisse und Interpretationen
Die amerikanische Serie wurde in England relativ häufig genutzt, 68%
der Befragten sahen zumindest eine Episode. Die Serie wurde nur in den
Unterschichten relativ selten genutzt. Für das Sehen der Serie erweist
sich das Prinzip der selektiven Zuwendung aber nicht als ausschlagge-
bend. Die Sehhäufigkeit korreliert nicht mit vorhandenen Rassenvorur-
teilen. Mit der Sehhäufigkeit korrelieren alle Reaktionsdimensionen -
nämlich Glaubwürdigkeit, Unterhaltungscharakter und moralischer Wert
der Serie. Außerdem korrelieren alle sechs voneinander unabhängigen
Gratifikationsdimensionen mit der Sehhäufigkeit, die Serie befriedigt
somit eine Reihe von Bedürfnissen. Von der Serie gehen schließlich
nicht unerhebliche kulturelle Effekte und Einstellungsänderungen aus;

die amerikanische Serie evoziert somit positive Reaktionen bei den britischen Sehern bezüglich der Rassenfrage.

184. **Kippax, S., Murray, J.P.:** Using the Mass Media. Need Gratification and Perceived Utility. In: Communication Research. Vol. 7 (1980), S. 335-360.

A) Inhaltliche Merkmale, Ziele und Hypothesen
Bei dem Beitrag handelt es sich um eine Studie, die den Zusammenhang zwischen Mediennutzung in Metropolen, Großstädten, und dem Prozeß der Bedürfnisbefriedigung untersucht. Die einzelnen Medien (Bücher, TV, Film usw.) werden miteinander verglichen. Die Studie lehnt sich an Arbeiten von Katz et al. (1973), McQuail et al. (1972) und Robinson (1972) an. Zwei Fragestellungen werden verfolgt: 1. Ist das Publikum in seiner Informationsselektion und -nutzung zielgerichtet? 2. Welche Beziehung besteht zwischen den Gratifikationen und der Nutzung der Medien?
B) Methoden der Datenerhebung, Forschungsdesign, Stichproben
Querschnittsbefragung von N = 206 erwachsenen Personen (98 männlich, 108 weiblich) in der Innenstadt von Sydney, demografisch leichte Abweichung vom Bevölkerungsdurchschnitt.
C) Verwendete Variablen und Operationalisierungen
(1) In Anlehnung an die früheren Studien lagen zunächst 42 Motive zur Mediennutzung vor, die aufgrund der Ergebnisse einer Pilot-Studie auf 30 Motive reduziert wurden [Skalierung: vier Punkte ("important - not at all important")].
(2) Fragen nach den Medien, die die einzelnen Motive jeweils am besten befriedigen.
(3) Demografische Daten (Alter, Geschlecht, Ausbildung, Beruf).
D) Auswertungsmethoden
Faktorenanalyse, Interrelationen der Motive (MANOVA)
E) Ergebnisse und Interpretationen
Die 30 Bedürfnisse/Motive ließen sich auf vier Gruppen aufteilen: (1) Bedürfnisse, die im Zusammenhang mit persönlicher Identität, sozialem Kontakt, der Familie/Freunden usw. stehen, (2) Bedürfnisse, die auf die Gesellschaft/Welt bezogen sind (= Information), (3) hedonistische Bedürfnisse (Stimulation) und (4) Eskapismus/Unterhaltungsbedürfnis. Während die erste und dritte Gruppe der Bedürfnisse für Frauen stark zutrifft, haben die Bedürfnisse nach Information und Unterhaltung vor allem bei Männern große Bedeutung. Die Mediennutzung wird

insgesamt durch demografische Merkmale (Alter, Bildung) besser erklärt als durch die Wichtigkeit der verschiedenen Bedürfnisse ("need impor- tance"). Allein das Unterhaltungsbedürfnis steht in engem Bezug zur Mediennutzung - speziell der Nutzung von Filmen; Bücher werden v.a. von Personen mit starken "self-gratification needs" bevorzugt. Daß zwischen der Wichtigkeit der Bedürfnisse und der Nutzung der Medien ansonsten kein direkter Zusammenhang besteht, wird mit der diffusen Multifunktionalität der Medien TV, Radio und Zeitungen erklärt. Insge- samt scheinen die Medien somit zwei dichotome Gruppen zu bilden: Auf der einen Seite Bücher, Film und Magazine und auf der anderen Seite Radio, Fernsehen und Tageszeitung.

185. **Levy, M.R.:** Watching TV News as Para-Social Interaction. In: Journal of Broadcasting. Vol. 23 (1979), S. 69-81.

A) Inhaltliche Merkmale, Ziele und Hypothesen
Die Studie befaßt sich mit dem Phänomen der Para-sozialen Interaktion (Horton, Wohl 1956), wonach die Massenmedien eine neue Form der Inter- aktion ermöglichen, die als "Intimität auf Distanz" beschrieben wird. Zwei Thesen stehen im Mittelpunkt der Studie:
(1) Je mehr Gelegenheiten eine Person zur (realen) sozialen Interak- tion hat, um so seltener greift sie auf Para-soziale Interaktion zu- rück;
(2) Je stärker die Para-soziale Interaktion mit den Medienprotagoni- sten ("personal") ist, desto mehr Nachrichtensendungen werden rezi- piert.
B) Methoden der Datenerhebung, Forschungsdesign, Stichproben
(1) Gruppendiskussionen mit N = 24 Personen, (2) persönliche Inter- views mit N = 240 Erwachsenen in Albany (New York), Quotenstichprobe.
C) Verwendete Variablen und Operationalisierungen
(1) Potential für reale soziale Interaktion: Index der "Geselligkeit" (Anzahl der Freundschaften, Mitgliedschaften in Verbänden/Organisatio- nen, Art des Fernsehempfangs (allein, in Gesellschaft mit anderen); (2) Häufigkeit der Nutzung lokaler und nationaler Nachrichten; (3) Sieben Präpositionen über verschiedene Formen der Para-sozialen Inter- aktion (5-stufige Likert-Skala, Grad der Zustimmung); (4) Soziodemo- grafie (Bildung, Alter).
D) Auswertungsmethoden
Partielle Korrelationen

E) Ergebnisse und Interpretationen

Para-soziale Interaktion ist eine weitverbreitete Art der Fernseh-Interaktion. Die Studie zeigt, daß es eine Beziehung zwischen der Para-sozialen Interaktion und der Nutzung von Nachrichtensendungen gibt. Der Konsum von Nachrichtensendungen (bzw. der Kontakt zu den Sprechern) erhöht sich, wenn eine Person Para-soziale Interaktion mit den Medienakteuren als belohnend empfindet. Die Nachrichtensprecher des Fernsehens werden wie physisch anwesende Personen wahrgenommen und wirken somit ähnlich intim wie Personen in der interpersonalen Kommunikation ("affective tie"). Während der Umfang der vollzogenen Para-sozialen Interaktion mit dem Alter positiv korreliert, nimmt er mit steigender Bildung der Befragten ab. Die erste These des Autors bestätigt sich: Je größer das soziale Netzwerk einer Person ist (dies trifft bei besser Gebildeten zu, weniger bei älteren Personen), desto weniger ist sie auf Para-soziale Interaktion mit Medienakteuren angewiesen und greift entsprechend seltener darauf zurück. Die Art des Fernsehempfangs (ob allein oder gemeinsam ferngesehen wird) ist nicht entscheidend für Para-soziale Interaktion. Personen, die Para-soziale Interaktion attraktiv finden, weisen einen vergleichsweise hohen Konsum von Fernsehnachrichten auf, d.h. auch die zweite These findet Bestätigung.

186. **Levy, M., Windahl, S.:** Audience Activity and Gratifications. A Conceptual Clarification and Exploration. In: Communication Research. Vol. 11 (1984), S. 51-78.

A) Inhaltliche Merkmale, Ziele und Hypothesen

Untersuchung der Aktivität des Publikums, Baustein des empfängerorientierten Publikumskonzepts. Folgende Typen der Publikumsaktivität werden unterschieden: (1) Selektivität, (2) Involviertheit und (3) Publikumsnutzen. Die drei Typen sind jeweils zeitlich bezogen auf die drei Phasen der Kommunikation: (1) prä-, (2) kommunikative - und (3) postkommunikative Phase. Während die Selektivität mit dem Akt der Zuwendung verbunden ist, steht das "Involvement" mit der Aktivität während der Zuwendung in Verbindung. Die Aktivität nach der Kommunikation bestimmt sich nach dem Grad des (sozialen) Nutzens, den die Kommunikation gestiftet hat. Dieser determiniert - je nach dem Umfang erhaltener Gratifikationen - die erneute Gratifikationssuche und damit die weitere Selektion. Dieses Modell wird empirisch getestet.

B) Methoden der Datenerhebung, Forschungsdesign, Stichproben
Schriftliche Umfrage bei N = 390 Frauen aus einem Fernsehpanel.

C) Verwendete Variablen und Operationalisierungen
Messung der <u>Präaktivität</u> (Selektivität) mit folgenden drei Items, wobei die Zustimmung bzw. Ablehnung erfragt wird:
1. "It is important to see the news from beginning to end,
2. I usually plan my evenings so I do not miss the TV news,
3. I usually check the time so that I do not miss the TV news."
<u>"Involvement"</u>: "Many people do other things at the same time they
watch TV. Below you will find a list of things that you might do while
watching the news programs. For each item, indicate how often you are
engaged in that activity." (Zeitungslesen, Hausarbeit etc.) [5-Punk-
te-Skala].
<u>Postaktivität</u>: "1. After the news I often think about what I have just
seen. 2. I often discuss with others what I have watched on TV news."
[5-Punkte-Skala].
Außerdem werden Gratifikationsmessungen vorgenommen und soziodemografische Merkmale erhoben.

D) Auswertungsmethoden
Häufigkeiten; Faktorenanalyse (Varimax-Rotation), Korrelationen.

E) Ergebnisse und Interpretationen
Prä- und Postaktivität sind stärker ausgeprägt als die Aktivität während der Kommunikation. Hier erfolgt eine Abwechslung mit anderen Aktivitäten, was zu einer geringen Aufmerksamkeit führen dürfte. Drei
Faktoren der Gratifikationen werden identifiziert: (1) Unterhaltung/
Para-soziale Interaktion, (2) Kontrolle der Umgebung und (3) interper-
sonale Nützlichkeit. Alle drei Faktoren korrelieren signifikant mit
dem Index der Präaktivität, am stärksten trifft dies bezüglich des
Faktors (2) Kontrolle der Umgebung zu, während die Korrelation zwischen der Präaktivität und den Unterhaltungsfaktoren eher schwach ist.
D.h., die Zuschauer suchen nicht aktiv nach Unterhaltung/Ablenkung.
Die Korrelation zwischen dem Faktor (2) Kontrolle der Umgebung und der
Aktivität in der eigentlichen kommunikativen Phase ist dagegen gering,
während der Unterhaltungsfaktor hier relativ hoch korreliert. Die Faktoren korrelieren schließlich durchwegs hoch mit der Postaktivität,
wobei jedoch der Faktor "interpersonaler Nutzen" besonders hohe Werte
erbringt. Das Ausmaß der Publikumsaktivität kovariiert insgesamt deutlich mit den gesuchten und erhaltenen Gratifikationen und der Mediennutzung. Allerdings sind nicht alle Publikumsmitglieder gleichermaßen
aktiv. Der Erhalt von Gratifikationen aus der Kommunikation führt ins-

gesamt aber zu fortgesetzter Aktivität des Publikums, zumindest zu Präaktivität (Stimulus-Response-Theorie des Lernens).

187. **Lichtenstein, A., Rosenfeld, L.B.:** Uses and Misuses of Gratifications Research: An Explication of Media Functions. In: Communication Research. Vol. 10 (1983), S. 97-109.

A) Inhaltliche Merkmale, Ziele und Hypothesen
Die Autoren schlagen als Ersatz für das - ihrer Meinung nach - in der Nutzungsforschung überstrapazierte Bedürfniskonzept einen Intermedia-Vergleich anhand der Medien-Images aus rezipientenorientierter Sicht vor. Ein Medien-Image ergibt sich durch dessen funktionalen Nutzen für die Rezipienten. Die Autoren glauben, daß ein bestimmtes Image, welches der Nutzer von einem Medium hat, die Gratifikationen und somit die Medienwahl beeinflußt. Die Autoren gehen von der These aus, daß häufige Nutzer eines Mediums bzw. Fans eines Mediums größere Gratifikationsbeiträge von diesem Medium erhalten als nur schwache Nutzer bzw. Nicht-Fans desselben Mediums.

B) Methoden der Datenerhebung, Forschungsdesign, Stichproben
Schriftliche Umfrage bei N = 336 Studenten.

C) Verwendete Variablen und Operationalisierungen
Sieben Medien und eine nichtmediale Instanz (Freunde) wurden auf ihre Eignung als Erfüller von Gratifikationen geprüft (10 Gratifikationsstatements wurden hierzu den Befragten vorgelegt), Selbsteinschätzung der Befragten, ob sie häufige oder schwache Nutzer der jeweiligen Medien sind, bzw. ob sie Fan/Nicht-Fan der jeweiligen Medien sind; Umfang der Nutzung für die verschiedenen Medien. Aufgrund der Angaben wurden die Befragten in folgende Nutzergruppen unterteilt:
(1) häufige Nutzer, (2) durchschnittliche Nutzer, (3) schwache Nutzer, entsprechend (4) starke Fans, (5) durchschnittliche Fans, (6) Nicht-Fans.

D) Auswertungsmethoden
Häufigkeiten, Chi-Quadrat und Kendall's Concordance W.

E) Ergebnisse und Interpretationen
Entgegen der Ausgangsthese zeigen sich hinsichtlich der Gratifikationsbeiträge nur geringe Unterschiede zwischen den verschiedenen Befragtengruppen. So werden die medienspezifischen Gratifikationen von den Respondenten ähnlich bewertet, gleichgültig, ob es sich um starke oder schwache Mediennutzer, Fans oder Nicht-Fans des jeweiligen Mediums handelt. Vielmehr weist jedes Medium ein vom Inhalt und Nut-

zungsumfang unabhängiges Image auf. Die Gratifikationen, die die Rezipienten zu suchen und zu erhalten glauben, entspringen weniger irgendwelchen Bedürfnissen, sondern eben diesem Image. Die Autoren schließen aus den vorliegenden Ergebnissen, daß die Angabe der erhaltenen Gratifikationen ein Produkt des "sozialen Lernens" (gesellschaftliches "agreement") ist.

188. **Lichtenstein, A., Rosenfeld, L.:** Normative Expectations and Individual Decisions Concerning Media Gratification Choices. In: Communication Research. Vol. 11 (1984), S. 393-413.

A) Inhaltliche Merkmale, Ziele und Hypothesen
Bei dem Beitrag handelt es sich um eine Erweiterung des "Uses and Gratifications"-Ansatzes. Es wird angenommen, daß vor der individuellen Entscheidung zur Nutzung spezifischer Medien eine "normative Vorentscheidung" über das erfolge, was Medien generell zu bieten haben. Das "sozial definierte" Image der Medien - wie die "meisten Leute" denken - bilde die Basis für jegliche Bewertung von Gratifikationen, die aus der Mediennutzung bezogen werden (Zwei-Stufen-Modell der Mediennutzung). Ziel der Studie ist es daher, die "normativen" Medienimages mit den jeweils eigenen Motivationen von starken und schwachen Nutzern zu vergleichen. Von Interesse ist dabei auch der mögliche Unterschied zwischen kommerziellem und öffentlichem Fernsehen.
B) Methoden der Datenerhebung, Forschungsdesign, Stichproben
Schriftliche Umfrage bei N = 336 Studenten (vgl. Lichtenstein, Rosenfeld 1983).
C) Verwendete Variablen und Operationalisierungen
(1) 10 Gratifikationsitems dienten sowohl als Basis für die Ermittlung der normativen Images der Medien ("was die meisten Leute denken") als auch für die Feststellung der persönlichen Motive der Nutzung; (2) Umfang der Nutzung der verschiedenen Medien (häufige und schwache Nutzer).
D) Auswertungsmethoden
Diskriminanzanalysen
E) Ergebnisse und Interpretationen
Die Ergebnisse stützen das Modell einer zweistufigen Nutzerentscheidung. Der Entscheidung zur Nutzung eines Mediums gehen normative Erwartungen voraus, welche Funktionen die einzelnen Medien haben. Es besteht eine hohe Übereinstimmung in den Motiven, die die Respondenten persönlich zur Nutzung der einzelnen Medien bewegen und den "vermute-

ten Vorstellungen" anderer. Die einzelnen Medienimages sind vom Umfang
der Mediennutzung durch die Respondenten unabhängig. Die Unterschiede
zwischen dem Image des öffentlichen Fernsehens und dem Image des kommerziellen Fernsehens sind relativ groß, d.h. Fernsehen ist nicht
gleich Fernsehen.

189. **Lometti, G.E., Reeves, B., Bybee, C.R.:** Investigating the Assump-
    tions of Uses and Gratifications Research. In: Communication Re-
    search. Vol. 4 (1977), S. 321-338.

A) Inhaltliche Merkmale, Ziele und Hypothesen
Gratifikationsstudie zum Vergleich der Gratifikationsdimensionen von
acht unterschiedlichen Medien. Es wird unterstellt, daß Individuen dazu fähig sind, Kommunikationskanäle anhand von Gratifikationsdimensionen zu unterscheiden. Die Unterschiede zwischen den Medien (Intermediavergleich) bzw. auch die Ähnlichkeiten einzelner Medien werden mit
Hilfe multidimensionaler Skalierung analysiert. Außerdem wird untersucht, ob es altersspezifische Unterschiede in der Beurteilung der Medien gibt.
B) Methoden der Datenerhebung, Forschungsdesign, Stichproben
Befragung von N = 452 Schülern unterschiedlicher Bildungs- und Altersstufen (Gruppenbefragungen).
C) Verwendete Variablen und Operationalisierungen
(1) Ermittlung der Medienähnlichkeit (z.B. "Wie ähnlich sind Radio und
Fernsehen?" - 5-Punkte-Skala). (2) Erhebung der Gratifikationen, die
die Medien leisten mit neun Statements (5-Punkte-Skala). Die Gratifi-
kationen dienen (als abhängige Variable) zur Beschreibung der Dimen-
sionen der Medienähnlichkeit; (3) Soziodemografie.
D) Auswertungsmethoden
Multidimensionale Skalierung der Medienähnlichkeit; Multiple Regression zur Beschreibung der Kanaldimensionen; Kanonische Korrelation zum
Vergleich altersspezifischer Unterschiede.
E) Ergebnisse und Interpretationen
Es zeigt sich, daß sich die verschiedenen Medien anhand von drei Dimensionen beschreiben lassen, die aufgrund der Gratifikationsmessung
beschrieben werden als (1) Umweltkontrolle-/Unterhaltung, (2) affektive Führung und (3) Verhaltensanleitung. Diese Dimensionen werden vom
Befragungs-Publikum zur Beurteilung der unterschiedlichen Kommunikationskanäle herangezogen. Die Bedeutung der einzelnen Dimensionen für
diese Beurteilung variiert allerdings mit dem Alter, und zwar so, daß

mit zunehmendem Alter die erste Dimension unwichtiger wird (Umweltkon-
trolle/Unterhaltung), während die dritte Dimension (Verhaltensführung)
an Bedeutung zunimmt.

190. **Messaris, P.:** Biases of Self-Reported Functions and Gratifications of Mass Media. In: Et Cetera. Vol. 34 (1977), S. 316-329.

A) Inhaltliche Merkmale, Ziele und Hypothesen
Theoretischer und methodologischer Beitrag zu den Schwächen der Gratifikationsforschung. Selbstberichte, wie sie in der Gratifikationsforschung überwiegend zum Einsatz gelangen, würden zu ex-post-facto-
Rationalisierungen führen und zu wenig die dauerhaften, "chronischen"
und weniger manifesten Konsequenzen einer kumulativen Mediennutzung
berücksichtigen. Die Probleme der "sozialen Erwünschtheit" der Antworten in Gratifikationsstudien werden ebenso diskutiert.

191. **Miyazaki, T.:** Housewives and Daytime Serials in Japan. A Uses and
Gratifications Perspective. In: Communication Research. Vol. 8
(1981), S. 323-341.

A) Inhaltliche Merkmale, Ziele und Hypothesen
Der Beitrag befaßt sich mit den sozialen und psychischen Bedingungen,
die bei Hausfrauen zur Rezeption von Fernsehserien ("daytime serials")
führen. Folgende Thesen bilden den Mittelpunkt der Studie: (1) Personen mit hohen sozialen Partizipations- und Kontaktchancen im Rahmen
realer sozialer Interaktion sind seltene Nutzer der Serien und weisen
eine geringe Bindung ("involvement") an die Serien auf. (2) Persönliche Unzufriedenheit und soziale Probleme führen zu verstärktem Serienkonsum und stärkerer Bindung. (3) Introvertierte Personen zeigen im
Vergleich zu extrovertierten eine stärkere Bindung an die Serien und
eine höhere Intensität der Nutzung. (4) Neurotische Tendenzen und generelles Vielsehen führen ebenso zu verstärkter Nutzung.
B) Methoden der Datenerhebung, Forschungsdesign, Stichproben
Umfrage bei N = 183 nicht-berufstätigen Hausfrauen, Vorstadtgegend von
Tokio.
C) Verwendete Variablen und Operationalisierungen
Für die Untersuchung wurden acht Serien mit Sendetermin am frühen
Nachmittag ausgewählt (Dauer der Episoden: 15-30 Minuten). Die Serien
befaßten sich vorwiegend mit den Beziehungen zwischen Mann und Frau.

Der Fragebogen erschloß mit 32 Fragen 23 Variablen. Außerdem wurde ein Persönlichkeitstest durchgeführt.

D) Auswertungsmethoden

Korrelationen (Interkorrelationsmatrix).

E) Ergebnisse und Interpretationen

Entgegen den Erwartungen ergeben sich keine Assoziationen zwischen dem sozialen Interaktionspotential - gemessen am Status des Mannes, Freizeitverhalten, Zahl der Kinder, Freunde usw. - und dem Konsum der Serien. Auch das Ausmaß der tatsächlichen sozialen Partizipation (Hobbies, Aktivitäten) steht nicht mit der Nutzung solcher Serien in Verbindung. Dagegen zeigen sich signifikante Beziehungen zwischen neurotischen Tendenzen und dem Serienkonsum. Es wird vorgeschlagen, künftig verstärkt qualitative Untersuchungen durchzuführen.

192. **Palmgreen, P., Rayburn II, J.D.:** Uses and Gratifications and Exposure to Public Television: A Discrepancy Approach. In: Communication Research. Vol. 6 (1979), S. 155-180.

A) Inhaltliche Merkmale, Ziele und Hypothesen

Im Gegensatz zur Mehrzahl der Gratifikationsstudien, in denen allgemeine Gratifikationstypologien erstellt werden, trennen die Autoren zwischen gesuchten ("gratifications sought", GS) und erhaltenen ("gratifications obtained", GO) Gratifikationen. Sie stellen ein Modell der Medienzuwendung - "Exposure-Modell" - vor, mit dem die Zuwendung zu spezifischen Medien bzw. -inhalten gemessen werden soll. Der Medienkonsum wird als eine Funktion der Diskrepanz zwischen den gesuchten und den erhaltenen Gratifikationen betrachtet. Je kleiner diese Diskrepanz ist, um so wahrscheinlicher ist es, daß das Medium bzw. der Inhalt genutzt werden. Die Mediennutzung sei jedoch auch von externen Faktoren abhängig, z.B. von sozialen Umständen. Schließlich würden auch Lern- und Verstärkungseffekte zu einer bestimmten Mediennutzung führen.

B) Methoden der Datenerhebung, Forschungsdesign, Stichproben

N = 526 Telefoninterviews, lokal (Lexington, USA)

C) Verwendete Variablen und Operationalisierungen

Untersucht werden Seher bzw. Nichtseher des öffentlichen Fernsehens ("public television"). Die Gratifikationsliste aus einer Studie von Greenberg (1974) wurde auf die Unterscheidung von gesuchten und erhaltenen Gratifikationen angepaßt. Anhand einer 5-Punkte-Skala sollten die Befragten ihre jeweilige Zustimmung zu 11 verschiedenen Gratifika-

tionsitems geben. Außerdem wurde die generelle Wahrnehmung öffentlicher Fernsehprogramme ermittelt. Schließlich wurde festgestellt, wer
bei den Befragten die TV-Programmwahl entscheidet (der Befragte selbst
oder andere Personen).

D) Auswertungsmethoden
Mittelwertvergleich; Multiple Regression.

E) Ergebnisse und Interpretationen
Die durchschnittliche Diskrepanz zwischen gesuchten (GS) und erhaltenen Gratifikationen (GO) erweist sich bei den Sehern des öffentlichen
Fernsehens im Vergleich zu den Nichtsehern als geringer. Beide Gruppen
unterscheiden sich hinsichtlich der erlangten Bedürfnisbefriedigung
deutlich voneinander. Bei einer Beschränkung in der eigenen Programmwahl (Personen sind abhängig von der Entscheidung anderer Personen im
Haushalt) ist die Diskrepanz zwischen GS und GO deutlich größer. Es
werden im Vergleich zu GS geringere Gratifikationsbeiträge erhalten.
Das Diskrepanzmodell der Gratifikationsforschung eignet sich daher dazu, das Sehverhalten zu erklären, und zwar eher als dies z.B. mit Hilfe soziodemografischer Merkmale möglich ist. Da jedoch auch externe
Faktoren eine Rolle spielen können, begreifen die Autoren das Diskrepanzmodell als Bausatz einer noch zu komplettierenden übergreifenden
Theorie der Mediennutzung.

193. **Palmgreen, P., Wenner, L.A., Rayburn, J.D.:** Relations Between
     Gratifications Sought and Obtained. A Study of Television News.
     In: Communication Research. Vol. 7 (1980), S. 161-192.

A) Inhaltliche Merkmale, Ziele und Hypothesen
Das Diskrepanzmodell der Gratifikationsforschung, das analytisch zwischen gesuchten (GS) und erhaltenen Gratifikationen (GO) unterscheidet, wird auf die Fernsehprogrammwahl des Rezipienten übertragen. Es
wird angenommen, daß die Programmwahl eine Funktion der Diskrepanzen
zwischen GS und GO ist und somit die Mediennutzung besser erklärt als
z.B. soziodemografische Merkmale. Im Vordergrund der Studie steht die
Nachrichtenprogrammwahl der Rezipienten.

B) Methoden der Datenerhebung, Forschungsdesign, Stichproben
Telefoninterviews mit N = 327 Personen, lokal (Stadt).

C) Verwendete Variablen und Operationalisierungen
15 Gratifikationsitems dienen der Ermittlung der bei Nachrichten generell gesuchten und von speziellen Programmen erhaltenen Gratifikationen. Die Gratifikationen decken folgende Dimensionen ab: (1) Allgemei-

ne Suche von Informationen; (2) Nützlichkeit bei Entscheidungen; (3) Unterhaltung; (4) interpersonale Nützlichkeit; (5) Para-Soziale Interaktion. Andere Variablen sind u.a.: Stil, Format der Nachrichten- sendungen; Häufigkeit der Nutzung von Nachrichten; Programmbindung und -dependenz; Soziodemografie.

D) Auswertungsmethoden

Korrelationen, Faktorenanalyse.

E) Ergebnisse und Interpretationen

Die Ergebnisse der Studie führen zu drei wesentlichen Schlußfolgerun- gen: (1) Die gesuchten Gratifikationen (= GS) korrelieren durch- schnittlich hoch bis stark mit den aus der Mediennutzung entsprechend erhaltenen Gratifikationen (= GO), so daß ein Feedback zwischen GS und GO stattfindet. Dabei zeigt sich aber auch, daß die Abendnachrichten der verschiedenen Sender noch nicht "perfekt" darin sind, die vom Pu- blikum gesuchten Gratifikationen zu befriedigen. (2) Die Abhängigkeit (Dependenz) des Publikums von einem bestimmten Programm ("most watched") ist mit höheren Korrelationen zwischen GS und GO verbunden als die Nutzung alternativer oder allgemeiner Nachrichtensendungen. (3) Allgemeine Eigenschaften der Programme (z.B. Präsentation, Drama- turgie, Sprecher) sind verantwortlich für eine z.T. unterschiedliche Faktorstruktur von GS und GO.

194. **Palmgreen, P., Wenner, L.A., Rayburn, J.D.:** Gratification Discre- pancies and News Program Choice. In: Communication Research. Vol. 8 (1981), S. 451-478.

A) Inhaltliche Merkmale, Ziele und Hypothesen

Mit Hilfe des GS-GO-Diskrepanzmodells wird die Programmwahl von Rezi- pienten untersucht. Die Autoren unterscheiden dazu zwischen den bei Nachrichtensendungen im allgemeinen gesuchten Gratifikationen und den von favorisierten Nachrichtensendungen erhaltenen Gratifikationen. Drei amerikanische Nachrichtenprogramme werden sodann miteinander ver- glichen. Die Hypothesen der Autoren sind:

(1) Es bestehen keine Unterschiede in den Gratifikationen, die von den Zuschauern der Nachrichtenprogramme gesucht werden (GS);

(2) Es bestehen keine Unterschiede in den Gratifikationen, die die Zu- schauer aus der Zuwendung zu "ihrem" Programm gemeinhin erhalten (GO);

(3) Von ihren favorisierten (Lieblings-)programmen erhalten die (Stamm-)Zuschauer allerdings höhere Gratifikationsbeiträge als von den jeweiligen Konkurrenzprogrammen.

Es wird somit unterstellt, daß der Grad der Bedürfnisbefriedigung, je
nach Programm verschieden, für die Programmwahl aber entscheidend ist.
B) Methoden der Datenerhebung, Forschungsdesign, Stichproben
Telefoninterviews bei N = 327 Personen, die Nachrichtensendungen im
Fernsehen sehen.
C) Verwendete Variablen und Operationalisierungen
Den Befragten wurde eine Liste mit 15 Gratifikationsstatements präsentiert. Sie lassen sich auf fünf Dimensionen verteilen: (1) Informationssuche allgemein; (2) Entscheidungshilfe; (3) Unterhaltung; (4)
interpersonale Nützlichkeit; (5) para-soziale Interaktion. Die Statements dienen sowohl zur Messung von GS als auch GO. Das Maß der Zustimmung zu den Statements wurde durch eine 5-Punkte-(Likert-)Skala
erfragt. Die Programme konnten auch allgemeiner beurteilt werden (u.a.
Einstellungen zu den Sprechern, Qualität der Berichterstattung, Pro-
grammstil). Weitere Variablen, wie z.B. der Umfang der Nutzung von
Nachrichtensendungen, allgemeines politisches Interesse und soziodemografische Merkmale, runden die Erhebung ab.
D) Auswertungsmethoden
t-Test, Varianz- und Diskriminanzanalysen.
E) Ergebnisse und Interpretationen
Innerhalb der drei Stamm-Zuschauergruppen zeigen sich keine Unterschiede in den bei Nachrichtensendungen allgemein gesuchten Gratifikationen (GS), die Suche nach Gratifikationen scheint somit programmun-
abhängig zu sein. Des weiteren ergeben sich kaum Unterschiede hinsichtlich der aus einem bestimmten Programm erhaltenen Gratifikationen
(GO). Die vom jeweils favorisierten Programm erhaltenen Gratifikationsbeiträge sind allerdings im Vergleich zu den Wettbewerbsprogram-
men größer. Die drei Ausgangshypothesen werden somit bestätigt. Das
Ausmaß, in dem Gratifikationen aus einer Sendung bezogen werden, ist
ein entscheidender Faktor bei der Programmwahl, der hinsichtlich der
Erklärungskraft von Nutzerentscheidungen den traditionellen Variablen
der Programmeigenschaften zumindest ebenbürtig ist.

195. **Palmgreen, P., Rayburn II, J.D.:** Gratifications Sought and Media
      Exposure: An Expectancy Value Model. In: Communication Research.
      Vol. 9 (1982), S. 561-580.

A) Inhaltliche Merkmale, Ziele und Hypothesen
In dieser Studie wird das sozialpsychologische "Erwartungs- und Bewer-
tungsmodell" (Fishbein/Ajzen 1975) auf die Gratifikationsforschung

übertragen. Menschliches Verhalten, Verhaltensintentionen und Einstellungen werden verstanden als eine Funktion individueller Erwartungen über die Eigenschaften eines Objekts und der Bewertung der Objekteigenschaften. Die Gratifikationen, die von einer Person bei einem Medienobjekt gesucht werden, sind in dieser Perspektive eine Funktion der persönlichen Überzeugungen ("beliefs"), daß das Objekt bestimmte Eigenschaften besitzt, und der Bewertung dieser Objekteigenschaften.

B) Methoden der Datenerhebung, Forschungsdesign, Stichproben
Schriftliche Umfrage bei N = 178 Studenten (Kentucky). Die Befragten mußten mindestens einmal in der Woche eine network- oder eine lokale Abendnachrichtensendung sehen.

C) Verwendete Variablen und Operationalisierungen
Die Basis der Studie bilden 14 Gratifikationsitems (Palmgreen 1980). Für jedes der Items wird (1) die Suche von Gratifikationen (GS) ermittelt (z.B. "I watch television news to keep up with current issues and events"), (2) die Erwartung ("belief"), daß das Fernsehen die Eigenschaft hat, (3) die Bewertung dieser Eigenschaft und (4) die Wichtigkeit/Relevanz der Eigenschaft (7-Punkte-Skalen dienen der Bestimmung der Intensität der Urteile). (5) Weitere Variablen sind z.B. die Häufigkeit der Nutzung von Nachrichten ("exposure index"), Soziodemografie usw.

D) Auswertungsmethoden
Korrelationen zwischen Gratifikationen und Erwartungen, Pfadanalyse.

E) Ergebnisse und Interpretationen
Die Studie zeigt, daß sich die gesuchten Gratifikationen als eine Funktion der Erwartungen und Bewertungen über die medialen Eigenschaften darstellen lassen. Das Produkt von Erwartung und Bewertung korreliert eindeutig mit den Items der Gratifikationsmessungen. Folglich scheint dieses Produkt einen indirekten Einfluß (über die Gratifikationssuche) auf den Nutzungsumfang zu nehmen. Die nachweisbaren Interrelationen zwischen Erwartungen, Bewertungen, der Gratifikationssuche und Medienzuwendung zeigen, daß der Nutzenansatz und das Erwartungs-Bewertungs-Modell sinnvoll kombiniert werden können, um Medienverhalten zu beschreiben und zu erklären.

196. **Rayburn, J.D., Palmgreen, P., Acker,T.:** Media Gratifications and
     Choosing a Morning News Program. In: Journalism Quarterly. Vol.
     61 (1984), S. 149-156.

A) Inhaltliche Merkmale, Ziele und Hypothesen
In der Studie wird das GS/GO-Diskrepanzmodell der Gratifikationsforschung auf die Programmwahl der Zuschauer von zwei Morgennachrichten-
sendungen im Fernsehen angewandt. Die Hypothesen des Beitrages von
Palmgreen, Wenner und Rayburn (1981) bilden den Ausgangspunkt auch
dieser Untersuchung der Nachrichtenprogrammwahl. Demnach müßten die
Seher eines bevorzugten Programmes aus der Zuwendung höhere Gratifikationsbeiträge erhalten als vom jeweiligen Konkurrenzprogramm. Unterschiede in der Wahrnehmung der Gratifikationsleistungen der Programme
seien im Verbund mit weiteren Variablen (Programmqualität, soziodemografische Merkmale) entscheidend für die Programmentscheidung.

B) Methoden der Datenerhebung, Forschungsdesign, Stichproben
Telefoninterviews mit N = 374 Zuschauern, die regelmäßig mindestens
zwei Mal pro Woche eines der beiden Programme ("Good Morning America",
"Today") sehen.

C) Verwendete Variablen und Operationalisierungen
14 Gratifikationsitems aus einer früheren Studie von Palmgreen et al.
(1981) wurden um vier weitere, auf den Inhalt der Programme bezogene
Items ergänzt und dienten der Ermittlung der bei Nachrichtenprogrammen
allgemein gesuchten (GS) und der von den einzelnen Programmen erhaltenen Gratifikationen (GO) [5-stufige Likert-Skala]. Fragen zum Pro-
grammstil, der -qualität und der Sprecher der Sendungen ergänzten das
Variablenset.

D) Auswertungsmethoden
t-Test, Multiple Diskriminanzanalyse.

E) Ergebnisse und Interpretationen
Die Ergebnisse der Studie belegen für die beiden untersuchten Sehergruppen eine etwas unterschiedliche Gratifikationssuche (GS). Die
Seher der Sendung "Good Morning America" (ABC-Networks) suchen z.B.
eher Unterhaltung und Para-soziale Interaktion als die Seher von "Today" (NBC). Diese Unterschiede finden sich auch hinsichtlich der Gratifikationsbeiträge. Die Zuschauer der ersteren Sendung erhalten auch
deutlich mehr persönliche, unterhaltende und auf "human interest"
abgestellte Gratifikationen als die Stammseher der anderen Sendung.
Als Grund dafür wird die unterschiedliche Machart der beiden Sendungen
("soft news approach" versus "hard news approach") genannt. Die Stamm-

zuschauer der jeweiligen Sendung erhalten allerdings von "ihrem" Programm stets höhere Gratifikationsbeiträge als vom betreffenden Alternativ- bzw. Konkurrenzprogramm. Die Programmeigenschaften tragen im Verbund mit den Gratifikationen zur Programmauswahl entscheidend bei. Die verschiedenen Variablen korrelieren in einem "kognitiven Rahmen" und unterstützen jeweils die vom Zuschauer getroffene Wahl.

197. **Rayburn II, J.D., Palmgreen, P.:** Merging Uses and Gratifications and Expectancy-Value Theory. In: Communication Research. Vol. 11 (1984), S. 537-562.

A) *Inhaltliche Merkmale, Ziele und Hypothesen*
In dem Beitrag integrieren die Autoren das GS/GO-Diskrepanzmodell mit dem Erwartungs-Bewertungsmodell der Gratifikationsforschung. Es wird ein Prozeßmodell der Nutzen und Belohnungen vorgeschlagen, in welchem Erwartungen/Überzeugungen ("beliefs") und Bewertungen ("evaluations") die Gratifikationssuche steuern. Der Medienkonsum führt zum Erhalt von Gratifikationen, welcher wiederum Einfluß auf die Überzeugungen nimmt. Es wird also z.B. angenommen, daß zwischen den aus der Medienzuwendung erhaltenen Gratifikationen (GO) und Überzeugungen ("beliefs") ein positiver Zusammenhang besteht. Die Bewertungen seien dagegen von den erhaltenen Gratifikationen eher unabhängig und in generelle (hierarchische) Bewertungssysteme eingebettet. Das Produkt $b_i \cdot e_i$ aus Überzeugungen (b_i) und Bewertungen (e_i) stehe einerseits direkt mit dem wahrgenommenen Erhalt von Gratifikationen im Zusammenhang und andererseits indirekt mit den gesuchten Gratifikationen und dem Medienkonsum. Ferner soll überprüft werden, ob die gesuchten und erhaltenen Gratifikationen auf verschiedenen Abstraktionsebenen liegen (generelle Nutzung von Inhalten z.B. Nachrichten; bevorzugte Nutzung einzelner Inhalte).
B) *Methoden der Datenerhebung, Forschungsdesign, Stichproben*
Befragung von N = 178 Studenten, die sich als Seher von mindestens je einer Network- und lokalen Nachrichtensendung qualifiziert hatten.
C) *Verwendete Variablen und Operationalisierungen*
(1) 14 Gratifikationsitems wurden zur Messung der bei der Nutzung von Nachrichtensendungen gesuchten Gratifikationen verwendet [7-Punkte-Skala], dieselben Gratifikationen dienten auch der Ermittlung des Erhalts von Gratifikationen aus der Zuwendung zu spezifischen, bevorzugten Programmen. Mit Zeitverzug von 48 Stunden wurde auch der Erhalt von Gratifikationen, bezogen auf Nachrichtensendungen generell, festgestellt. (2) Überzeugungen ("beliefs") wurden dadurch erhalten, daß

die Respondenten gefragt wurden, inwieweit Nachrichtensendungen die in
den Gratifikationen enthaltenen Eigenschaften besäßen [7-Punkte-Skala]
und Bewertungen ("evaluations") durch die Frage, ob diese Eigenschaften gute oder schlechte Eigenschaften des Fernsehens seien [7-Punkte-
Skala].

D) Auswertungsmethoden
Pearsons-Produkt-Moment-Korrelation, Regressionsanalyse.

E) Ergebnisse und Interpretationen
Die Ergebnisse der Studie belegen, daß die aus der Mediennutzung erhaltenen Gratifikationen stark mit den Überzeugungen, die Medien(-in-
halte) besäßen bestimmte Eigenschaften, korrelieren, wohingegen sie
mit der Bewertung dieser Eigenschaften weitaus weniger im Zusammenhang
stehen. Die Produkte dagegen aus Überzeugungen und Bewertungen ($b_i \cdot e_i$)
korrelieren mit den erhaltenen Gratifikationen. Die gesuchten Gratifikationen sind von den individuellen Überzeugungen und Bewertungen
trennbar, intervenieren aber zwischen Produkt aus Überzeugungen und
Bewertungen und Erhalt von Gratifikationen. Da die Korrelationen von
GS und GO - auf derselben allgemeinen Abstraktionsebene gemessen - nur
schwach korrelieren, ist es möglich, beide Arten von Gratifikationen
zu trennen. Die Korrelationen für die spezielle Ebene der bevorzugten
Programme sind dagegen deutlich stärker. Wie die Daten weiter belegen,
korrelieren die erhaltenen Gratifikationen für das favorisierte Programm hoch mit den Gratifikationen, die generell aus Programmen dieser
Art bezogen werden. Die These einer hierarchischen Anordnung der erhaltenen Gratifikationen (GO) findet somit Bestätigung.

198. **Rubin, A.M.:** Television Usage, Attitudes and Viewing Behavior of
     Children and Adolescents. In: Journal of Broadcasting. Vol. 21
     (1977), S. 355-369.

A) Inhaltliche Merkmale, Ziele und Hypothesen
Bei der Studie handelt es sich um eine Untersuchung der Unterschiede
zwischen Kindern, Teenagern und Heranwachsenden bezüglich TV-Programmpräferenzen, Einstellungen zum Medium Fernsehen und den Motivationen
der TV-Nutzung. Es wird angenommen, daß die Programmpräferenzen mit
zunehmendem Alter vielseitiger werden und spezifische Bedürfnisse, die
über das reine Unterhaltungsbedürfnis hinausgehen, mit der Mediennutzung zu befriedigen versucht werden (vgl. Schramm, Lyle, Parker). Die
altersbedingten Trends der Nutzung und Motivation werden untersucht.

B) Methoden der Datenerhebung, Forschungsdesign, Stichproben

Schriftliche Umfrage bei N = 401 Kindern und jungen Erwachsenen (von 9 - 17 Jahren).

C) Verwendete Variablen und Operationalisierungen

(1) Umfang der Fernsehnutzung, präferierter Medieninhalt; (2) TV-Programmpräferenzen (Lieblingsprogramme); (3) Gratifikationsmessung ("Ich schaue Fernsehen, weil ...") anhand von 24 Items, die die Dimensionen Entspannung, Geselligkeit, Lernen, Gewohnheit, Zeitfüller, Selbstentwicklung, Aufregung und Eskapismus abdecken (in Anlehnung an Greenberg); (4) Einstellung zum Fernsehen (Medienbindung; Grad der Realitätsnähe).

D) Auswertungsmethoden

Faktorenanalyse; Produkt-Moment-Korrelation; Partiale Korrelation.

E) Ergebnisse und Interpretationen

Jüngere Kinder sehen mehr fern als Heranwachsende. Es zeigt sich ein abnehmender Trend in der Fernsehnutzung von 9 bis 17 Jahren. Mit zunehmendem Alter werden Musikprogramme bevorzugt, während die Nutzung von Kinderprogrammen zurückgeht. Die Bindung an und die Einstellung zum Medium (Grad der Realitätsnähe) nehmen mit zunehmendem Alter ab. Die älteren Kinder nutzen Fernsehen vorwiegend zum Zeitvertreib, zur Entspannung und als Gewohnheit, den jüngeren Kindern geht es eher um die Aufregung. Die jüngeren Kinder bevorzugen das Fernsehen auch aus Gründen der Geselligkeit (parasoziale Interaktion). Über alle Altersgruppen hinweg läßt sich eine deutliche Motivation zur Fernsehnutzung aus Gründen des Zeitvertreibs beobachten, ohne daß konkrete soziale - und Informationsbedürfnisse abzudecken versucht würden. Ein großer Teil der Fernsehnutzung ist ziellose Nutzung, ohne daß ein bestimmtes Objekt oder eine bestimmte Gratifikationssuche im Vordergrund stehen.

199. **Rubin, A.M.:** Television Uses and Gratifications: The Interactions of Viewing Patterns and Motivations. In: Journal of Broadcasting. Vol. 27 (1983), S. 37-51.

A) Inhaltliche Merkmale, Ziele und Hypothesen

Der Autor der Studie befaßt sich mit der Interrelation der Motive, die Fernsehzuschauer mit der Fernsehnutzung verbinden. Die Frage ist, ob typische Motivationsmuster die Sehgewohnheiten und Einstellungen der Zuschauer erklären können.

B) Methoden der Datenerhebung, Forschungsdesign, Stichproben
Sekundäranalyse der Daten von Telefoninterviews mit N = 464 Erwachsenen in zwei Städten.

C) Verwendete Variablen und Operationalisierungen
(1) Ermittlung der Motivationsstruktur der Fernsehnutzung mit Hilfe von 30 Gratifikationsstatements [5-stufige Likert-Skala]; (2) Umfang der Fernsehnutzung; (3) Präferenzen für bestimmte Fernsehprogramme: Nennung von drei Programmen, die auf jeden Fall gesehen werden (Kategorisierung der Programme); (4) Einstellung zum Fernsehen: Programmbindung und Realitätsnähe des Fernsehens.

D) Auswertungsmethoden
Pearson Produkt-Moment-Korrelation; Faktorenanalyse; Kanonische Korrelation; Multiple Regression.

E) Ergebnisse und Interpretationen
Die Ergebnisse der Studie legen fünf grundsätzliche Motivfaktoren nahe: (1) Zeitvertreib/Gewohnheit, (2) Information und Lernen, (3) Unterhaltung, (4) Geselligkeit und (5) Eskapismus. Diese Faktoren korrelieren überwiegend miteinander. Es zeigt sich aber, daß die Faktoren Information und Zeitvertreib/Gewohnheit nicht aufeinander bezogen sind. Es gibt somit zwei separate Motivationsstrukturen der Fernsehnutzung. Die erste Sehergruppe nutzt das Fernsehen aus Gewohnheit und Zeitvertreib, die zweite Gruppe nutzt das Fernsehen vorwiegend, um Informationen zu gewinnen und zu lernen. Bei der ersten Gruppe von Zuschauern erfolgt die Fernsehnutzung eher unspezifisch, Unterhaltung steht im Vordergrund. Die Zuschauer dieser Gruppe zeichnen sich durch einen allgemein hohen Fernsehkonsum aus sowie durch eine starke Bindung an das Medium und eine realistische Beurteilung des Fernsehens. Die andere Gruppe von Zuschauern wählt bewußter aus, indem Programme, die Informationen bieten, bevorzugt werden. Eskapismus spielt für diese Zuschauer gar keine Rolle. Die Bindung an das Medium Fernsehen ist weitaus geringer - es gibt für sie funktionale Alternativen. Das Fernsehen wird weitgehend für realistischer gehalten. Neben den beiden Nutzergruppen existiert eine weitere Gruppe von Zuschauern, bei denen Eskapismus und Ausstieg aus der Realität im Vordergrund stehen. Diese Zuschauer wenden sich Informationssendungen selten zu, sie präferieren vor allem Unterhaltung. Der Sehumfang ist allerdings nicht allzu hoch, Fernsehen wird auch nicht für real gehalten und auch die Bindung an das Medium erweist sich als gering.

200. **Rubin, A.M.:** Ritualized and Instrumental Television Viewing. In:
Journal of Communication. Vol. 34 (1984), S. 67-77.

A) Inhaltliche Merkmale, Ziele und Hypothesen
Der Beitrag befaßt sich mit dem Konzept des aktiven Publikums in der
Gratifikationsforschung. Untersucht werden die Motive der Fernsehnutzung, die Interrelation der verschiedenen Motive und die Konsequenzen,
die sich für das Konzept des aktiven Publikums ergeben. Dabei wird vor
allem unterschieden zwischen instrumenteller, zielbewußter Mediennutzung und nicht-selektivem, ritualisiertem Verhalten. Aus theoretischer
Sicht wird die Möglichkeit von deutlich verschiedenen Nutzertypen diskutiert.
B) Methoden der Datenerhebung, Forschungsdesign, Stichproben
Schriftliche Umfrage bei N = 300 Personen aus zwei Städten im Mittle-
ren Westen.
C) Verwendete Variablen und Operationalisierungen
(1) 14 Gratifikationsitems dienen zur Bestimmung der Motive/Gründe für
die Fernsehnutzung; (2) 14 verschiedene Kategorien von TV-Programmen
werden zur Ermittlung der Häufigkeit der Nutzung der einzelnen Kategorien vorgegeben; (3) Allgemeiner Umfang der Fernsehnutzung; (4) Bedeutung des Fernsehens für das eigene Leben; (5) Soziodemografie.
D) Auswertungsmethoden
Produkt-Moment-Korrelation; Faktorenanalyse; Kanonische Korrelations-
analyse, Partiale Korrelation.
E) Ergebnisse und Interpretationen
Die kanonische Korrelation der Nutzermotive zeigt, daß ritualisierte
Fernsehnutzung und selektive Nutzung aus Informationsbedürfnissen heraus unterschieden werden können. Ritualisierte Nutzung wird durch folgende Motive der TV-Nutzung umschrieben, die immerhin 40% der Varianz
erklären: Geselligkeit, Gewohnheit, Zeitfüller, leichte Verfügbarkeit,
Unterhaltung, Entspannung und Aufregung. Entsprechend werden von diesem Nutzertyp vor allem Abenteuersendungen, Spiele, Musikprogramme,
Dramen (Soaps) und Komödien bevorzugt. Der zweite Nutzertyp wird durch
selektives Verhalten beschrieben. Hier gehen folgende Motive eine Verbindung ein: Informationsbedürfnis/Lernen, Aufnahme von Information
für Diskussionen, Suche nach Ratschlägen für Verhalten. Die Nutzung
des Fernsehens aus Gründen, wie z.B. Eskapismus und Zeitfüller, trifft
dagegen hier nicht zu. Der zweite Nutzertyp bevorzugt vor allem Nachrichtensendungen, Dokumentationen, Interviews und Talkshows. Instru-
mentelles Fernsehen korreliert im übrigen mit Alter und Bildung, wäh-

rend ritualisierte TV-Nutzung mit diesen Variablen negativ korreliert.
Die Identifikation von zwei verschiedenen Nutzertypen hat schließlich
Konsequenzen für das Konzept des aktiven Publikums, das nur für den
zweiten Typ Gültigkeit beanspruchen kann, während es durch Feststellung des ersten Nutzertyps in Frage gestellt wird.

201. **Stanford, S.W.:** Predicting TV Program Gratifications from General
     Orientations. In: Communication Research. Vol. 11 (1984),
     S. 519-536.

A) Inhaltliche Merkmale, Ziele und Hypothesen
In der Studie wird die Beziehung zwischen generellen Orientierungen
gegenüber dem Medium Fernsehen und den Gratifikationen, die von
bestimmten Favoritenprogrammen erhalten werden, untersucht. Es wird
vermutet, daß generelle Orientierung die Programmgratifikationen be-
rühren. Als mögliche Prädiktoren für generelle Orientierungen werden
soziodemografische Merkmale der Zuschauer angesehen. Der mögliche Beitrag der Medienbindung ("involvement") der Zuschauer wird ebenso in
Betracht gezogen, da diese Bindung/Intensität als Ausdruck der individuellen Aktivität (vgl. Levy, Windahl 1984) in den Prozeß der Fernsehprogrammwahl intervenieren könnte.
B) Methoden der Datenerhebung, Forschungsdesign, Stichproben
Telefoninterviews mit Erwachsenen, N = 302, in Santa Clara County, Ca-
lifornia.
C) Verwendete Variablen und Operationalisierungen
(1) Ermittlung der Lieblingssendungen der Befragten, die Häufigkeit
ihrer Nutzung und den Grad der Bedürfnisbefriedigung, den die Programme erbringen in bezug auf a) Ablenkung, b) Information und c) Verhaltensführung. Die Bewertung erfolgt dabei anhand von 14 Gratifika-
tions-Statements (3-stufige Skala).
(2) "involvement": Messung durch neun Items, von denen ein Item z.B.
die Häufigkeit von Diskussionen über Charaktere im Fernsehen erfaßt;
(3) Generelle Orientierungen gegenüber dem Fernsehen: Messung mit den-
selben 14 Gratifikationsitems in anderer Anordnung (3-stufige Skala);
(4) Allgemeine Fernsehnutzung;
(5) Soziodemografie.
D) Auswertungsmethoden
Faktorenanalysen, Multiple Regression.
E) Ergebnisse und Interpretationen
Die beliebtesten Programme der Befragten waren "Dallas", "Mash" und

"60 Minutes". Insgesamt ließen sich alle genannten Programme sechs Kategorien zuordnen: (1) Komödien/Unterhaltung; (2) Phantasie/Krimis; (3) Nachrichten/Information; (4) Sport; (5) Filme; (6) Dramen (einschließlich Soaps). Die unterschiedlichen Programmtypen befriedigen ziemlich genau die entsprechenden Gratifikationen Information, Ratgebung und Ablenkung: Informationssendungen befriedigen das Informationsbedürfnis vergleichsweise stärker als andere Bedürfnisse, Unterhaltungssendungen das Unterhaltungsbedürfnis usw.. Die Zuschauer bekommen, was sie wünschen. Die generellen Orientierungen gegenüber dem Fernsehen stehen in Verbindung mit den Gratifikationen, die aus den jeweiligen Lieblingsprogrammen bezogen werden. Die generellen Fernsehorientierungen sind ein Indikator für den Erhalt von Gratifikationen, die aus den Favoritenprogrammen gewonnen werden. Soziodemografische Merkmale stehen jedoch nur in schwacher Verbindung zu den allgemeinen Fernsehorientierungen, und das "Involvement" trägt ebenso nur wenig zur Erklärung der Programmwahl bei.

202. **Stanford, S., Riccomini, B.:** Linking TV Program Orientations and Gratifications: An Experimental Approach. In: Journalism Quarterly. Vol. 61 (1984), S. 76-82.

A) Inhaltliche Merkmale, Ziele und Hypothesen
In diesem Beitrag wird mit Hilfe eines Experimentes der Zusammenhang zwischen allgemeinen Fernsehorientierungen und den Gratifikationen untersucht, die aus der Nutzung bestimmter Programmtypen resultieren. Forschungshypothese ist: Seher, deren Orientierungen (gesuchte Gratifikationen) mit dem entsprechenden Erhalt von Gratifikationen aus Fernsehprogrammen korrespondieren, erfreuen sich der TV-Programme, bei denen das zutrifft mehr, als Zuschauer, deren Gratifikationen sich nicht mit den Orientierungen decken.
B) Methoden der Datenerhebung, Forschungsdesign, Stichproben
Experiment mit N = 114 Journalistikstudenten.
C) Verwendete Variablen und Operationalisierungen
(1) Die Fernsehorientierungen wurden durch Protokolle manipuliert; jeweils drei bestimmte Orientierungen wurden dabei akzentuiert: Information, Unterhaltung und Verhaltensführung (Ratgebung). Die so auf unterschiedliche Weise instruierten Probanden hatten dann - entsprechend der experimentellen Zuordnung - einen von drei Filmen zu sehen, der entweder Informationsbedürfnisse, Unterhaltungsbedürfnisse oder Bedürfnisse nach Rat prononcierte. (2) Abhängige Variablen bildeten die

Beurteilung der Programmqualität und die Treue zum Programm, gemessen am Wunsch, den Film wieder zu sehen (Skala von 1-4). (3) Schließlich hatten die Studenten fünf Gratifikationsstatements zu den Gründen der Fernsehnutzung zu beurteilen.

D) Auswertungsmethoden

Faktorenanalyse und Varianzanalyse.

E) Ergebnisse und Interpretationen

Die Hypothese, daß Fernsehprogramme den Zuschauern mehr Spaß machen, wenn die Orientierungen und die Programmtypen zueinander passen, läßt sich nicht bestätigen. Die Publikumsreaktionen können also auch dann nicht vorhergesagt werden, wenn sich die Orientierungen der Zuschauer mit den in den einzelnen Fernsehprogrammen angebotenen Orientierungen decken. Vielmehr zeigt sich vor allem bei Zuschauern mit ausgeprägtem Informations- oder Unterhaltungsbedürfnis, daß diese aus allen Programmen Gratifikationen erhalten. Diese Seher finden also, was sie wollen - unabhängig vom Programmtyp. Die Gratifikationen werden also eher innerhalb bestimmter Programmtypen bezogen, so daß spezifische Effekte, die von Programmtypen ausgehen, nicht nachgewiesen werden können.

203a. **Swanson, D.L.:** The Uses and Misuses of Uses and Gratifications. In: Human Communication Research. Vol. 3 (1977), S. 214-221.

203b. **Swanson, D.L.:** Political Communication Research and the Uses and Gratifications Model. A Critique. In: Communication Research. Vol. 6 (1979), S. 37-53.

A) Inhaltliche Merkmale, Ziele und Hypothesen

Es handelt sich um zwei ähnliche theoretische Beiträge, in denen eine Kritik des Nutzen- und Belohnungsansatzes vorgestellt wird, in der die folgenden Punkte abgehandelt werden: (1) Theoretische Konzeptualisierung des Ansatzes; (2) Konzeptuelle Präzision von "uses", "needs" usw.; (3) theoretische Hintergründe, die in der Psychologie (Bedürfnistheorien), in der struktur-kulturellen Perspektive und im Funktionalismus gesehen werden; (4) Herausarbeitung der "Symbolik" der Wahrnehmungs-, und Interpretationsprozesse, die für den Nutzen- und Belohnungsansatz eigentlich als entscheidend anzusehen seien, bisher aber noch zu kurz kämen.

204. **Tan, A.S.:** Why TV is Missed: A Functional Analysis. In: Journal
of Broadcasting. Vol. 21 (1977), S. 371-380.

A) Inhaltliche Merkmale, Ziele und Hypothesen
In der Studie wird zum einen festgestellt, welche Konsequenzen sich
aus einem Fernsehverzicht bzw. -verlust auf den Tagesablauf und die
Nutzung anderer Medien ergeben. Zum anderen werden den Zuschauern -
ohne Fernsehen - die Funktionen des Fernsehens deutlicher, die Studie
gibt also Aufschluß über die typischen Motivationen der Fernsehnutzung.
B) Methoden der Datenerhebung, Forschungsdesign, Stichproben
Zweiwellige Panel-Studie mit N = 51 Personen, die gegen einen "incen-
tive" eine Woche Fernsehverzicht üben ("Before-After-Design").
C) Verwendete Variablen und Operationalisierungen
In der ersten Welle wurden Tagesablauf und Mediennutzungsverhalten bestimmt. Nach dem einwöchigen Fernsehverzicht wurden die Probanden wiederum zum Tagesablauf und Nutzungsverhalten befragt, um festzustellen,
wie die täglichen Aktivitäten durch den Verlust des Fernsehens berührt
werden. Außerdem wurde in einer offenen Frage nach durch den Verzicht
unbefriedigten Bedürfnisse gefragt: "During the past week, what did
you miss most about television?"
D) Auswertungsmethoden
Häufigkeiten, t-Test.
E) Ergebnisse und Interpretationen
Der Verlust des Fernsehens wird durch die stärkere Nutzung anderer
Medien - insbesondere Zeitung, Radio und Video - ausgeglichen. Auch
interpersonale Kommunikation und soziale Aktivitäten (Freunde, Ver-
wandte) nehmen nun im Tagesablauf eine höhere Stellung ein. Am meisten
vermißt werden Nachrichten, Filme und Geselligkeit (Zeitvertreib, Gewohnheit). Eine genauere Aufsplittung der Motive zeigt, daß am Fernsehen vor allem der Unterhaltungswert geschätzt wird, nicht so sehr die
Information. Der Autor sieht dies als eine Bestätigung der Behauptung
einer narkotisierenden Dysfunktion des Fernsehens an.

205. **Van Leuven, J.:** Expectancy Theory in Media and Message Selection.
In: Communication Research. Vol. 8 (1981), S. 425-434.

A) Inhaltliche Merkmale, Ziele und Hypothesen
In diesem theoretischen Beitrag versucht der Autor eine brauchbare
Theorie der Selektion von Medien und -inhalten zu entwickeln. Die

funktionalistische Orientierung des "Uses-and-Gratifications"-Ansatzes
soll durch ein "heuristisches Erwartungsmodell" ersetzt werden. Der
Autor adaptiert dabei das Valenz- und Verhaltensmodell von Vroom
(1964) und konzipiert ein zweistufiges "Erwartungs-Wert-Modell". In
diesem Modell ist die Selektion eines bestimmten Mediums 1. von den
Erwartungen der Rezipienten abhängig, ob die Entscheidung zu einem
interessanten Beitrag führe und 2. von der Bedeutung dieses Beitrages
für die wichtigsten persönlichen Werte des Rezipienten. Die erste Stufe des Modells beschreibt die individuelle Erwartung an ein selektier-
tes Medium bzw. an einen Inhalt, während die zweite Stufe die instrumentellen Beziehungen zwischen persönlichen Werten und den medialen
Botschaften charakterisiert. So kann etwa die Vorliebe für bestimmte
mediale Inhalte (etwa Unterhaltung) als Maßstab dafür gelten, in welchem Umfang diese die individuellen Werte der Rezipienten widerspiegeln. In der praktischen Anwendung des Modells ist somit die Messung
des "Medien-Wohlergehens" (Wohlfahrt) verschiedener Zielgruppen möglich.

206. **Weaver**, **D.H.**: Audience Need Orientation and Media Effects. In:
    Communication Research. Vol. 7 (1980), S. 361-376.

A) Inhaltliche Merkmale, Ziele und Hypothesen
Der Autor untersucht das Verhältnis von generellen Orientierungen und
spezifischen Gratifikationen im Zusammenhang mit der Mediennutzung und
den -wirkungen. Das allgemeine Bedürfnis nach Orientierung, das sich
1. aus dem Grad der Relevanz von Information und 2. aus der Unsicherheit der Rezipienten ergibt, könnte mit dem Mediennutzungsverhalten
stärker in Verbindung stehen als die spezielle Gratifikation "Umweltkontrolle". Es wird zudem auch die Wirkung der durch das generelle Bedürfnis ausgelösten Mediennutzung (im Intermediavergleich [Presse,
TV]) überprüft.
B) Methoden der Datenerhebung, Forschungsdesign, Stichproben
Sekundäranalyse einer Wahlkampagnenstudie, die 1974 in Syracuse, New
York, bei einem Querschnitt von 339 Wählern durchgeführt wurde.
C) Verwendete Variablen und Operationalisierungen
(1) Messung der Gratifikationen, die durch Nutzung von TV und Presse
gesucht werden; (2) Umfang der Mediennutzung; (3) Politische Informa-
tion; (4) Parteibindung; (5) Interesse an Politik, (6) Häufigkeit von
Diskussionen, (7) kognitives Orientierungsbedürfnis (Relevanz, Unsicherheit), Bildung von drei Gruppen von Personen, die sich nach der

Intensität des Orientierungsbedürfnisses unterscheiden (niedrig, mittel, hoch).

D) Auswertungsmethoden

Korrelationen zwischen Mediennutzung, politischer Information mit simultaner Kontrolle durch Orientierungsbedürfnis und politische Gratifikationen.

E) Ergebnisse und Interpretationen

Das allgemeine kognitive Bedürfnis nach Orientierung - eine Kombination aus politischem Interesse und Unsicherheit - erweist sich als entscheidender, um Mediennutzungsverhalten und Medienwirkungen vorherzusagen, als die speziellere Gratifikation Umweltkontrolle ("surveillance"). Unterschiedliche Grade des Orientierungsbedürfnisses stellen eine wichtigere kontingente Bedingung für Nutzungseffekte dar als spezifische Informationsbedürfnisse. Ähnliches könnte für allgemeine Ablenkungs-/Unterhaltungs- und persönliche Identitätsorientierungen gelten. Die weitere Untersuchung allgemeiner, basaler Orientierungen sei daher für künftige Nutzungs- und Wirkungsstudien empfehlenswert.

207. **Wenner, L.A.:** Gratifications Sought and Obtained in Program Dependency. A Study of Network Evening News Programs and 60 Minutes. In: Communication Research. Vol. 9 (1982), S. 539-560.

A) Inhaltliche Merkmale, Ziele und Hypothesen

Die Studie basiert auf einem transaktionalen Modell der Mediennutzung. Am Beispiel von Nachrichtensendungen im amerikanischen Fernsehen wird die Abhängigkeit der Zuschauer von einem bestimmten Programm untersucht. Dabei wird vor allem das Zusammenspiel von Gratifikationssuche (GS) und -erhalt (GO) berücksichtigt. Es wird unterstellt, daß spezifische, bevorzugte Programme höhere Korrelationen zwischen GS und GO erbringen als allgemeine Programme eines bestimmten Typs, in diesem Falle Nachrichtensendungen. Die Mediendependenz dürfte daher größer und das Auftreten von Medieneffekten wahrscheinlicher sein. Die Abhängigkeit der Zuschauer von einem Programm wird daher im Rahmen eines weitgefaßten GS-GO-Transaktionsmodells analysiert, wobei weitere Variablen, wie z.B. Soziodemografie, Gewohnheitsverhalten, Aufmerksamkeitsgrad bei der Zuwendung, mit kontrolliert werden.

B) Methoden der Datenerhebung, Forschungsdesign, Stichproben

Telefonumfrage bei N = 306 Haushaltsvorständen in Iowa City.

C) Verwendete Variablen und Operationalisierungen

(1) 12 Gratifikationsstatements dienen der Ermittlung von GS und GO.

Die Statements decken die Dimensionen Umweltkontrolle, Unterhaltung, interpersonale Nützlichkeit und Para-soziale Interaktion ab. Während sich GS auf Nachrichten generell bezieht, werden die GOs 1. an den bevorzugten Sendungen und 2. dem speziellen Magazin "60 minutes" festgemacht.

(2) Weitere Variablen sind: (a) die Abhängigkeit/Dependenz von einem Programm (Häufigkeit der Nutzung/Bindung); (b) Aufmerksamkeit, die den Programmen zuteil wird (Vollständigkeit der Rezeption); (c) habituelle Mediennutzung (allgemeine TV- und Zeitungsnutzung, Häufigkeit und Umfang der Nutzung etc.), (d) Soziodemografie.

D) Auswertungsmethoden

Korrelationen, t-Test, Multiple Regression. Es werden vor allem die Nutzer spezifischer Lieblings-Programme mit den Zuschauern des Magazins "60 minutes" verglichen.

E) Ergebnisse und Interpretationen

Die Analysen zeigen sowohl für die verschiedenen Abendnachrichten-Sendungen als auch für das Magazin "60 minutes" eine starke Korrelation zwischen den gesuchten (GS) und der den Dimensionen entsprechenden erhaltenen Gratifikationen (GO). Der Gruppenvergleich (t-Test) erbringt sowohl für die Abendnachrichtenprogramme als auch für das Magazin durchschnittlich höhere Gratifikationserträge (GO), als dies in der Suche der Zuschauer nach Gratifikationen (GS) zum Ausdruck kommt. Die Abhängigkeit/Dependenz von einem Programm ist vorwiegend von den Gratifikationsleistungen (GO) dieses Programms für den (Stamm-)Zuschauer abhängig. Der überragende Einfluß von GO auf die Mediendependenz ist bei simultaner Kontrolle der anderen Faktoren/Variablen (Demografie, habituelles Nutzungsverhalten, GS) deutlich nachweisbar. Die Zuschauer der Sendungen erhalten vor allem folgende Gratifikationen: Persönlicher Nutzen, Unterhaltung und Para-soziale Interaktion.

V. Sachverzeichnis